KB232026

생태학적 상상력과 사회적 선택

사회적 선택
생태학적 상상력과

— 공명수 지음

도서출판 동인

책을 펴내면서...

　『생태학적 상상력과 사회적 선택』의 기본 논지는 자연 생태계에 복합적으로 작용하고 있는 생태학의 내재적 가치와 사회적 유용성의 상관적 비전에 대한 성찰에 토대를 두고 있다. 생태학적 상상력이 자연을 통한 삶의 본질과 대면하려는 열망이라는 점에서 우리가 접하는 자연 생태계의 공간은 어떻게 사유하느냐에 따라서 원시적인 야생지도 얼마든지 황량하게 변할 수도 있고, 반대로 도시의 삭막한 풍경도 얼마든지 심층화 된 생태학적 장소가 될 수 있다. 인간 개개인의 일상적인 삶의 방식이 자연에 대한 깊은 외경심에 의해 자연의 본성이 회복될 때 우리의 삶의 공간은 야생성이 충만한 자연적인 장소로 새롭게 변모할 수 있기 때문이다.

　따라서 논자는 『생태학적 상상력과 사회적 선택』에서 우리의 삶의 공간에 자연의 본성의 회복에 토대를 두고서 생태학의 내재적 가치와 사회적 유용성을 포함하여 생태학적 상상력의 의미 및 역할과 사회적 유용성의 사례를 구체적으로 살펴보고자 한다. 제1부는 생태학의 내재적 가치와 사회적 유용성과 관련하여 생태학의 실존적 의미소, 물의 생태학에 흐르는 생명순환의 에토스, 경관생태학의 이질적인 장소의 차이와 조화, 그리고 습지생태학의 생명부양의 가치 등을 중점적으로 다루고 있다. 제2부는 인간과 자연과의 바람직한 관계의 정립을 위해서는 우리의 사고관행과 마음의 변화를 근본적으로 고려하는 생태학적 문해력의 함양의 필요성을 강조하고 있다. 특히 논자는 생태학적 상상력이 자연에 대한 비판적인 사고, 창조적인 상상력, 그리고 합리적인 판단력 등과 연계된다는 점을 중점적으로 고려하면서도 심층생태학자들의 편협한 내재적 가치 기준에서 벗어나 윌러 캐더(Willa Cather), 존 스타인벡(John Steinbeck), 토니 모리슨(Toni Morrison), 그리고 토머스 핀천(Thomas Pynchon) 등의 실존적인 생태학적 세계관을 탐색하고 있다. 마지막 제3부에서는 자연에 대한 외경심이 우리의 일상생활공간 속에서 실제로 구현되고 있는 퍼머컬처(Permaculture), 로하스(LOHAS), 그리고 어미너티(Amenity)의 의미와 사례를 탐색하고 있다.

퍼머컬처는 1978년 호주의 생태학자 빌 몰리슨(Bill Mollison)과 데이비드 홈그렌(David Holmgren)이 시작한 운동이며, 이는 영원한 농업(Permanent agriculture)과 영원한 문화(Permanent culture)를 거주지에서 직접적으로 추구하는 생태학적 정신의 실천운동을 의미한다. 퍼머컬처 정신은 자연에 대한 외경심의 구현이 일반 대중과의 관계 속에서 이루어지지 않을 때 그것의 항구적인 지속 가능성을 담보하기 어렵다. 이런 점에서 사회적 웰빙과 연관을 맺고 있는 미래 지속형 로하스(Lifestyles Of Health and Sustainability)는 거시적인 차원에서 퍼머컬처 운동보다 한층 더 바람직한 생태학의 사회적 유용성의 사례라고 볼 수 있다. 로하스는 건강한 삶의 지속성을 추구하는 생활방식으로서 개인의 웰빙을 사회적 의미로 확장한 것으로서 후대에게 물려줄 소비기반의 지속 가능성까지 고려하므로 환경 친화적인 어미너티와 연계된다.

어미너티는 농촌과 도시의 지속 가능한 발전계획에서 비롯된 개념으로서 현재 전세계적으로 공중위생뿐만 아니라, 역사와 문화와 자연환경의 보전이념과 관련하여 공동체 사회에서의 환경의 질을 표현하는 복합개념으로 사용되고 있다.

사실 생태학의 궁극적인 지향점이 자연과 인간 사이에 형성된 이분법적인 대립의 타파라는 점을 고려해 볼 때 퍼머컬처 운동과 로하스 정신의 기본적인 토대가 되고 있는 어미너티 공동체는 생태학적 상상력에 따른 가장 바람직한 사회적 유용성의 구현체라고 말할 수 있다. 우리에게 일상생활 속에서 자연 친화적이고 자연 외경적인 야생성을 체험하는 생태학적 감수성의 고취가 필요하다는 점에서 어미너티 공동체의 지속적인 추구야말로 자연의 본성을 우리의 일상생활 속에서 직접 실천할 수 있는 생태학적 상상력의 바람직한 비전이라고 볼 수 있다.

2010. 2. 28
저자 공명수

차례

제1부 ●●●

생태학의 내재적 가치와
사회적 유용성

- 생태학의 실존적 의미소
- 물의 생태학에 흐르는 생명순환의 에토스
- 경관생태학의 이질적인 장소의 조화
- 습지생태학의 생명부양의 가치

I

생태학의 실존적 의미소

1[*]

생태학(ecology)이란 단어는 집을 뜻하는 'oikos'와 논리를 뜻하는 'logos'의 합성어이다. 생태학은 좁은 의미에서 보면 '집의 논리'로 해석할 수 있고, 이를 보다 넓은 의미에서 살펴보면 우주만물 일체가 '하나의 커다란 생명체를 이루는 살림집이다'라는 뜻으로 유추할 수 있다. 그러므로 생태학은 자연과 인간, 동물과 식물, 생물과 무생물 등이 모두 유기적으로 긴밀하게 삶의 그물망을 형성하고 있는 우주의 살림집으로 통한다. 생태학이라는 우주의 살림집은 우리의 외부를 둘러싸고 있는 객체적 의미에서의 환경이 아니라, 인간과 더불어 우주의 생태계를 구성하고 있는 주체적 삶의 장소인 셈이다.

여기서 생태주의와 그것을 둘러싼 치열한 논쟁을 구체적으로 살펴보자. 마쉬(George Perkins Marsh)는 『인간과 자연』(*Man and Nature*)에서 숲을 원시림 상태로 유지하는 것이 자연 생태계를 보존하는 최고의 대안이라고 주장한 바 있다. 마쉬는 인간문명의 필요에 의해 강 연안의 나무를 무작위로 벌목했을 때, 가뭄이나 홍수의 폐해를 벗어날 수 없다고 경고하면서 숲과 함께 토양 전체를 원시 상태로 보존하자고 제안한다. 인간문명이 자연생태계에 미치는 악영향에 대한 대안을 구체적으로 제시하고 있다는 점에서 그의 입장은 생태연구의 선구가 되고 있음에 틀림없다. 하지만, 숲과 토양을 원시상태로 보존하자는 그의 주장에는 자연생태계 보존의 경제적 타당성과 함께 인간의 도덕적 책무가 담겨 있다. 그의 논리에는 인간이 다른 모든 생명체보다 우월하기에 자연을 관리하여 그 훼손을 복원시키는 특별한 의무와 책임을 부여받고 있다는 인간중심주의가 흐르고 있다. 그는 인간문명이 자연에 미치는 영향이나 인간의 편의에 초점이 맞춰진 제한적인 의미에서의 생태학적 입장을 벗어나지 못하고 있다.

메리 오스틴(Mary Austin)의 입장은 마쉬의 견해와는 대조적이다. 오스틴은 그의 주요 저서인『갈수의 땅』(The Land of Little Rain)에서 사막의 아름다움과 가치에 대한 재인식을 통해 새로운 의미에서의 대지윤리의 지침을 제시한다. 그의 대지윤리의 핵심은 모든 만물에 내재적 가치가 흐르고 인간과 인간이 아닌 것들 사이에 상호 연관성이 있다는 입장이다. 이는 자연이 지닌 경제적 가치 너머 심미적, 미학적 가치에 대한 새로운 인식이 필요하다는 의미이다. 자연과 인간, 그리고 인간의 의식과 물질세계가 확연히 구분되지 아니 하므로 유아론적인 인간중심주의에서 벗어나는 생태학적 겸손이 필요하다는 것이다. 다시 말해서, 인간과 자연이 긴밀히 연결될 때 인간의 온전한 삶이 보장된다는 것이다.

네스(Anre Naess)를 비롯한 심층생태학자들은 인류의 미래를 구할 수 있는 대안으로 자연친화적 동양사상을 내세우고 있다. 심층생태주의자들은 노장사상이나 선불교를 동양적 지혜의 모범으로 삼고 있으면서, 몰아일체 혹은 범아일체의 정신이야말로 자연과 인간이 진정으로 하나가 되는 삶의 지혜라고 여기고 있다. 이들은 자연을 바라보는 궁극적 규범으로 자아실현의 원리를 내세우고 있다. 이는 자연과의 일치를 인식하는 과정이면서도 동시에 생태계에 존재하는 모든 것들이 자기실현의 평등한 권리를 가진다는 의미와 연결된다. 하지만, 명쾌한 분석을 추구하는 일부 생태학자들은 자연친화적 동양사상에 내포된 신비주의적 추상성에 거부반응을 보이면서 이러한 신비주의에 내포된 생명평등의 합리적인 원리에 대해 의문을 던진다. 이들은 자연친화적 신비주의는 심층생태주의가 표방하는 근본주의와 다름없다고 비판하고 있다. 특히, 폴 테일러(Paul Taylor)는 모든 생명체가 인간의 필요와 무관하게 고유한 가치를 지니고 있다고 주장하면서 그 이유로 개별 생명체가 당연히 지니게 마련인 목표지향적 삶의 가치를 내세우고 있다. 모든 생명체가 저마다 내재적 가치를 지니고 있기에 신비주의나 근본주의에는 귀중한 생명체들 가운데 궁극적인 선택의 모호함이 내포한다는 것이다.

캘리코트(J. B. Callicott)는 생명평등주의의 약점을 보완하여 생태학적 전체주의를 표방하고 있다. 자연생태계의 모든 생명체는 저마다 개별적인 존재나 행위에 대한 마땅한 근거를 지니고 있을 뿐만 아니라, 그 생명체는 생태계의 안정과 심미적 가치에 기여를 하고 있다는 것이다. 이러한 내재적 가치로 인해 생태계는 저마다 자기 나름대로 고유한 대지윤리를 지닌다는 주장이다. 우주만물이 그 자체로 심미적인 가치를 지니고 있기에 인간 개개인에게는 자연을 바라보는 정서적 느낌이나 태도나 감정이 무엇보다 중요하다고 여긴다. 캘리코트의 입장에는 앞서 살펴 본 마쉬의 인간중심주의적 견해와는 정반대로 지나칠 정도의 자연중심주의적 도그마가 내포되어 있다.

따라서 지금까지 언급된 몇몇 생태학자들의 견해를 종합해 볼 때 살아있는 야생적 자연을 그 자체로 만나 그것의 면모를 있는 그대로 경험하는 비목적론적 사유의 과정이 생태학적 사유의 근본 토대임을 알 수 있다. 그러므로 우리에게는 문명의 껍데기를 뚫고 인간의 사회적 관계 및 대자연 관계를 근원적으로 변화시키면서 자연으로부터 삶의 본질을 배우고자 하는 의식구조의 혁신, 즉 마음의 생태학이 우선적으로 필요한 것이다. 지금 우리에게는 표피적인 외양에 얽매여 삶의 본질적 사실들을 망각하게 만드는 오늘날 문명사회에 대한 마음의 생태학이 필요하다. 이러한 생태학적 감수성은 대지윤리의 내재적 가치를 향한 비목적론적 사유를 통해 더욱 깊어질 것이다.

2[*]

지금까지 생태학에 대한 논의의 주된 초점은 쏘로우(Henry David Thoreau), 리어폴드(Aldo Leopold), 오스틴(Mary Austin), 애비(Edward Abbey), 스나이더(Gary Snyder), 러브(Glen Love) 등에 이르는 심층생태주의자들이 견지하고 있는 야생자연 속에 흐르는 내재적 가치에 집중되어 왔다. 그런데 대지중심주의에 바탕을 두고 있는 심층생태주의자들의 비목적론적 인식은 결국 문명세계와 단절될 수밖에 없는 한계성을 노출한다고 볼 수 있다. 심층생태주의자들의 관점에서 보면, 야생자연은 시골의 한적한 풍경의 공간으로, 반대로 산업문명은 도시의 삭막한 거리로 도식화 될 수 있다. 심층생태주의가 궁극적으로 지향하고자 하는 방향이 자연과 인간 사이에 성립된 기존의 획일화된 이분법을 타파하는 것인데, 역설적으로 심층생태주의자들이 희구하는 근본주의적 자연관은 기존의 이분법적 자연관을 더욱 고착화 시킬 우려를 내포하고 있다. 이런 점에서 "심층생태주의자의 이상적 꿈은 지구상에서 결코 실현될 수 없다"고 단언한 조나단 베이트의 주장을 음미해 볼 필요가 있다.

우리에게는 자연의 야생성에 대한 기존의 관념을 재고하여 도시의 일상생활 속에서 야생적 자연을 체험하는 인간 개개인의 삶의 공간 속에 흐르고 있는 생태학적 감수성의 고취가 필요하다. 마음의 생태학과 연결되는 이 같은 의식을 통해 도시문화와 녹색경관의 조화로운 공존이 가능할 수 있다. 랜스 뉴먼(Lance Newman)은 시골의 야생지나 대도시를 포함하여 모든 자연지형에 지속적인 관심을 강조하면서 "생태비평의 합리성을 확보하기 위해서는 그것의 비평관점을 확장시킬 필요가 있다"고 주장한 바 있다. 야생자연이 도시문명 안에 존재할 수 있고, 반대로 시골의 한적한 자연 속에 도시문화를 얼마든지 가꿀 수 있다.

인간 개개인의 무의식 속에는 전원을 향한 열망이 흐르고 있다는 점에서 인간문명과 동떨어진 야생자연에서만 삶의 심미성을 경험할 수 있는 것이 아님을 알 수 있다. 도시에 거주하고 있는 현대인의 실존적 삶 속에서 인간문명과 단절된 야생자연을 고집하는 것은 자연이 함의하는 장소로서의 복합적인 의미를 간과하는 것이다. 기존의 자연과 문명이라는 획일화된 이분법을 탈피하여 대도시에서도 야생자연이 존재할 수 있으며 인간 개개인이 관심을 갖는다면 황량한 도시에서도 얼마든지 야생자연을 가꿀 수 있다. 야생지는 변방에만 있는 것이 아니고 우리 생활 주변에서 얼마든지 찾을 수 있다. 자연을 새롭게 바라보는 사람에게는 자신이 살고 있는 삶의 장소는 그곳이 어디든지 야생지일 수 있다.

자연과 인간, 혹은 인간과 자연이라는 이분법적 도식에서 벗어나 자연과 결부된 다양한 문화적, 사회적 문제에 대한 구체적인 인식이 필요하다. 도시환경에 관심을 갖고 있는 생태비평가 로렌스 뷰얼(Lawrence Buell)은 "인간이 생태중심주의로만 살아갈 수 없다"고 말하고 있다. 어느 누구든 자신이 살고 있는 삶의 장소와의 관계 속에서 심미적 태도나 느낌을 통해 자기실현을 달성할 수 있다. 그러므로 모든 생태주의자들이 펼치는 노력은 궁극적으로는 마음의 생태학과 밀접한 상관성을 맺고 있다. 마음의 생태학은 지형학적 특징과 관련을 맺고 있기에 인간 개개인이 살고 있는 자신의 삶의 공간과의 상호관계성에 얽혀 있는 문화와 밀접하게 결부되고 있다.

따라서 도시인의 문화적 삶 속에 야생자연을 조화롭게 접목시키는 도심의 갈색풍경에 대한 생태학적 사유가 요구된다고 하겠다. 우리가 녹색경관과 갈색경관을 모두 함께 유기적으로 아우르게 될 때 우리의 생태학적 사유의 지평은 한층 더 확장될 것이다. 우리에게는 매일 경험하는 도시의 황폐한 공간을 의미있는 장소로 환원하는 노력과 함께 주변 환경 속에 녹색공간을 확보하는 노력이 끊임없이 요구된다고 하겠다. 생태주의는 현실에서 실현될 수 없는 원시적인 삶을 향한 사유가 아니라 자연을 통한 삶의 본질과 대면하려는 열망인 것이다.

3*

오늘날 생태학이 새롭게 주목받게 되는 배경에는 환경이라는 의미소에 내재해 있는 자연과 인간의 분리를 전제하는 이원론적 세계관이 문제의 근원이라는 인식이 자리잡고 있다. 생태학은 자연에 관한 제반 사실을 규명하면서도 동시에 인간을 포함한 모든 생명체 상호간의 유기적인 관계를 정립하고자 한다. 생태학적 사유의 핵심적 내용은 자연 생태계를 이루는 모든 생명체가 제각기 존재 가치가 있다는 것에 바탕을 두고 있다. 인간이 다른 생명체 위에 군림하는 특별한 존재가 아니라 그들과 더불어 공생 공존하며 생태계의 일부를 이루고 있다는 것을 유념하는 것이 중요하다. 심층생태학자들이 주장하는 것처럼 생태적 사유에 있어 중요하는 것은 자연에 대한 단순한 지식이나 인간중심이 아닌, 자연의 입장에서 자연을 접근하는 사고의 변화가 전제된 생태학적 이해력의 함양이다.

우선, 생태학적 이해력과 관련하여 미국의 자연사를 연구한 존 오파이 (John Opie)의 견해를 살펴볼 필요가 있다. 오파이는 삶의 근원적 배경으로서의 자연이 그 자체의 고유한 존재가치를 지닌다는 전제에 입각해 우리에게 자연이 구체적으로 어떤 의미를 갖는 지에 대해 소상히 밝히고 있다. 첫째로, 기존의 환경론자의 시각에서는 자연을 인간의 문화적 활동이 영위되는 부수적 배경으로 다루어지고 있으나, 생태학의 시각에서는 야생생태를 포함하는 자연 자체가 우리의 삶을 형성하는 중요 인자로 작용하고 있다. 둘째로, 생태학적 사고는 성장 이데올로기에 치중하여 자연을 남용하는 기존 환경론자들의 편협한 인식을 비판한다. 셋째로, 생태학은 기존의 환경 개발론자들의 논점에 관심을 기울이면서도 동시에 자연훼손과 같은 문제점을 보완하는 상호 유기적인 시각을 잃지 않고 있다. 결과적으로 오파이의 입장에서 보면, 생태학은 인간의 문화적 활동과 자연의 역동적 상호작용이라는 자연에 대한 보다 종합적인 인식을 함축하고 있다.

사실, 생태학은 결코 자연을 단순히 관조의 대상으로 파악하지 않는다. 생태학에는 자연이 인간의 삶과 유기적으로 얽혀 교감하는 삶의 본원적 장소로서 그 존재성이 깊게 깔려 있다. 근대 산업사회 이후 그것의 중요성이 외면되었지만 최근에 활발하게 진행되고 있는 생태학에 내재된 장소의 개념과 그것의 가치에 대한 연구는 생태지역학이나 경관학의 관심으로 이어지고 있다. 문학생태학자 뷰얼(Lawrence Buell)은 "반경 10마일 정도 이내에 위치한 장소나, 혹은 한 나절 정도 걸을 수 있는 거리 내에 있는 장소는 평생 동안 관찰하여도 그것을 완전히 파악할 수 없다"는 쏘로우의 말을 인용하면서 장소에 내포된 삶의 존재성을 강조하고 있다. 뷰얼의 입장에서 보면 장소는 그것의 가치를 단번에 인지하는 것이 쉽지 않은 인간의 정서적 느낌이 강하게 얽혀있는 삶의 그물망이다. 여기에는 인간의 기억과 욕망도 함께 축적되어 있다.

특히, 뷰얼은 인간과 장소의 상호 복합적인 연관성에 주목하고 있다. 장소는 인간 개개인에게 소유의 대상이 아니라 강한 귀속성의 의미를 내포하고 있어 근원적 복리(well-being)에 직·간접적인 영향을 미치고 있다. 장소는 주변 환경과 관계형성을 통해 그것의 가치가 성립되기에 이웃의 장소와 유기적인 조화를 이룰 때, 그것의 복리는 극대화 될 수 있다. 또한 장소는 그 자체로서 존재성을 지니기에 의식과 결부된다. 장소에 내포된 존재성은 발전할 수도 아니면 퇴락할 수도 있는 가변적인 공간임에 틀림없다. 우리 주변에 존재하는 물리적 공간이 모두 장소로서 기능할 수 있다는 점에서 우리가 살고 있는 공간은 얼마든지 자연으로서의 존재론적 가치를 인정받을 수 있다. 다시 말해서, 다른 생명체의 생존에 기여할 수 있는 물리적 공간은 장소로 얼마든지 변모된다는 점에서 아무리 척박한 도시의 공간이라도 장소로서의 기능을 재현할 수 있다.

결과적으로 장소는 물리적 환경으로서 자연의 차원에서 머물지 않고 계급이나 젠더와 같은 사회적 관계나 정신적 관념을 포함하는 의미소로 발전되고 있다. 생태학의 논의에서 인간 개개인이 살고 있는 주변 지역의 자연경관이 중요한 의미를 지니는 이유가 바로 여기에 있다. 생태학적 사유의 첫걸음은 인간 개개인의 실존이 살아 있는 지역에 얽힌 정서적 느낌이 담긴 야생적 자연을 새롭게 인식하는 작업인 것이다. 이런 점에서 인간의 기억과 욕망의 저장고로서의 자연경관은 인간의 심성 및 실존과 밀접한 연관성을 맺고 있음을 알 수 있다.

우리는 미국이라는 신대륙의 광활한 자연이 유럽의 장구한 역사와 전통을 극복할 수 있는 자산으로 새롭게 탈바꿈하게 된 살아있는 자연의 역사를 학습해야 한다. 유럽의 자연과 달리, 문명의 때가 묻지 않은 야생 상태 그대로의 황야는 미국적 자연의 진정한 가치요, 미국적 장소의 본질인 것이다. 뉴욕 허드슨 강변의 아름다운 자연풍경을 화폭에 담은 토마스 코울(Thomas Cole)은 유럽의 풍경과는 차별화 된 미국적 풍경의 특징으로 문명에 길들여지지 않은 야생성을 강조하였다: "미국의 풍경은 구라파 인들에게는 생소한 자랑스런 특징이 있다. 미국적 풍경의 차별화 된 인상적 특징은 그것의 야생성에 있다." 신으로부터 외면되었던 거친 황야가 꿈과 희망이 숨 쉬는 신생 공화국의 자긍심의 원천으로 탈바꿈한 것이다. 인간과 자연이 하나 되어 장소의 본질을 살리는 생태학적 지혜를 그들 스스로 실천하였기에 이들은 신대륙에 프랑스인이나 영국인의 정서적 느낌이나 기억이나 욕망을 허용하지 않았다. 이들이 오로지 자신들의 존재성을 자연 속에 투시하였기에 현재 미국적인 야생성을 통해 그들만의 자긍심을 선물받고 있는 것이다.

4[*]

우리가 저마다 함께 살면서 호흡하고 있는 자연은 우리 공동체의 정체성 형성에 각별한 의미소로 작용하고 있다. 어렸을 때 기억 속에 남아있는 뒷동산의 장엄한 풍경이든, 자신의 이루지 못한 욕망 속에 그저 생존을 위해 등질 수밖에 없었던 결핍된 고향이든, 배반의 아픈 기억이 묻어 있는 사악하고 황량한 황야든, 살충제의 남용으로 생명의 소리가 사라진 침묵의 들판이든,

자연은 우리의 자아의식을 구성하는데 핵심적 요소임을 부인할 수 없다.

사실, 우리 모두의 무의식 속에는 장엄한 대자연에 대한 국민적 자부심이 강하게 자리잡고 있다. 어느 누구든 마음을 가라앉히고 자신의 고향의 산천을 떠올리면 야성적인 즐거움과 귀소본능이 그 어디에서든 순간적으로 솟구쳐 오르기에 자연이 우리의 일체의식의 뿌리임에 틀림없다. 이는 자연이 우리사회에서 국민적 정체성의 근간이면서도 동시에 공동체적 귀속감의 근간이 되고 있음을 단적으로 말해주고 있다. 따라서 인간과 자연의 만남에 대한 성찰은 우리가 살고 있는 공동체 구성원들의 자아형성과 문화적 에토스의 본질을 되새겨보는 필수적인 조건이자 의미 있는 작업이 아닐 수 없다.

우리는 자연이 단순히 지리적 공간이 아니라, 당대의 가치체계가 투영된 이념태라는 사실을 유념할 필요가 있다. 우리는 자연을 그저 우리의 생존을 위한 물리적 배경으로 도외시 해 온 근대적 인간중심주의 시각에서 벗어나 자연을 개개인의 자아의식과 집단적 상상력의 원천이 숨 쉬는 실존적 공간으로 인식하는 것이 중요하다. 지금까지 환경주의자들이나 환경문학자들이 인간의 입장에서 자연을 바라보았기에 그것 속에 내포된 특별한 의미소를 간과하였다. 우리는 자연과 문화를 대립적인 것으로 설정하고 자연을 정복과 착취의 대상으로 삼아온 인간중심주의적 시각을 버리고 자연의 입장에서 자연이 우리의 필수적인 가치체계임을 잊지 말아야 한다. 자연이 삶의 본원적 장소, 실존의 근원적 터전이라는 시각이 중요한 것이다. 이제 생태주의자들이나 문학생태학자들의 주장처럼, 우리는 자연의 관점에서 자연과 인간을 바라보는 내재적 자세를 결코 잊지 말아야 한다. 다시 말해서, 이는 인간과 자연의 관계에 문화적 가치가 깊이 매개되고 있음을 주시해야 한다는 뜻이기도 하다.

우리가 살고 있는 현재의 지리적 공간은 사회적, 문화적 에토스와 밀접한 상관성을 맺고 있다. 우리가 살고 있는 지리적 환경이 사회적이고 심리적 차원에서 복합적으로 파악될 수 있기에 자연은 인간의 삶이 숨 쉬고 있는 복합적인 관계망의 장소로 새롭게 자리매김 되고 있는 것이다. 자연이 단순히 거기에 존재하는 지리적 풍경이 아니라 여러 가지 의미망이 뒤얽히는 언술의 장임을 부인할 수 없다. 자연은 우리에게 근원적인 귀속감을 제공하고 우리의 일상 속에 일어나는 삶을 포용하는 생명으로서의 생태적 환경(milieu)인 것이다. 우리는 자연이 우리의 공동체적 가치와 심성 형성의 중요한 변수임을 유념하면서 자연이 거대한 유기체임을 상기하는 것이 중요하다.

또한, 자연과 문화는 결코 서로 분리된 것이 아니다. 시골의 한적한 풍경과 대도시의 정원의 정돈된 풍경도 우리에게는 모두 자연인 것이다. 자연은 우리가 어느 공간에 살고 있든 상호 배제적인 것이 아니라 서로가 서로에게 침투하며 유기적 전체를 이루는 상호 보완적인 공간으로서의 실존적 장소이다. 사회생태학자 머리 북친(Murray Bookchin)의 주장처럼, 환경의 범주는 생명의 본성에 충실하고 역동적 삶을 포용하는 공간으로 확대될 수 있다. 이 공간은 그것이 어느 지리적 공간에 위치해 있든 자연의 범위에 속한다. 이는 인위적인 문화와 환경도 생명체의 존재에 저마다 기여할 때, 그 공간은 단순한 의미에서의 물리적 환경에서 벗어나 자연계의 지리적 장소의 범주 속에 포괄될 수 있음을 알 수 있다. 우리가 갈색경관을 이루고 있는 도시환경, 다시 말해 오늘날 절대 다수의 현대인들이 살아가고 있는 도시의 자연환경도 자연의 신비를 간직한 구체적인 생태적 삶의 예지를 얻을 수 있는 실존적 장소로서의 역할이 얼마든지 가능하다.

자연계는, 인간의 성장과정이 그렇듯이, 탄생, 성장, 성숙, 사멸의 과정을 겪으며 변화해 간다. 가령 흔히 볼 수 있는 울창한 숲도 처음에는 자그마한 모종으로 시작하여 시간이 흐르면서 보다 큰 나무로, 이윽고 선구식물들이 자라는 잡목림으로 변화되고, 더 시간이 흐르면서 큰 나무들이 자라는 숲으로 발달되어 간다. 그러므로 우리에게는 생명체가 숨 쉬고 있는 자연 속으로 우리 스스로 먼저 무욕의 자세에서 귀속하는 자세가 필요하다. 어떻게 보면 진정한 의미에서 우리는 지금까지 자연과의 접촉을 갖지 못했는지도 모른다. 이제 겨우 자연과의 친교를 준비하고 있다고 말해도 과언은 아닐 것이다. 그동안 자연과 사람의 만남을 선전하는 거창한 구호 속의 그 어디에도 생태학적 예지는 찾아 볼 수 없었다. 우리에게는 인간의 입장이 아닌 자연의 입장에서 자연의 섬세한 숨소리에 귀를 기울이고 그것의 가치를 우리의 삶의 공간으로 다시 환원하는 창조적 지혜가 없었다. 우리가 자연을 소유의 대상이나 정복과 파괴의 대상으로 여기는 한 자연은 우리에게 무관심과 침묵으로만 머물러 있을 수밖에 없다. 우리가 자연의 진정한 친구가 될 때, 자연은 우리에게 환산할 수 없을 정도의 중요한 가치를 우리에게 선물할 것이다. 자연이 자본이 되는 논리가 여기서 출발한다고 볼 수 있다.

II

물의 생태학에 흐르는 생명순환의 에토스

1[*]

    어떤 지역이든 어떤 사람이든 모두 마음속에 물에 관한 이야기를 가지고 있다. 우리는 물이 지닌 온갖 모습을 통해 때론 격정적인 공포에, 때론 부드러운 위안에, 때론 영묘한 신비에 빠져든다. 그것은 물속에 펼쳐지는 성(聖)과 속(俗), 창조와 파괴의 모든 상상 때문일 것이다. 또한, 우리는 모두 물에 얽힌 각자의 과거를 지니고 있다. 우리는 어떤 계기 없이도 자리에 앉으면 물 이야기를 술술 풀어 놓을 수 있다. 우리는 가슴 깊숙한 곳에 홍수 속에 죽은 가족과 이웃의 상처를 묻어놓고 있기도 하고, 비 한 방울 내리지 않는 가뭄과 저수지의 물이 말라 모내기를 하지 못한 때에 겪었던 아픈 기억도 간직하고 있다. 벤자민 프랭크린(Benjamin Franklin)은 『가난한 리처드의 연감』 (*Poor Richard's Almanac*)에서 "우리는 우물이 말라야 물의 진정한 가치를 안다"고 언급한 바 있다.

물은 항상 형이상학적이고 물리적인 모든 에너지의 근원으로 논의되기도 한다. 자연철학자들은 물을 유기체 형성 과정의 근원으로 인식하여 "변하기 쉬운 혼돈"으로 정의하고, 괴테는 물을 어느 곳에서든 존재하는 "만유의 요소"로 간주하며, 그리고 핀다르는 만물 중에 "가장 고귀한 요소"라고 칭한다. 볼프람 폰 에셴바흐(Wolfram von Eschenbach)는 『파르치발』(*Parcival*)에서 다음과 같이 말한다 : "물은 창조된 모든 피조물들이 결실을 맺도록 해주며, 그 결실의 피조물들을 인간은 생물이라고 부른다. 인간이 시력을 얻은 것도 바로 물 때문이다. 물은 모든 영혼에게 광채를 선물하고 있다." 성경의 창세기에는 천지창조의 성격이 적혀 있다 : "태초에 하나님이 천지를 창조하시니라. 땅이 혼돈하고 공허하며, 흑암이 깊음 위에 있고, 하나님의 신은 수면에 운행하시니라."

또한, 무색투명한 액체인 물은 모든 피조물과 산, 구름 등 세상만물의 근원을 비추는 우주의 거울로 통하고 있다. 고대문명에서는 물이 생명의 근원으로, 종자의 근원으로, 지구의 즙으로 신성화 되었다. 고대인들은 물의 창조행위 자체를 신들의 위대한 춤의 카타르시스로 간주하였다. 그 신들이 추는 춤이 모든 존재의 생명을 주재하는 자연의 순환과 같은 계절의 변화로 나타난다는 것이다. 고대인들은 신들이 자연의 순환주기, 즉 물이 지니고 있는 현상적 속성을 통해 자신들의 힘을 표출한다고 생각한다.

사실, 세계 곳곳의 지역인들은 자신들의 마음속에 제각기 다른 경외하고, 숭배하며, 존경하는 신들을 품고 있다. 자연히 그들의 마음속에는 어떤 신은 좋은 신이지만 어떤 신들은 악한 신으로 자리잡고 있다. 그 신들은 지역의 풍습과 문화에 따라 저마다 다른 정체성으로 상징화 되고 있는 것이다. 따라서 물이 지닌 다양한 정체성을 정리해 보면 대체적으로 물의 근원적인 속성인 창조와 파괴의 속성으로 압축된다. 물이 지닌 신성한 상징성 때문에 물을 창조와 파괴, 탄생과 죽음 등의 의미체계와 결부시킬 수 있다.

우선, 물에 내포된 창조의 상징적 의미체계를 살펴보기로 하자. 비옥한 삼각주에 거주하던 아시리아와 바빌로니아의 사람들은 물을 대지를 둘러싸고 있는 심연인 압수에서 나온 원초적인 요소로 숭배한다. 그들은 샘물과 호수와 강물 등 모든 형태의 물을 창조주인 수신(水神)이라는 이름으로 인격화시켜 경배하고 있다. 물속에서 살아남은 존재들은 물의 힘과 연관되어 힘 있는 존재로 인식하고 있는 것이다. 바빌로니아 남부지방의 칼디어와 페르시아 사람들은 순결한 존재로 알려진 아나히타를 대지 생성의 근원이 되었던 별에서 흘러나온 액체를 상징하는 신으로 여기고 있다. 그리스 사람들은 사랑과 미의 여신인 아프로디테를 바다 물결의 거품 속에서 조개껍질을 열고 나온 존재로 알고 있다. 성경에서는 모세가 "물을 끌어내는 자"라는 뜻으로 바구니에 담겨 나일 강을 떠다니다 강에서 목욕하던 파라오의 딸에게 발견되었다고 적혀 있다.

그리고 물이 내포한 파괴의 상징적 의미체계를 살펴보자. 줄루족들은 물속에 괴물이 산다고 믿고서 그 괴물이 자신들의 영혼을 빼앗아 간다고 여겼다. 그래서 그들은 수면 위에 눈길도 주지 않는다고 한다. 그들은 영혼이 없이는 육체가 지탱할 수 없다고 믿었던 것이고, 그들이 영혼을 잃는 것은 생명을 잃는 것과 다름없다고 여기고 있다. 뱅골만의 앤더먼 군도 원주민들은 물 위에 비친 자신의 모습을 자신의 영혼이라고 생각한다. 그들은 물을 바라보지도 않는다고 한다. 그리스와 인도 사람들은 꿈속에서 물 위에 비친 자신의 얼굴을 보게 되면 그것이 곧 자신의 죽음을 예시하는 흉몽으로 생각했다. 그들은 물의 정령이 자신의 영혼을 물속 깊숙한 곳으로 끌고 갈 수도 있기에 영혼 없이 여생을 살아야 하는 불안감을 갖고 있었다. 자기몰입으로 생명까지도 빼앗아 간 나르시소스 전설도 이와 같은 맥락을 내포하고 있다. 나르시소스는 샘물 위에 비친 자신의 모습, 즉 부드럽게 비치지만 결국 자신에게 괴로움을 안겨줄 스스로의 상(像)을 이해하지 못했기에 물 속에 뛰어들어 익사되었다. 삶의 환상이나 인생의 열쇠도 바로 여기에 있다.

2 *

옛날부터 우리의 선조들은 물을 잘 다스리는 자가 천하를 다스린다고 입버릇처럼 말해 왔다. 이 말은 물이 지닌 창조와 파괴의 상징적인 의미체계를 성찰하는 자가 천하의 이치를 통찰하여 이를 잘 통치하는 것으로 이해할 수 있다. 물이 창조와 파괴, 성(聖)과 속(俗)의 양면적 의미를 함축하고 있음을 앞서 언급했듯이, 물의 생태학은 생명 자체 속에 수반되는 역설의 논리를 함의하고 있다. 물속에는 약함(無)과 강함(有)의 상반 논리가 함께 들어 있다. 노자의 『도덕경』은 다음처럼 말한다 : "천하에서 물보다 더 유익한 것이 없다. 그러나 굳고 강한 것을 꺾는 데는 물보다 더 뛰어난 것이 없다. 아무것도 물의 본성을 바꿀 수 없다"(제78장). 물의 생태학은 인간적인 특징으로 노자의 이상적 인간인 성인에 비유되고 있다. 이는 물의 생태학에 도(道)의 질서가 작용한다는 의미로 통한다. 물이 어떤 구체적인 물질의 형태를 가지고 있기에 도 자체에 가깝다는 것이다. 성인이 물과 같이 부드럽고 다투지 않고 무리 없이 일을 처리한다는 의미에서 물은 도의 형상으로 구현되고 있는 것이다. 노자는 물을 부드럽고 약한 것의 상징이며, 이것은 바로 생명의 근원 무(無)의 상징이라고 여기고 있다.

물은 무에서 유(有)가 나오고, 반대로 유에서 무로 이르는 역설적 모순을 내포하고 있다. 무와 유는 한 근원에서 나온 것임에도 불구하고 인간의 인위적인 체계인 언어에 따라 이름만이 다른 것이다. 무란 인간의 구별과 차별을 뛰어넘은 그 분리 이전의 상태이며 모든 유의 근원이자 단지 이름만 다를 뿐인 하나이다. 유와 무는 상대적으로 나타나고, 어려움과 쉬움도 상대적으로 이루어지고, 길고 짧은 것도 상대적으로 형성되고, 높고 낮음도 생태적으로 대비되고, 상대적으로 어울리기 마련이다. 인간 개개인이 무리하게 많은 것을 얻고자 하는 것은 모두 물의 생태학적 이치에 어긋나는 일이다. 노자의 『도덕경』에는 다음과 같이 적혀 있다: "물은 만물에게 좋게 베풀고 이롭게 해주지만, 자신을 위해 고명을 다투지 않고, 언제나 모든 사람들이 싫어하는 비천한 곳에 처해 있다. 그러므로 물의 특성은 도에 가깝다. 물의 특성을 닮은 성인은 몸을 선천의 땅, 즉 '비천한 곳'에 두고, 마음을 최선의 곳, 즉 '허정'(虛靜)에 두고, 최선의 인을 베풀고, 최선의 실천적인 말을 하고, 최선의 다스림으로 바로잡고, 최선의 효능으로 일하며, 언제나 최선의 때를 따라 움직인다. 오직 '물과 성인은' 다투지 않는다. 그러므로 허물이 없느니라"(제8장).

노자의 『도덕경』에 따르면, 도와 덕(德)은 삼라만상의 근본원리로 통한다. 도가 만물을 생성하고, 덕은 만물을 양육한다는 것이다. 만물이 음양의 기(氣)로 형성되고, 그것을 통해 자연의 힘이 생성되고 있다. 그러므로 만물은 도를 존중하고 덕을 귀중하게 여기지 않는 것이 없다는 뜻이다. 도를 존중하고 덕을 귀중하게 여김은 남이 강요하는 것이 아니고, 언제나 스스로 그렇게 되어 가는 과정을 중시한다는 의미로 통한다. 도는 만물을 낳고도 소유하지 않고, 모든 것을 이루게 하고도 자랑하지 않는 가운데, 오묘한 덕이 쌓이게 된다. 이는 물이 지닌 신비의 이치와 일치한다.

물의 생태학은 물의 순환과정과 깊은 관계망을 형성하고 있다. 그리고 물의 생태학 속에는 유기물과 무기물을 포함하여 살아 있는 삼라만상의 모든 생명이 숨 쉬고 있다. 물의 순환구조는 만물을 구분하거나 구별하지 않고 모든 것을 상대적으로 바라보고 인위적으로 무엇인가를 무리하게 만들지 않고 또 그것을 강요하거나 소유하지 않고 자랑하지도 않는다. 물은 구태여 어떤 일을 인위적으로 행하지 않으면서도 행하지 않는 일도 없다.

또한, 물의 생태학은 풍수와 깊은 연관성을 맺고 있다. 풍수는 땅의 생기를 받고 흩어진 자연생명의 기를 모으는 방법이다. 풍수에 의하면 산천은 바로 인간의 삶, 인간의 생명활동, 특히 인간의 신령과 깊이 관계된다. 그것은 인간의 사회적, 정치적, 경제적, 문화적 관계와 직결되어 있다. 풍수의 목적은 자연 생명활동의 운을 바꾸기 위하여 우주적 흐름인 기에 입각하여 환경을 변화시키고 조화시키는 것이다. 풍수에 의하면 땅은 우선 단순한 흙, 돌, 물의 결합체가 아닌 지기(地氣)라는 생명소가 있음으로 해서 살아 있는 것과 같다. 산은 고요하고 물은 움직이기에 산은 음이고 물은 양을 통한다. 그러나 산에도 음양이 있고 물에도 음양이 있다. 산은 사람의 신체와 같고 물은 사람의 혈맥의 이치와 같다. 혈맥의 도수가 순조로워야 건강하고 그렇지 않으면 병든다. 이 음양이 융합하면 새 기운이 생긴다.

도는 인간과 사회를 포함하여 자연의 운행을 주도하는 하나의 커다란 원리이며 모든 존재의 갈등, 모순, 분별이 궁극적으로 해결되는 기본적인 통합의 원리이다. 도는 자연을 인간중심으로 변화시켜 재구성한 문화의 반영물인 언어로는 설명할 수 없을 뿐만 아니라, 본질적으로 인간의 필요에 의해 만들어진 자의적인 기호체계로는 정의할 수 없다. 도는 적어도 인간적인 의식, 무의식, 심리, 인식을 초월하여 모든 속성의 생명체를 포괄하는 총체적인 조화의 심리이다. 따라서 인간 개개인은 물의 생태학을 통해 자연적 본성인 도에 복귀하고자 하는 무위(無爲)와 무욕(無慾)의 이치를 배운다. 물은 인간에게 치열한 경쟁의식에서 파생되는 지나친 억지와 교활한 꾸밈을 타고 넘어 인위가 없는 자연의 도에 이르게 한다는 것이다. 물의 생태학에는 삶을 쇄신하고 적극적으로 개혁하려는 실천윤리학도 담겨 있다.

3

인류의 역사는 물의 역사라고 말해도 과언이 아니다. 인류의 역사는 물을 찾아 여정을 떠나는 유랑과 정착의 과정과 다름없기 때문이다. 특히 강은 어느 국가에서나 지역에서든 저마다 풍요와 융성의 기세를 안고 있다. 씨족이 물과 함께 형성되고, 그 씨족이 성장하여 부족이 되고, 그 부족이 더 발전하여 마을과 도시가 되었고, 마침내는 도시국가가 형성되었듯이, 강은 제각기 굽이굽이 흐르는 궤적 속에 인고의 역사적 자취를 간직하고 있다. 또한, 강은 여러 제식(祭式)을 통해, 혹은 정신적인 교감을 통해 보이지 않는 세상으로 통하는 길을 열어 주고 있다. 강은 문명의 부침(浮沈)을 지켜 본 목격자이자 태고의 비전(秘傳)을 보호하고 있는 옛 이야기를 전해 주는 기억의 저장고인 셈이다.

고대인들은 땅이 비옥하고 기후가 따뜻한 지역보다 물이 풍부한 곳을 더 선호했다. 이들은 땅이 척박하면 열심히 땀을 흘려 그것을 일구어 낼 수 있다고 생각했고, 또한 기후의 조건이 열악하면 이에 적응할 수 있는 방안을 고안해 낼 수 있다고 여겼다. 하지만 고대인들은 물만큼은 결코 부족해서는 안 될 절대적 조건 그 이상으로 상상하였다. 언제나 이들은 자신들의 수가 불어나면 물이 보다 더 풍부한 곳을 찾아 자신들의 소중한 보금자리를 떠났다.

그러나 이들은 물을 다스리는 방법을 강구하기도 하였다. 이들은 자신들의 생활 터전인 논밭에 물을 대고, 수로를 건설하고, 강줄기를 원하는 곳으로 바꾸는 기술을 터득하기 시작했던 것이다. 이들은 관개시설을 통해 자신들의 척박한 정착지를 비옥한 농경지로 바꾸어 풍요로운 수확물을 거두는 계기를 마련하였던 것이다. 이미 4천 년 전에 아시리아 유목민들은 티그리스와 유프라테스 강 사이의 척박한 지역을 서구문명의 요람이 된 비옥한 삼각지로 바꾸었는가 하면, 이들은 그 다음에 홍수로 넘쳐흐르는 물을 보존하기 위해 거대한 인공호수를 만들기도 하였다.

사실, 나일강의 역사를 살펴보면 이집트인들의 사고의 자취를 충분히 느낄 수 있다. 나일강은 이집트인들에게는 현실적인 보고이자 정신적 실존의 근원으로 남아있는 것이다. 나일강은 그 인근 유역에 거주하고 있는 2천만 이집트인들의 생명을 보존해 주는 젖줄이자, 특히 헬레니즘 문명기의 그리스인들, 그리고 로마인들이 매우 신성시하던 역사적 흔적들을 그대로 간직하고 있다. 이집트인들은 홍수로 강물이 범람하면 그것이 강의 '부활'이라고 생각하며 이를 더욱 성스럽게 생각했다. 나일강의 범람은 강물이 봄철에 주변 땅으로 흘러들어 땅을 다시 살아나게 하고 비옥하게 해주는 것으로 여겼던 것이다. 그들은 나일강의 범람을 신이 주는 선물로 여겼기 때문이었다. 심지어 이들은 강의 범람을 '영혼의 정화'라고 생각하기까지 하였다.

게다가 이집트인들은 인간이 신에게 바칠 수 있는 가장 큰 진상물은 강물에 빠진 자신의 몸이라고 여겼다. 이집트인들에게 "물에 빠진다"는 뜻의 말은 "찬미한다"라는 뜻으로 통했다. 그들은 그들 자신이 강물 속에서 신과 결합할 수 있는 기회를 얻는다고 여겼기 때문이었다. 실제로 이집트인들은 나일강과 더불어 생활하면서 이런 노래를 바치기도 했다: "그대는 태양신인 '라'가 창조한 들녘에 물을 흐르게 하는 풍요로운 존재, 그대는 하늘에서 내려오면서 모든 동물들에게 생명을 주고, 모든 대지에 계속 마실 생명수를 주는구나." 이집트인들에게는 나일강은 대단한 경외와 존엄으로 다루어질 수밖에 없었다. 그들은 강을 깨끗이 보존했으며, 감사의 뜻으로 제물까지 갖다 바치기도 했다. 이집트인들은 경의를 표하기 위해 강가에 성소(聖所)를 세우기도 하였고, 또한 곳곳에 신전과 사원들을 건립하기도 하였다.

또한, 강에는 그곳을 따라 여행하는 여신의 이야기가 담겨있는 신화가 숨 쉬고 있다. 대개 여신들은 어떤 연유로 상실했던 누군가를 찾아, 아니면 자신도 모르게 잃어버렸던 자신의 일부를 되찾기 위해 강의 흐름 속에 자신의 몸을 맡겼다. 강의 여행은 여신들에게는 잃은 것을 되찾기 위한 탐색의 노정인 셈이었다. 가령, 에로스를 찾아 떠나는 여신인 프시케의 경우가 여기에 해당된다. 불복종에 대한 벌로 프시케는 자신의 애인인 에로스를 잃는다. 그녀는 에로스를 되찾기 위해서 에로스의 어머니인 아프로디테가 부과한 어려운 임무를 수행한다. 프시케는 제우스 소유의 독수리로부터 도움을 받아 생명수를 아프로디테에게 바친다. 그런데 아프로디테는 프시케에게 어딘지 알 수 없는 어느 강가에 풀을 뜯고 있는 황금털의 양떼를 찾아 그 털을 뽑아오라는 과제를 또 다시 부여한다. 결국 프시케는 절망에 빠진 나머지 강에 스스로 몸을 던지는데, 그 때 그녀를 가엾게 여긴 어느 노래하는 갈대가 프시케에게 황금털을 얻는 비결을 가르쳐준다. 갈대의 도움으로 프시케는 그 임무를 무사히 완수한다. 프시케에게 그 갈대는 절대 절명의 운명의 존재인 셈이다. 강에서의 프시케의 외로운 탐색은 플라톤의 이데아 개념에 비추어 보면 바로 잃어버린 자신의 또 다른 분신을 찾아 떠나는 험난한 여정인 셈이다. 마찬가지로, 프시케의 여정에는 완벽과 조화를 추구하고자 하는 인간 개개인의 탐색여행의 우화가 담겨 있다.

이제 우리는 강이 주는 풍요와 충족의 의미를 우리의 소중한 삶이 묻어 있는 샛강에서 찾아야 한다. 우리는 우리 마을의 앞뒤로 흐르는 작은 샛강의 자취와, 그것의 복원에 관심을 두면서 큰 강의 궤적 속에 숨겨져 보이지 않는 작은 지류 속에 흐르는 샛강의 흔적과 가치를 사유해야 한다. 노자는 『도덕경』에서 물에 대해 다음처럼 말했다. "물은 이 세상의 빈 공간을 채워주며, 늘 그곳에서 떠나지 않고 머문다." 우리의 삶의 이야기도 마찬가지이다. 우리는 끝내려 해도 끝낼 수 없고, 채우려 해도 언제나 비워 있는 우리의 삶의 이야기들을 우리 마을의 샛강에서 노래해야 한다.

4

우리는 샘물이 생명을 불어넣는 성스러운 힘을 지녔다는 신화나 전설을 저마다 믿고 있다. 옛날부터 사람들이 샘물에는 신성한 영물이 살고 있어 어떤 마법의 기운이 흐른다고 여겼기 때문이다. 로마의 철학자인 세네카가 "샘이 솟아나거나 물이 흐르는 곳에 제단을 세우고 제물을 바쳐야 한다"고 말한 바처럼, 우리는 샘물에 얽힌 전설을 가볍게 처리할 수 없다. 성자들이 샘물을 이용해 기적을 행했다는 이야기와 함께, 샘물과의 성스러운 접촉이 행운을 가져다준다는 황당한 에피소드를 어느 정도 이해하는 것도 아마 우리의 삶의 흔적이 묻어있는 신화나 전설에 대한 수용 때문일 것이다.

어떤 문화권이든 각 나라의 구전에는 샘물에 관한 재생과 불멸의 신화나 전설들이 많다. 인도처럼 물이 황금보다 더 귀중하게 여겨지는 건조한 기후의 국가뿐만 아니라, 서늘한 기후에다 땅이 기름진 나라들도 샘물 숭배를 일상의 일로 여겼다. 초기 기독교 예배의식에서는 그리스도가 죽어서 부활할 때까지 누워 있었다는 예루살렘의 성묘(聖墓)가 생명의 샘물로 묘사되었다. 슬라브인들의 민담에는 죽은 자를 다시 살아나게 하는 효험을 지닌 성수(聖

水)로 샘물을 거론하였다. 마찬가지로 선사시대 민중의 기억 속에서 우물과 컵 모양의 오목한 자국은 한 곳에 집중된 여신의 생명을 상징하는 형상으로 남아 있었다. 초기의 문명에서는 그런 빈 공간에 고이는 빗물이 성수이고, 그 물에 사람의 병을 치유하는 힘이 서려있다는 믿음이 있었다. 신체의 일부가 마비된 사람이나 다른 상처나 병이 있는 사람들은 그 성수를 마시고, 그 물로 온몸을 적시고, 또 그 물로 상처 입은 부분을 씻어 내렸다고 한다.

샘물에 관한 많은 상징적 신화가 전해지고 있는데, 샘물 숭배는 처음에 이교도의 전통으로 시작되어 나중에는 기독교 문화권에도 침투하였다고 한다. 샘물 숭배의식에 생명을 부여하는 여신과 많은 연관이 되어 있어 사람들은 샘물이 신비의 세계로 통하는 문이라고 상상하기도 했다. 사람들은 흔히 샘물을 여신의 눈이나 가슴, 혹은 입과 연관시켜 은덕을 베푸는 수혜자로서의 여신의 역할로 상상하기도 하였다. 사람들은 여신의 임무를 대개 성스러운 생명의 원천에서 건강한 생명과 풍요를 끌어내 지상의 존재에게 나누어 주는 것으로 여겼던 것이다.

샘물은 대개가 예언의 능력을 지닌 아름다운 정령이 거주하는 위안의 장소였다. 그런 곳은 순례와 숭배의 장소가 되었으며, 신성한 바위나 약초로 장식되어 세속인들이 떠받드는 사원과 다름없는 장소가 되었다. 기독교 문화가 그와 같은 이교도적인 우상 숭배를 금지한 이후에도 사람들은 여전히 그 신성한 샘물로 순례를 계속하였다. 그 샘물이 그들에게 대단히 중요한 장소였기에 기독교 문화의 억압을 피해 샘물을 소망의 샘이라고 부르기 시작했다. 그런 소망의 샘은 애수가 서려있는 곳이기도 하면서 각각 독특한 능력과 속성을 지니고 있었다.

또한, 동양은 말할 것도 없고 서양에서도 생명 부여 능력을 가진 샘물을 신처럼 숭배하여 감사제를 올리는 곳도 많았다. 그리스인들은 그들이 신성하게 여기는 샘물의 근원에 인공의 수반을 세우고, 근처에 그들이 각별하게 여기는 신의 성상들을 갖다놓고 그 장소를 성소로 만들기도 하였다. 영국의 데일즈에는 '우물단장'이라 불리는 재미있는 관습이 전해지고 있다. 사람들이 수없이 많은 꽃잎을 따다 커다란 진흙판에 그 꽃잎들을 눌러 박았고, 이렇게 해서 만든 아름다운 화판을 우물 위에 걸어놓고 모든 종파의 성직자들이 함께 모여 축복의 기도를 올렸다고 한다.

바빌로니아 신화에서 달의 여신인 이슈타르는 풍요의 상징인 샘물의 수호신이었다. 그녀의 신전이 생명의 상징인 샘물이 흐르는 천연의 동굴이나 사막의 오아시스에 자리잡고 있다. 켈트족의 시대에 알자스의 지역에는 디아나 여신이 풍요의 근원으로 여겨졌던 신성한 우물의 여신으로 숭배되었는데, 지금도 아이 갖기를 원하는 여성들이 그 샘물에서 광천수를 떠서 부근의 산으로 가져가 바위 위에 뿌린다고 한다. 아프리카의 많은 부족들 사이에는 기우제에 참가하는 여성들은 항상 부족민들이 신성시 여기는 샘물에 찾아가 그 샘물을 깨끗하게 한 다음, 그 샘물을 퍼서 자신들의 알몸을 씻는 것을 필연적인 의식으로 여겼다. 이들은 이 과정을 스스로를 정화시키는 의례로 받아들였다. 중앙아프리카의 바간다 부족의 경우에는 월경 중인 여성은 그 어떤 경우에도 우물에 접근해서는 안 된다고 믿었다. 이들은 혹시 이를 어기게 되면 우물이 마를 뿐더러 그 여자는 병들어 죽는다고 여겼다. 그리고 그리스의 칼림노스 섬 사람들은 월경 주기에 접어든 여성들이 우물에서 물을 퍼올리거나 냇물을 건너는 것도 허용하지 않았다.

5

물은 자연환경과의 유기적 관계 속에서 "흘러야 그 물에 힘과 활기가 생기고, 그 물의 맛도 달라지며, 농작물의 경작에도 이롭다"는 그 자체의 영묘한 생태학을 지니고 있다. 또한, 물은 졸졸 흐르는 시냇물에서 거센 폭풍처럼 울려 퍼지는 바다에 이르기까지 신비스러운 심미적 효과의 기호를 내포하고 있다. 그 중에서도 흐르는 맑은 물이 주변 공간과의 유기적 관계 속에서 만들어내는 완벽한 조화는 물의 생태학에 흐르는 최고의 신비일 것이다.

물은 보는 사람들의 눈에 제멋대로 흐르는 것 같고, 그 모양이 무정형으로 보일 수가 있다. 그러나 어느 시냇물에서든 찾을 수 있는 소용돌이의 파장은 '8'자 모양의 흐름을 이루고 있다. 이 자연스럽게 만들어 내는 '8'자 모양의 형태로 인해 물은 계속 움직이는 듯한 시각적 착시를 일으키기도 한다. 물의 소용돌이 파장은 왼쪽에서 오른쪽으로, 오른쪽에서 왼쪽으로 교대로 이어지는 회전으로 이루어지고, 동시에 옆에서 옆으로 움직이는 '8'자 모양의 무늬를 만든다. 물의 신비를 연구한 데오도 슈웬크는 리드미컬한 물의 움직임을 변화하는 조류나 부서지는 파도와 같은 다른 여러 형태의 물에서도 찾을 수 있다고 하였다. 슈웬크는 물의 흐름에는 그 나름대로의 정교한 형태를 지니고 있다고 말한다. 그는 흐르는 물과 관련하여, "물은 계속해서 본래의 구형(求刑)으로 되돌아가려는 속성을 지니고 있다"고 말한다. 구불구불 흐르는 시냇물이든, 굽이치는 파도든, 하늘에서 떨어지는 빗방울이든, 거세게 휘몰아치는 물살이든, 물은 형태에 상관없이 모두가 구형의 속성을 지닌다는 것이다.

사실, 역사 속의 정원사들은 특정한 공간 속에 작은 폭포나 샘, 혹은 물웅덩이와 같은 자연 속에 물을 재창조하는 작업을 해 왔다. 그것의 구체적인 방법으로 이들은 물이 제공할 수 있는 시각적, 음악적 즐거움을 느낄 수 있도록 흐르는 맑은 물을 최대한 활용하여 분수를 만들었다. 처음에 분수는 신성한 정원의 한 부분으로, 천연의 샘이 흐르는 작은 석굴로 이루어졌다. 그런 분수에 장식물이라고는 신이나 정령을 기리기 위한 석조 성상이 고작이었다. 그러나 점차로 분수에 아름다운 조각상과 같은 보다 섬세하고 미적인 표현을 덧붙이게 되면서부터 그곳은 웅장한 요정의 성소로 자리잡았다. 흐르는 물과, 부딪혀 흩어지는 물방울과, 폭포처럼 쏟아져 내리는 물이 한 곳에 어우러지면서, 분수는 삶에 지친 사람들에게 최면을 걸 듯 마음의 병을 치유하는 위안을 주는 행복의 대상이 되기도 하였다.

역사적으로 보면, 페르시아인들은 열사의 사막을 낙원으로 바꾸는 과정에서 물을 적극 활용하였다. 이들은 상징적이면서도 정신적으로 다양하게 물을 활용하여 신성한 정원을 꾸민 후 그것을 예술 형태로 끌어 올렸다. 그들은 화려한 정원을 만들고, 그 정원의 한복판에는 각종 귀금속과 돌로 아로새겨진 타일을 사용하여 정교한 모양의 분수와 웅덩이를 만들었다. 이 분수대가 자아내는 신비롭고 조화로운 물소리와 영묘한 물안개의 분위기는 이들에게 신비의 장소 그 자체였다. 후에 물에 대한 존중심이 유달리 강하고 감수성이 예민했던 힌두교인들은 이러한 페르시아 양식의 분수대를 응용하여 시크교도들의 황금사원처럼 사원이나 궁전을 호수 한 가운데에 세웠다.

일본인들도 페르시아인들이나 힌두교인들 못지않게 물의 생태학에 예민한 감수성을 뽐내었다. 본래 일본의 정원은 섬나라 특유의 해안풍경을 모방하여 만든 것이었다. 일본인들이 저마다 꾸미는 물을 이용한 정원 가꾸기는 인위적인 예술미를 창조하는 것이 아니라 자연의 형식과 지형미를 그대로 활용하는 작업이었다. 초기 일본의 정원사들은 샘물이 흘러 형성된 못이나 호수에 바위 언덕을 세우는 폭포의 심미성을 중시하였다. 본래부터 주변 풍경의 일부라는 착각이 들 정도로 이들이 만든 폭포는 자연미를 그대로 유지하여 해안의 작은 만이나 절벽을 연상시켰다. 산 속에 있는 듯이 우렁찬 소리를 내며 떨어지는 폭포에서부터 직선의 물기둥으로 떨어지는 평지의 작은 폭포에 이르기까지 폭포의 모양 또한 주변지형에 따라 제각기 다르다. 그리고 그 폭포 아래에는 자연에 대한 명상과 심신 단련을 위한 깨끗한 연못이 언제나 자리잡고 있었다. 게다가 사람들이 명상을 하며 오랜 시간을 연못에서 보낼 수 있도록 돌계단도 설치되었다. 자연의 형태를 있는 그대로 본뜬 돌계단은 정원과 연못을 연결시키는 가교역할을 하는 셈이다. 폭포라는 한 공간 속에 인간과 자연이 공존하는 심미적 효과가 창출되고 있는 것이다.

옛 선인들은 물이 차지하는 정신적인 가치에 따른 숭배의식에 그 의미를 두었다면, 오늘날 현대인들은 물에 대한 경관학적 가치를 더 중시한다. 현대인들은 "자연 그 자체보다 더 아름다운 것이 없다"는 경관학적 인식에 따라, 물의 생태학에 흐르는 심미적 효과를 자신들의 생활공간 속에서 직접 추구하려 한다. 삶의 스트레스와 피로감에 지친 현대인들에게 맑은 물의 조화로운 흐름만큼 삶의 위안거리가 없다는 점에서 물의 리드미컬하고 자연스런 선회의 움직임에 대한 현대인들의 심미적 욕구는 앞으로 끊임없이 이어질 것이다.

III

경관생태학의 이질적인 장소의 조화

1˙

　경관생태학(landscape ecology)은 생태학에 항공기술을 활용하는 것인데, 현재 독일과 네덜란드를 중심으로 하여 유럽에서 활발하게 논의되고 있다. 1939년에 트롤(Troll)이라는 학자가 먼 거리에서 촬영한 항공사진을 생태학에 접목하여 이 용어를 처음 사용하였다. 단순한 의미에서 보면, 생태학이 항공사진과 결부된다는 점에서 경관생태학은 특정한 지역을 높은 곳에서 내려다보고 형상화 한 넓은 면적의 조망을 의미한다고 생각할 수 있다. 하지만 경관생태학에서 항공기술과 생태학의 결합은 공간적인 측면에 한정되기보다는 사회, 인문학적인 영역뿐만 아니라, 형이상학적인 의미로 확장된다. 일반적으로, 경관의 개념은 특정한 공간을 높은 곳에서 바라보는 조망의 의미보다는 이질적인 생물군들이 각기 다양한 차이를 형성하도록 적절히 배열하는, 다시 말해서, '공간적 차원에서 생태계의 유기적인 연결망의 의미'를 함축하고 있다. 경관생태학은 인간의 지속 가능한 현명한 토지이용과 공간적 요소 사이에 생태학의 유기적인 원리를 접목시키고 있는 것이다.

경관생태학은 생태학과 각 지역의 특성을 최대한 합목적적으로 결합한 높은 차원의 복합적인 의미소를 내포하고 있다. 트롤은 경관생태학과 관련하여 "자연관찰을 전체적으로 조망하기 위해 경관의 외부구조와 그 속의 작은 단위의 세부기능을 연구하는 분야"라고 설명하고 있다. 그는 여기서 더 나아가 "경관유형이나 다른 크기의 자연공간 분류체계에 나타나는 생물군집과 환경 사이의 유기적인 네트워크를 연구하는 학문"으로 경관생태학을 더욱 구체적으로 정의하고 있다. 생태학에 환경정책을 결합하고 있다는 점에서 경관생태학은 단순히 조경의 범위를 뛰어넘어 인문지리학 분야까지 그것의 영역이 확장되고 있는 것이다.

경관생태학은 단순한 경관 요소의 배열이나 배치에 머물지 않고 생태계의 적절한 분포변화에도 영향을 미치고 있다. 경관생태학자들은 한 특정한 공간 속에 각기 다른 속성의 생태계의 유기적인 공존을 중요시 한다. 이들이 강조하는 공존의 의미는 특정한 지역의 생태계가 다양한 차이를 이루면서 어떻게 이질적인 공간의 요소들과 상호작용하면서 유기적으로 교환할 수 있느냐의 문제와 결부된다. 여기서 차이의 유기적인 공존성은 환경의 지속 가능한 현명한 이용이라는 측면에서 특정한 공간의 효과적인 관리계획과 사후 관리의 행위와 밀접한 연관성을 맺고 있다. 이는 생태계의 공간적 크기와 배열의 적절성, 세부내용의 구조와 공간적인 형상의 유동적인 배열, 유기적인 상호 연관성과 관련된다.

또한, 경관생태학자들은 생물과 무생물을 포함하여 각기 다른 구성요소들이 유기적으로 경계를 가로질러 유동적으로 배열되는 연결망에 특별히 관심을 갖는다. 경관생태학은 특정한 지역의 생태계의 특성이 인접 지역의 생태계와의 유기적인 관계망이 조화로운 차이를 이루도록 어떻게 체계적으로 시스템화 하느냐와 연관된다. 이는 각기 다른 속성의 생물과 토지 크기와 그곳의 다양한 내용물을 어떻게 적절히 융합할 수 있느냐의 문제와 관련이 있다. 지금까지 생태학자들의 주된 관심이 소규모 단위의 국지적인 부분에 한정되어 왔기에 지역의 생태계는 공간 요소들 사이의 불균형에 의한 환경문제를 유발시켜 왔다. 토지관리와 생태계 속성 간의 차이, 특히 생물종과 비생물 자원이 실제로 인간의 삶의 공간과 충돌하면서 환경문제가 파생되었던 것이다.

경관생태학은 단순한 경관 요소의 배열이나 배치에 머물지 않고 생태계의 적절한 분포변화에도 영향을 미치고 있다. 경관생태학자들은 공간단위에서 일어나는 교환 속도에 영향을 주는 구조적인 요인들에다 다양한 생물종의 보존과 관리와 현명한 토지이용의 문제를 주요 해결과제로 삼고 있다. 이들은 서식지의 지리적 특성과 이질적인 생물종들의 경계 지점에서의 침투 가능성이나 혼종 가능성, 생물들의 속성과 비생물적 특성 사이의 교환 가능성 등을 중점적으로 접근한다. 여기에는 죽은 식물군이나 살아있는 생물군, 인위적인 가공물이나 아주 작은 단위의 흙 알갱이까지 모든 형태의 이질적인 공간요소들이 모두 포함된다.

현재 경관생태학의 연구가 활발하게 진행되고 있는 곳은 미국과 유럽이다. 미국의 경우, 과거에는 어떤 특정지역을 세부적으로 분할하여 각 구성요소별로 깊게 연구하였다. 그러나 유럽의 경우, 어떤 한 지역의 생태계를 인문학과 사회학의 영역으로 확장하여 보다 거시적인 차원에서 전체와 부분을 아우르면서 생태계를 연구하고 이에 대한 정책을 개발하는 단계로 나아가고 있다. 유럽의 경관생태학이 생태학에 지리학을 결합하고 있는 경향에 맞추어, 현재 미국의 경관생태학의 연구방향도 지나치게 국부적이고 세부화

된 심층탐색을 지양하는 추세로 나아가고 있다.

2[˚]

경관생태학은 자연공간 분류체계에 나타나는 다양한 생물군집과 환경 사이의 유기적인 연결망을 연구하는 분야로 정의할 수 있다. 경관생태학자들은 환경관리라는 큰 틀에서 토지기능의 차이로 나타나는 광역적이고 국지적인 조각 요소들을 조화롭게 아우르면서 공간특성과 개체분포 사이의 관계를 조정하는 활동을 한다. 이 범주 속에는 조경, 토지관리, 사회, 인문지리, 그리고 생태학까지 포함된다. 이러한 접근에 단순한 경관요소의 배치뿐만 아니라 우리의 삶의 질 향상까지 함께 하게 되므로 경관생태학은 인간의 삶의 공간에 일어나는 다양한 차이를 다각적인 차원에서 다루는 복합적인 생태학 영역이라고 말할 수 있다.

경관생태학의 견지에서 보면 인공습지는 다른 그 어떤 영역보다 중요한 의미를 갖는다. 미국의 국가습지조사(NWI)에서 제시하고 있는 분류체계에는 인공습지가 습지로 규정되지 않으나 람사르협약의 분류체계에서는 인공습지를 습지유형으로 구분하고 있다. 우선 경관생태학적 차원에서 인공습지를 살펴보면, 양식장이나 수중생물을 배양하는 연못이나 일반적인 웅덩이보다는 하천형 습지, 호수형 습지, 그리고 소택형 습지 등을 중요한 이용의 대상으로 삼는다. 하천형 습지는 하천을 따라 광범위하게 형성된 늪이나 유속이 크지 않은 만곡부 등을 인공적으로 활용할 수 있다. 호수형 습지는 상대적으로 넓은 면적의 물을 담고 있는 습지이므로 집수유역이 크고 누수가 없는 산간 계곡 등을 인공습지로 조성할 수 있다. 소택형 습지는 물이 고여 있는 지역의 넓이가 8ha를 초과하지 않는 상대적으로 좁은 지역으로서 고수부지, 폐천부지, 호수하류 유휴지, 자연적으로 물이 공급되는 공유지 등이 인공습지의 주요 대상이 된다. 하천형 습지나 소택형 습지에는 교목과 관목, 수생식물이나 이끼류와 같은 습지식물이 잘 자라지만, 호수형 습지에는 이러한 수생식물이 잘 서생하지 못한다.

경관생태학의 맥락에서 하천형 습지, 호수형 습지, 그리고 소택형 습지 등에 대한 종합적인 설치 및 관리 계획이 중요하다고 보는 주된 이유는 토지를 다목적용으로 관리하여 도시의 생태학적 조건을 극대화 하려는 데 있다. 경관생태학자들은 이러한 인공습지를 상호 연계하여 거대한 띠 형태의 유기적인 네트워크를 조성하게 되면 경관적 욕구를 충족시킬 뿐만 아니라 다양한 생물들의 풍부한 서식 환경처를 제공할 수 있다. 따라서 인공습지는 경관생태학이 지향하고 있는 생태학적 측면과 인문학적이고 사회학적 측면을 함께 아우를 수 있는 삶의 독특한 생태공간으로서의 다양한 가치를 내포한다고 볼 수 있다. 인공습지는 지역의 문화적 가치와 함께 생명력이 넘치는 지역주민들의 휴식 레저 공간으로 정서적으로 풍요한 삶의 질을 높이는 중요한 역할을 할 수 있다. 또한 인공습지는 물놀이, 고기잡이, 고기기르기, 낚시, 보트놀이, 조류관찰, 사진촬영 등의 레크레이션 기능을 지니고 있어 이들을 즐기는 사람들에게 야생생물의 다양성과 미적 아름다움 등 휴양가치 등을 제공한다. 게다가 자연경관과 레크레이션 기능은 주변지역의 자연환경 가치를 보다 높게 하여 지역주민들의 정서안정과 휴양가치, 그리고 쾌적한 삶의 질을 높여 준다. 이처럼 인공습지는, 이러한 내용을 기반으로 하여 자연교육 및 체험장소로 활용되므로, 경관생태학의 견지에서 보면 생태도시 건설의 가장 합목적적인 조건에 부합한다고 말할 수 있다.

특히, 호수형 인공습지의 경우에는 유수를 저장하여 물의 과다 또는 과

소를 조절하는 인공시설물로서 하천에서 충분한 용수를 확보할 수 없을 때의 중요한 지표수 용수원이 될 수 있고, 지표수 유량을 조절하여 수력발전이나 상수도 등의 용수로 사용할 수 있고, 관광용지로도 개발할 수 있다. 최근에는 환경 친화적인 인공습지의 이용기술이 발달하여 수심이 깊은 호수나 저수지 댐 등에 정화식물의 식재도 가능하다. 하층부의 뿌리 발달로 집어효과와 토종어류의 산란공간의 확보가 가능하다. 상층부에서는 미생물의 활성도를 높여주어 생물학적 분해 작용뿐만 아니라, 생태계 먹이사슬에 의한 정화작용을 유도할 수 있다. 호수형 습지에서는 수질 정화능력이 우수한 식물을 식재하여 질소, 인, 영양염류를 분해하는 효과를 높이기도 하고, 계절별로 다양한 식생의 꽃과 이국적 경치를 감상할 수 있다. 또한 이곳에서는 집어능력이 뛰어난 호수형 습지에 어류의 생태의 관찰대를 설치할 수 있다.

일반적으로 습지는 지구생명의 신비와 오묘한 질서를 잘 간직하고 있는 곳이라는 점에서 지구상 그 어느 지역보다 생물학적인 생산성이 높은 곳 중 하나이다. 습지에 서식하는 동식물, 미생물과 습지를 구성하는 토양 등은 주변으로부터 흘러나오는 각종 오염된 물을 흡수하여 오염물질을 정화시킨 후 깨끗한 물을 흘러 보낸다. 그곳에 서생하고 있는 습지식물인 수련, 어리연꽃, 말즘, 검정말 등은 자정작용을 일으켜 부유물질을 침전시키고 부영양화의 요인이 되는 질소와 인 등의 유해물질을 흡수하는 기능을 행한다. 게다가 습지 내 풍부한 플랑크톤이나 유기성 분해물질은 수서곤충이나 어패류의 먹이를 제공하고, 그 다음에 수서곤충이나 어패류는 온갖 조류나 양서류의 먹이가 되거나, 다른 생물들을 불러들여 큰 규모의 먹이사슬을 형성할 수 있는 서식환경을 제공한다.

IV

습지생태학의 생명부양의 가치

    우리는 습지에 대한 지식이나 정보에 일반적으로 무관심한 편이다. 우리가 기껏해야 알고 있는 극히 상식적인 정보나 지식은 2008년 10월에 창원에서 "건강한 습지, 건강한 인간"이라는 슬로건으로 제10차 람사르협약 당사국총회가 열린 사실과 우리나라의 대표적인 내륙습지로 창녕 우포늪과 주남저수지 정도이다. 우포늪이 자연 생태계 보전지역으로 지정되고 람사르협약 습지로 등록된 역사가 얼마 되지 않기에 습지 생태계에 대한 우리의 몰상식만을 탓할 수는 없다고 말할 수 있다. 하지만 이제 우리는 습지 생태계가 인간과 자연이 공존하는 근원적인 완충지대라는 점을 잊고 지낸 지난 시절의 무관심과 무지를 분명히 반성하고 그것의 특성을 먼저 깊이 사유하고 실천해야 할 것이다.

    사실, 우리는 마을과 농지 사이를 흐르는 샛강과 그것을 에워싸고 있는 주변 습지에 대한 기억을 저마다 간직하고 있다. 우리가 그 샛강의 주변 습지에 대한 향수를 시간이 흘러도 잊지 못하는 것은 수생식물(물풀) 속에 서식하는 장구벌레, 물방개, 미꾸라지, 붕어, 그리고 민물장어에 대한 추억 때문일 것이다. 그런데 지금까지 우리는 샛강의 주변 습지를 쓸모없는 진흙땅으로만 생각하고 무차별적으로 농업 용지, 공장 용지, 그리고 아파트 용지로 개발하였다. 그나마 남아 있었던 샛강의 주변 습지와 그곳에 서식하고 있는 생물들도 살충제 남용으로 우리 곁을 떠난 지 오래이며, 대신 그 자리에는 우글거리는 모기떼의 나쁜 이미지가 자리잡고 있다.

아마도 우리는 산업화 과정 동안 잘못 형성된 "인간의 생활공간을 저해하는 유해곤충의 산란장이자 서식처"라는 샛강의 주변 습지에 대한 나쁜 이미지를 당분간 지울 수 없을 것이다. 아울러 우리는 습지 생태계의 긍정적인 가치와 작용을 쉽게 이해하기 어려울지도 모른다. 그러나 이제 우리는 습지가 자연 생태계 보호, 특히 생물종 다양성의 유지와 복원에 필수적인 환경자원이라는 점과 깨끗하고 맑은 물이 물 환경 개선에 중요한 요소라는 사실을 인식해야 한다. 따라서 우리는 습지의 생태적 기능과 가치가 무엇이고 왜 보전하고 잘 가꾸어야 하는 지에 대한 근본적인 이유를 살펴 볼 필요가 있다.

습지 생태계는 고유한 구성요건을 갖추고 있는데, 이러한 습지의 생태적 특성은 세 가지 정도로 요약할 수 있다. 일반적으로 습지 생태계의 기본적인 요소로는 습지에 흐르거나 고여있는 물, 습지의 바닥에 형성된 토양, 그리고 습지에서 성장하고 있는 수생식물이라고 말할 수 있다. 보다 구체적으로 습지라고 정의할 수 있는 생태적 조건으로는 토양이 물로 채워져 연중 일정 기간 동안 얕은 물에 잠겨있는 수문 환경조건, 배수가 잘 안 되고 습한 땅인 습윤 토양조건, 그리고 물 속에 잠기거나, 물로 둘러싸여 산소가 부족한 환경조건에서도 생존할 수 있는 수생식물 조건 등을 말할 수 있다.

우선, 습지는 다른 어떤 생태계보다 생물학적 생산성이 활발하여 다양한 생물종의 서식이 가능할 수 있다. 습지는 물과 육지가 만나는 곳으로 두 영역에서 살아가는 생물 모두에게 산란장을 제공한다. 이런 점에서 습지 생태계는 많은 생물종의 먹이사슬이 형성되는 서식환경이 되고 있다. 우선 습지 생태계 속에는 풍부한 플랑크톤과 유기성 분해물질이 서식하고 있다. 습지가 확충되면 그 내부에서 풍부한 플랑크톤이나 유기성 분해물질이 늘어나 일차적으로 수서곤충의 먹이를 제공하게 되고, 이차적으로 수서곤충은 조류, 양서류, 소형 포유동물 등의 다양한 생물종의 먹이가 된다. 습지 생태계는 다양한 생물종에게 서식환경을 제공하는 생태적인 먹이사슬을 형성하는 공존의 생명공간이 되고 있다.

게다가, 습지 생태계는 육상 생물계와 수중 생물계의 상이한 특성을 동시에 아우르는 공생 공존의 속성을 내포하고 있다. 다시 말해서 습지 생태계는 두 생태계의 완충지대이자 전이대로서 육상 생물계와 수중 생물계를 잇는 연결통로의 역할을 하고 있다. 그러므로 습지 생태계에서는 두 생태계의 상호작용에 의한 공생 공존이 가능하게 되고, 생물의 종 다양성 유지와 복원이라는 중요한 기능을 지닌다고 하겠다. 습지 생태계에는 일정한 규모의 먹이사슬을 형성하고 있어 멸종위기에 처한 생물을 비롯한 다양한 생물 종의 복원이 가능할 수 있다.

또한, 물에 잠겨 있는 습윤 토양에 서식하는 수생식물(물풀)은 산소가 결핍된 환경에서 살 수 있는 독특한 식물이다. 물풀은 산소가 매우 적은 환경에서 생존하는 식물이므로 이산화탄소를 흡수하여 고정시켜 대기 중으로 배출되는 양을 감소시켜 주는 역할을 한다. 이러한 작용은 지구 온난화의 주된 요인인 이산화탄소의 양을 조절함으로써 대기온도 및 공기정화 기능을 갖게 된다. 수생식물 뿌리는 토사를 붙잡아 고정시키면서 하천의 침식을 방지하고 토양을 보전하고 저장할 수 있다. 그리고 이 수생식물은 주변으로부터 흘러들어오는 오염물질을 흡수하여 정화하는 작용을 한다. 이로 인해 하천과 저수지의 수질관리가 가능해 진다.

따라서 우리는 우리의 생활공간을 건강하게 유지하려면 습지 생태계를 보전하고 복원하는 노력이 필요하다. 습지 생태계가 깨끗하고 맑은 물 관리 뿐만 아니라 다양한 생물종의 서식공간이 된다는 점에서 이는 생태환경의 복원이라는 일차적인 의미를 뛰어 넘어 우리에게 자연과 인간이 함께 공생 공존하는 생명의 공간을 제공하는 밑바탕이 된다고 하겠다. 습지 생태계가 복원되면 우리의 마을 사이로 흐르는 샛강에 장구말, 유글레나, 물벼룩, 짚신 벌레, 검정말, 붕어마름, 개구리밥, 소금쟁이, 장구벌레, 물방개, 물장군, 논우 렁이, 잠자리유충, 거머리, 미꾸라지, 붕어, 그리고 민물장어 등의 다양한 생 물들이 다시 찾아 올 것이다. 이렇게 되면 개구리도 마음껏 뛰놀며 자기 안 방처럼 산란처로 이용할 것이고, 언젠가 자취를 감춰버린 왜가리도 물풀 속 의 생물들이 그리워 곧 모습을 보일 것이다. 그리고 오리나 겨울 철새들도 잠시 쉬어 가기 위해 우리의 샛강을 기웃거릴 것이다. 이보다 더 아름답고 건강한 생태적 삶의 공간이 있겠는가?

습지는 희귀 동식물의 서식처와 산란처로서 생태계의 보고라고 불릴 정 도로 생물종이 매우 풍부한 생태계이다. 이는 습지가 지구상에서 가장 생산 적인 생명부양의 생태계이며, 경제적, 문화적, 사회적으로 큰 가치를 지닌 자 연자원이라는 점을 말해 주고 있다. 우리들 개개인이 습지에 대한 인식을 새 롭게 하는 것은 생태학적 자각을 일상 속에서 실천할 수 있는 계기가 된다고 하겠다.

먼저, 우리는 이러한 생태학적 자각과 실천을 단지 추상적인 단계에 머 물지 않고 더욱 구체화 된 의식의 수준으로 발전시키기 위해서 습지의 기본 텍스트로 통하고 있는 람사르협약(Ramsar Convention)을 살펴볼 필요가 있다. 람사르협약은 자연자원과 서식지의 보전에 관한 최초의 국제협약으로서 습지자원의 기본 방향을 제시하고 있다. 람사르협약은 1971년 2월 2일 이란의 해안도시인 람사르에서 채택되어 1975년 12월에 발효되었다. 한국은 1997년 7월 28일에 101번째로 이 협약에 가입을 했고, 강원도 인제군 대암산 용늪이 첫 번째로 등록되었고, 창녕의 우포늪이 두 번째로 등재되었다. 람사르협약이 발효된 이후로 2007년까지 154개국이 람사르협약에 가입하였으며, 약 1,650개 습지가 람사르 습지로 등록되어 있다.

람사르협약의 습지 선정기준과 평가방법을 보면, 우선 습지의 생태적 기능이 우수한 지 여부를 주요 기준으로 삼고서 그 가치를 평가한 후 등급화하여 보전과 복원정책에 활용한다. 습지가 가지는 기능이나 가치가 높은 지역을 판별하는 기준으로는 생물학적, 지리학적으로 대표성이 있고, 희소하거나 생존력이 약하여 멸종 위험이 있는 동식물종이 서식하고 있는 습지, 또한 2만 마리 이상의 물새가 정기적으로 서식하는 습지 등이 해당된다. 좀 더 자세하게 살펴보면, 첫째 범주에는 생물학적이고 지리학적인 특이한 특성을 갖춘 자연적 또는 인공적 생태의 대표적인 습지, 주요 하천 또는 연안유역으로 생태학적으로 중요한 자연적인 기능과 역할을 하는 습지, 특히 국경 부근에 위치한 습지가 해당된다. 둘째 범주에는 희소 또는 생존력이 약하여 멸종 위험이 있는 동식물종 또는 이종집단으로 서식하거나 이들 종의 개체수가 상당수 서식하고 있는 습지가 포함된다. 셋째 범주에는 습지의 가치 생산성과 다양성을 나타내는 특정 물새의 종 또는 이종의 전지구적 서식지의 1% 이상이 정기적으로 서식 또는 번식하는 습지가 속한다.

그런데 람사르협약이 추구하는 기본방향은 습지목록에 포함되어 있는 습지를 보호하는 것, 그 자체에 머물러 있지 않다. 이 협약의 주요 목적이 습지의 자연적 특성이 유지되는 틀 속에서 인간의 혜택을 위해 지속 가능한 활동을 전제로 깔고 있다는 점에서 람사르협약이 우리가 일상적으로 접하는 생활공간 속의 습지에 대한 '현명한 이용'(wise use)을 촉구하고 있다는 것을 간과해서는 안 된다. 습지의 '현명한 이용'은 생태계의 자연적 특성을 유지하면서 동시에 인류에게 편익을 줄 수 있는 지속 가능한 활용으로 확장되어야 한다는 것이다. 습지는 단순히 그 자체의 생물학적 가치에 대한 평가에 그치지 않고, 자연 생태계를 체계적으로 보전하기 위해 사회, 경제, 문화 영역으로 그 가치를 확장할 수 있다는 것이다.

사실, 우리는 람사르협약이 추구하는 이 같은 '현명한 이용'의 기본 방향을 여기서 특별히 주목할 필요가 있다. 지금까지 우리는 람사르협약에 등재된 대암산 용늪과 창녕의 우포늪을 포함하여 전지구적으로 널리 알려진 아주 큰 단위의 갯벌, 호수, 철새에만 관심을 표해 왔다. 우리가 제10차 람사르총회에서 논습지를 의제로 채택하기 이전에, 일본은 이미 오래전부터 논습지의 중요성을 인식하여 지자체, 시민단체, 환경단체들이 중심이 되어 그것의 현명한 이용을 위한 다양한 활동들을 펼치고 있다. 실제로, 일본은 2005년 캄팔라에서 열린 제9회 람사르총회에 미야기현의 카부쿠리 늪과 그 주변 논을 람사르협약에 신청을 하였고, 그곳이 아무런 이견 없이 등재되었다. 이는 인간의 농업생산 활동의 중심 무대인 논습지가 람사르협약에 등록된 세계 최초의 사례로서 환경의 지속 가능한 활용에 기본적인 방향점이 될 수 있다. 우리나라에서는 한국생명연합회가 2006년 홍성의 유기논에서 논생물 조사를 실시한 바가 있다. 이 조사를 통해 조합원들과 농민들이 논에 서식하고 있는 다양한 생물종을 발견함과 동시에, 논습지가 습지 생태계로서 뛰어난 환경보전의 기능을 갖고 있음을 확인하는 계기가 되었다. 오리나 우렁이 등을 활용하는 기존의 유기농법 이외에도 조합원들과 농민들은 논에 서식하는 다양한 생물종들의 생태를 연구하여 논습지의 근원적 생명력을 활용하는 과제를 떠맡게 되었다. 아울러, 습지로서의 논생물 조사활동을 통하여 우리의 생활공간이 생태계와 유기적인 깊은 공존관계를 맺고 있음을 체험하는 성과를 거두었다.

또한, 논습지는 토지자원 관리에 생태학적 원리를 적용하고 있는 경관생태학과 밀접한 연관성을 갖고 있어 습지의 '현명한 이용' 차원에서 보면 특별한 의미를 내포한다. 다른 나라에 비해서 좁은 국토면적과 자연자원의 집약적 관리가 상대적으로 긴요하게 요구되는 우리나라에서 논습지의 현명한 활용은 생태학적 가치에 중요한 대안을 제시한다고 볼 수 있다. 분절된 논두렁으로 이루어져 있는 논습지에 살충제 살포를 제도적으로 금지하고 유기농법으로 오리와 우렁이를 포함하여 벼와 토란과 연 등 다양한 습성 생물종을 재배한다면, 논습지의 생태계와 샛강과 주변의 생활공간이 연출하는 경관생태학은 생태도시가 추구하는 '현명한 이용'의 바람직한 조건이 될 것이다.

제2부 ●●●

생태학적 상상력의 의미와 역할

I

문학생태학의 의미와 역할

1[*]

　문학생태학(literary ecology)이 시작된 것은 문학이 생태학의 지향점을 가
장 효과적으로 이룰 수 있다는 인식에서 출발하고 있다.[1] 문학의 기본정신
이 삶의 근원을 성찰하고 인간다운 삶을 모색하는 것이고, 아울러 문학작품
의 유효성이 마음에 호소하는 것임을 고려해 보면 문학생태학은 마음의 공
감을 통해 자연에 대한 참다운 가치관의 정립이나 인식의 전환을 표방한다
고 볼 수 있다. 문학생태학의 입장에서 보면 마음은 자연에 대한 인간의 인
식과 태도를 근본적으로 변화시킬 수 있는 매개체인 셈이다. 이는 환경기나

---

1) 생태학(ecology)이란 단어는 집을 뜻하는 'oikos'와 논리를 뜻하는 'logos'의 합성어이다. 생태학은 좁
　은 의미에서 보면 '집의 논리'로 해석할 수 있고, 우주만물 일체가 '하나의 커다란 생명체를 이루
　는 살림집이다'는 뜻으로 유추할 수 있다. 생태학은 자연과 인간, 동물과 식물, 생물과 무생물 등
　이 모두 유기적으로 긴밀하게 삶의 그물망을 형성하고 있는 우주의 살림집으로 통한다. 생태학이
　라는 우주의 살림집은 우리의 외부를 둘러싸고 있는 객체적 의미에서의 환경이 아니라, 인간과 더
　불어 우주의 생태계를 구성하고 있는 주체적인 삶의 장소인 셈이다.

자연기와 같은 생태문학이 자연에 대한 경외감을 불러일으키고, 생명의 존귀함을 일깨우며, 인간과 자연 사이에 얽혀 있는 유기적인 관계성을 성찰하는 기본적인 토대가 될 수 있다는 것에 깊은 의미를 두고 있다.

문학생태학은 환경위기에 대한 문학의 역할과 함께 환경에 대한 우리의 근본적인 인식의 변화를 촉구하고 있다. 이런 점에서 문학생태학은 생태학적 문해력(ecological literacy)의 향상뿐만 아니라 더 나아가서 문학을 보는 우리의 기본 입장의 수정을 요구한다. 미커(Joseph Meeker)는 문학이 인간의 생존과 행복을 위해 어떤 역할을 할 수 있고, 또한 인간이 다른 생태계와 어떤 관계를 맺고 있는 지를 통찰하기 위해서 문학을 면밀하게 살펴볼 필요가 있다고 강조하면서 인간행위와 자연환경에 끼치는 영향에 대한 문학의 역할을 성찰하도록 요구한다(4).[2] 이남호는 문학생태학 대신 녹색문학이라는 용어를 사용하면서 "녹색문학은 인간이 만든 고정된 가치에 복무하는 것이 아니라 원래 존재하는 자연 속의 가치를 찾아내서 인식시켜 주는 문학이다"(22)고 말한다. 여기서 녹색문학은 자연을 통한 존재론적 가치의 추구에 바탕을 두고 있음을 알 수 있다. 결과적으로 문학생태학은 환경문제를 처음부터 다시 생각하자는 생태학의 요구에 대한 문학의 화답으로도 볼 수 있다(신문수 40). 그러므로 문학생태학은 자연과의 은밀한 교감과 외경심을 통한 자연환경의 중요성을 일깨우면서도 마음의 움직임을 통해 자연의 심층적 이해와 의식의 근본적인 변화를 유도한다고 하겠다.

사실 문학생태학의 궁극적인 지향점이 생태의식의 함양이라는 점을 감안할 때, 주제의식이 명시적으로 드러나는 환경문학에만 집착하는 것은 문학생태학의 범위가 제한되어 그 목표 구현에 결코 효과적이지 못하다. 이는 모

---

2) 문학생태학이란 용어는 1974년 미국의 문학연구가인 미커가 『생존의 희극』(*The Comedy of Survival*)에서 처음 사용하였다.

든 것이 상호 연결되어 있다는 생태학의 근본원리에 배치되는 것이기도 하다. 환경위기나 오염의 실태가 구체적으로 드러난 환경문학의 텍스트를 관심의 주된 대상으로 삼을 경우 유용성의 차원에서 효과적일 수 있지만 거시적인 차원에서 학습자들로 하여금 마음의 변화를 이끌어내기에는 한계가 있다. 이런 점에서 삶의 구체적 전체상을 다루는 문학작품은 비록 자연에 관한 관심이 구체적으로 나타나 있지 않더라도 인간과 자연의 복합적인 관계적 양상을 읽어내기에 충분하므로 문학생태학은 바람직한 생태의식 함양의 텍스트로 활용될 수 있다.

또한 문학생태학은 자연과 문화를 엄격히 구분하지 않고 상호간에 유기적으로 연관되어 있다는 인식 하에서 자연은 물론 제반 문화 환경을 두루 내포한다. 슬로빅(Scott Slovic)은 문학생태학의 범위의 확장과 관련하여 "구체적인 환경 텍스트는 비평적 시각과는 상관없이 문학생태학의 대상으로 인정해야 하고, 반대로 자연에 대해 시종 일정한 거리를 유지하는 텍스트는 그것이 내재하고 있는 인간과 자연과의 유기적 관계에 대한 생태학적 의미를 탐색해 내고자 노력해야 한다"(102)고 주장한다. 슬로빅의 주장에 따르면, 문학생태학이 문학을 통해 우리의 삶을 근원적으로 변화시킬 수 있는 학문적 관심사가 되기 위해서는 주제학이 아닌 방법학으로서 자체적인 개념 정립을 모색해야 한다는 것이다. 글롯펠티(Cheryll Glotfelty)는 문학생태학을 "문학과 자연환경의 상호 관계성에 대한 연구"라고 정의하면서 자연문학이 구체적으로 전달하는 메시지가 단기적인 효과는 클지 모르지만, 구호의 차원에만 머무를 위험도 있다고 지적한다. 문학생태학은 인간과 자연의 바람직한 관계의 정립과 교감, 생태적 삶의 고양과 각성 등 주로 정서적이고 감성적인 성찰은 물론 환경위기와 환경파괴의 실상에 대한 과학적인 규명과 폭로에 관심을 표하고 있는 고발문학까지도 그 영역을 확장할 수 있다. 문학생태학이 인간중심주의가 아니라 생물체들 간의 유기적 관계성을 중시하는 생태학의 기본 정신을 공유한다는 점에서, 그것은 여러 학문을 복합적으로 아우르는 융합의 속성을 내포하고 있다. 문학생태학이 자연문학과 환경문학의 영역을 넘어서야 하는 이유로는 생태학이 문제 삼는 인간의 삶의 환경이 이른바 순수한 자연이나 야생지만을 가리키지 않기 때문이다.

　　문학생태학이 인간중심주의에서 벗어나 생태중심주의로 의식의 전환을 꾀하는 과정에서 그것이 추구하는 근본적인 목적은 윤리적인 인식과 철학적 사유뿐만 아니라 환경위기를 해결하려는 실천의식을 함양하는데 있다. 에스톡(Estok)은 자연이 주제연구의 대상이 아닌 그 자체의 상호 관계성을 중요시하면서 "환경위기 시대에 문학생태학의 역할과 윤리적 가치를 강조한다"(220)고 지적한다. 브랜치(Michael P. Branch)는 생태비평과 관련하여 "그것은 단순히 문학에서 자연의 의미를 분석하기보다는 생명에 대한 윤리의식과 인식의 변화와 함께 지구 공동체 개념의 대상을 인간을 포함하여 생명이 있는 자연환경까지로 넓혀 생각하는 것을 함축한다"(xiii)고 말한다.

　　여기서 뷰얼(Lawrence Buell)이 제시하는 문학생태학의 텍스트의 요건을 우선적으로 살펴볼 필요가 있다. 뷰얼에 따르면, 문학생태학의 주된 요건으로 인간사와 자연사가 서로 유기적으로 얽혀 있음을 암시하는 주제적 요소가 있고, 인간도 다른 생태계의 일부라는 것을 일깨우고, 환경에 대한 인간의 윤리의식과 책임의식이 내포되어 있어야 하고, 마지막으로 환경이 고정된 것이 아니라 변화하는 대상이라는 점이 함축되어 있어야 한다는 입장이다 (7-8). 그러므로 인문학에서 텍스트 의미의 확장 경향이나 순수한 문학 텍스트에서 문화 텍스트로 관심을 넓혀가는 현재의 문학연구 동향을 고려해 볼 때 문학생태학의 범주 속에는 자연기와 환경기를 포함하여 자연문학, 환경문학, 향토문학, 그리고 낭만주의 문학 등이 포함될 수 있다. 따라서 생태의식의 함양에 대한 성찰은 지구 공동체 구성원들의 자아형성과 문화적 에토스의 본질을 되새겨보는 작업이므로 의미 있는 일이 아닐 수 없다. 자연환경이 우리가 단기적이거나 국지적으로 접근할 수 있는 대상이 결코 아니라는 점에 특별히 유념하면서 우리 주변의 자연환경 속에 오랫동안 지속으로 쌓여온 과거에서 현재까지 누적된 가치를 종합적으로 검토하는 것이 마땅하다.

<h1 style="text-align:center">2[*]</h1>

문학생태학은 자연의 본질에 대한 해석에 문학을 끌어들여 생태의식의 저변을 확대하는데 주요 목적이 있다. 문학생태학자들이 구현하고 있는 대지의 포근하고 아늑한 원시적 감성은 자연에 대한 마음을 움직이는 효과를 준다. 정원 속에 스며들고 있는 바람, 물, 대지, 빛 등의 자연적 요소들은 한 지역의 스토리로만 끝나지 않고 생생하게 살아있는 이야기가 되어 특별한 장소와 연관되어 우리로 하여금 자연을 보고 느끼고 생각하게 만드는 계기를 제공한다. 장소와 관련된 자연 이야기는 먼저 감수성을 고양시키고, 자연에 대한 인식의 지평을 확장하여, 생태의식을 자연 속에서 실천하게 한다. 문학생태학을 통해 느끼는 생태학적 상상력이 결국에는 생태의식의 실천의 기본 바탕이 된다고 하겠다. 하워스(William Howarth)는 "태양과 대지에 관한 지식보다 문학작품 속에서 이야기되는 목가적인 느낌과 감성적인 목소리가 더 교육적이다"(6)고 말한다. 자연과 문화의 상호관계 속에 형성된 특별한 장소 속의 특수한 이야기처럼, "자연읽기는 우리에게 비싼 대가를 치르지 않고 공통의 터전을 찾을 수 있는 기회를 제공한다"(3)고 말할 수 있다. 하지만 문학생태학은 우리가 마음을 몰입하여 자연을 읽고 글을 쓰는 주요 텍스트로 활

용될 수 있지만, "우리는 텍스트를 지나치게 많이 읽거나 지나치게 적게 읽는 두 가지 위험에 직면한다"(6)는 지적처럼, 문학생태학에 대한 신중하고도 세심한 접근이 무엇보다도 필요하다.

인간과 자연과의 바람직한 관계 정립을 위해서는 우리의 사고관행과 마음의 변화를 근본적으로 고려하는 생태학적 문해력의 함양이 필요하다. 생태학적 문해력의 연마를 위한 구체적인 방법으로는 무엇보다도 자연에 대한 감수성의 고양이 중요하다. 이 경우에 생태학적 상상력은 자연에 대한 비판적인 사고, 창조적인 상상력, 합리적인 판단력 등과 연계된다. 그래서 생태의식의 함양을 위한 바람직한 텍스트 대상으로 헨리 데이비드 쏘로우(Henry David Thoreau), 랄프 에머슨(Ralph Emerson), 존 스타인벡(John Steinbeck), 토머스 핀천(Thomas Pynchon), 윌러 캐더(Willa Cather), 토니 모리슨(Toni Morrison), 마크 트웨인(Mark Twain), 허만 멜빌(Herman Melville), 레슬리 실코(Leslie Silko) 등의 문학생태학자들이 주요 고려의 대상이 될 수 있다. 심층생태학의 기준에서 보면 쏘로우와 실코를 제외하고 이들은 모두 문학생태학자의 범주에 속하지 않을 수 있다. 물론 에머슨, 스타인벡, 핀천, 캐더 등이 그것의 대상에 논의될 수 있지만 이들도 인간중심주의라는 시각에서 결코 자유롭지 못할 수 있다. 하지만 우리는 앞서 언급한 미국문학가들이 지향하고 있는 세계관을 심층생태학자들의 획일화된 내재적 가치 기준에서 벗어나, 보다 포괄적인 마음의 생태학의 관점에서 크게 네 가지 부류, 1) 쏘로우와 에머슨, 2) 스타인벡과 핀천, 3) 캐더, 트웨인, 멜빌, 모리슨, 그리고 4) 실코로 나누어 구체적으로 살펴볼 필요가 있다.

자연환경 문제의 대부분은 자연을 인식하는 인간의 생활양식과 환경윤리관에 의해 좌우되므로 이는 인간의 사고와 가치관의 수정과 인식의 전환을 통해 해결 가능하다. 이러한 요구는 지금의 위기를 단순한 체제와 구조의 위기로 보는 것이 아니라 보다 근원적으로 이를 떠받치고 있는 인간 내면의 가치관과 세계관의 문제라는 점에서 무엇보다도 생태학적 각성이 요구된다(조용개 22). 생태의식 함양이 우리에게 단순한 행동이 아닌 가치관, 사고의 정향, 태도 등의 변화를 중시하는 생태학적 문해력에 토대를 두어야 한다는 점에서 생태적 위기의 종합적 조망을 위해 미국 문학생태학자들의 자연에 대한 문학적 감수성이 바람직한 대안이 된다고 하겠다. 공리주의적이고 자연과학적인 환경교육만으로는 생태의식의 고양이 한계점에 도달했기에 생태의식의 함양을 위한 감수성 연마와 비판적 사고가 중시되어야 한다고 하겠다.

첫 번째로 쏘로우가 월든 호수의 물리적 측량이나 계절과 기온의 변화에 따른 결빙과 해빙을 철저히 관찰하여 기록하고 있다면,[3] 에머슨은 실제로 야생을 체험해 본적이 없고 그의 『자연』(*Nature*) 어디에서도 자연현상을 구체적으로 관찰하여 묘사하는 대목이 없다.[4] 에머슨의 자연관이 자연으로부터 인간이 분리되는 인간과 자연 사이의 차등관계를 조장하며 선험적이라면, 쏘로우는 자연과 인간이 함께 하는 수평적인 자연관을 지향한다. 쏘로우와 에머슨의 자연관은 너무나 뚜렷하게 대비되어 우리들이 생태의식을 비교 분석하는데 도움이 될 뿐만 아니라 자연의 본질을 이해하는데 적절한 텍스트가 될 수 있다.

두 번째로 스타인벡이 자연을 과학적 관찰의 대상으로 여기면서 생물학

---

3) 쏘로우는 인간 대 자연의 차등관계를 거부한다. 에머슨의 자연이 개인의 가치관 혹은 인간의 문화에 의하여 규정적으로 명명된다면, 쏘로우는 자연현상의 세세한 관찰과 친교를 통하여 자연을 자연에게 되돌려주기 위하여 부단히 노력한다. 쏘로우가 자연의 내재적 가치를 인정하고 인간중심주의적 자연관을 벗어나는 가의 문제는 또 하나의 논쟁거리지만 적어도 그의 인식은 인간과 인간 이외의 자연물 사이의 평등한 관계를 열망한다.

4) 에머슨에게 있어 오성은 인간이 자연의 물질적 속성만을 인지할 수 있는 선험적 능력이므로 오성에만 의존하여 자연을 바라보는 사람은 반인간 상태에 있다. 에머슨은 오성보다는 이성의 힘에 의하여 자연의 보다 고귀한 의미를 포착할 수 있다고 믿기에 영적 자연을 물질적 자연보다 우위에 두는 차등적 이원론에 빠진다. 그는 대영혼이 만물에 가치를 부여하는 보편적 영혼으로 여긴다.

적 법칙에 따라 객관적인 관찰자의 입장에 머물고 있다면, 핀천은 산업문명이 야기시킨 엔트로피적 상황에 주목한다. 스타인벡은 "모든 살아 있는 생물체는 전체와 불가분의 연관관계를 맺고 있다"(Shively 25)고 믿고서 샌프란시스코 만에서 관찰한 무척추 동물인 해초류와 고기떼들의 생물학적 속성을 토대로 하여 인간의 삶과 생물권 전체와의 유기적인 관계성에 관심을 갖고 있다.5) 그가 개체적 속성과 전체적 관계성을 생물학자 못지않게 과학적 관찰로 일관하면서 집단유기체 이론을 인간의 삶의 속성에 접목하고 있는 것은 생태의식의 함양에 필요한 요소이다. 반면 핀천은 자연에 대한 인간의 지배의 꿈이 지나쳐 생태계가 파괴되고 이로 인해 엔트로피가 발생하였다고 판단하면서 자연의 질서화에 대한 이기적인 욕망을 버리고 인간세계와 자연이 공존할 수 있는 생태적 세계를 우선적으로 검토해야 한다고 여긴다. 핀천의 입장은 산업주의자들이 자연의 질서화에 대한 지나친 편집증에 사로잡혀 생태계를 파괴시켰으므로 이들이 지닌 오만과 독선을 순화시킬 수 있는 방안을 모색하자는 데 있다. 핀천은 편집증으로 가득 찬 엔트로피 세계를 치유할 수 있는 대안은 생태학적 상상력이라고 여긴다. 집단유기체 이론을 통해 인간의 일상적인 삶을 생물학적 현상으로 파악하는 스타인벡의 관찰자적 세계관과, 거시적 관점에서 마음의 생태학으로 엔트로피적 혼돈의 세계를 구원하려는 핀천의 작가관은 생태의식의 함양에 상호 보완적인 텍스트가 될 수 있다. 우리에게는 자연생태계에 대한 철저한 분석을 선행하면서도 지구를 하

---

5) 스타인벡은 친구 에드워드 리케츠(Edward F. Ricketts)와 함께 샌프란시스코 만에서 해양생물들을 철저하게 관찰한 후 이를 토대로 하여 소설을 썼다. 스타인벡은 생태학적이고 전일적인 세계관에 바탕을 두고서 유기적 관계성의 연구를 통하여 사물의 전체성을 이해하려고 노력한 해양생물학자인 리케츠의 사고에서 생물에 관한 구체화된 속성뿐만 아니라 집단 유기체 이론을 이끌어 내었다. 스타인벡의 소설에 파업 노동자들과 실향민들의 애환이 너무 부각되어 사회폭로 소설이나 자연주의 소설로 분류되는 경향이 있었지만 최근에 비평의 경향은 스타인벡을 문학생태학자로 평가하고 있다.

나의 총체적인 덩어리로 파악하고 의식의 변화와 같은 패러다임의 전환이 필요하다는 점에서 이들 문학생태학자들의 세계관 속에 녹아있는 환경문해력에 대한 이해가 중요하다고 하겠다.

세 번째로 캐더, 트웨인, 멜빌, 모리슨의 세계관에는 특별한 장소에서 일어나는 구체적인 경험과 체험이 담겨 있다. 캐더는 대지의 순박한 원시성을 지닌 향토성이 짙은 개척인들의 삶을 다루면서 개척인들이 자연과 운명적으로 묶여 있는 특수한 관계와 대지의 무한한 잠재력, 대지에 흐르는 불가사의한 원시적 힘을 끊임없이 탐구한다. 캐더가 개척자들의 삶에 관심을 표하고 있는 것은 서부를 정복하는 탐욕스런 정복욕구가 아니라, 그들의 삶 속에 흐르는 고결성과 영원성, 자연과의 창조적이고 생산적인 공존성이다. 트웨인에게 있어 미시시피강은 새로운 모험의 장소이자 위험이 수반되지만 풍요로운 곳이다. 강 옆에 펼쳐지는 숲, 맑고 높은 하늘, 수많은 별, 그리고 새벽녘의 여명 등 자연의 갖가지 모습들은 문명에 오염된 브릭스빌 마을과는 다른, 문명의 위선과 타락이 존재하지 않는 원선만이 존재하는 순수의 세계로 비춰진다. 헉(Huck)과 짐(Jim)이 기성세대의 억압과 구속으로부터 벗어나 일시적으로나마 자연 그대로의 자유로운 생활을 즐기는 잭슨섬은 진정한 의미에서의 에덴동산이다. 이들에게 미시시피강과 잭슨섬은 가식과 허위로 가득 찬 기성세대의 오염에서 벗어나 안락함과 경외감을 느끼게 한다.

멜빌의 세계관은 우주 너머의 세계와 인간의 실재에 대한 존재론적 탐색과 인식론적 고뇌로 가득 차 있다. 파이들슨(Charles Fiedelson)이 자연의 수사를 관통하여 사실 그대로의 실재를 찾으려는 원형탐색 시도를 들고 있는 것처럼(5), 그는 절대적 진실을 향한 갈망과 우주의 실체에 대한 인식의 한계를 부단히 극복하려고 노력한다. 『모비딕』(*Moby-Dick*)에서 아합(Ahab)이 바다를 정복과 탐험의 대상으로 삼고 있고, 이쉬마엘(Ishmael)이 바다를 신비의 세계와 경험과 여행과 관용의 대상으로 여기는 것처럼, 자연은 때로는 신비하고 장엄하게, 때로는 불길하고 악마적인 모습으로, 때로는 모험의 대상이자 노동이나 생산원료의 대상으로 나타난다. 모리슨에게 있어서 남부의 자연 변화는 아프리카계 미국인들의 삶과 죽음의 모습과 다름없다. 남부의 자연은 이들에게 곧 끝날 겨울과 다름없기도 하고, 그곳에 내리치는 천둥처럼 두려움과 경외감을 주는 희노애락의 대상이기도 하다. 특히 남부의 자연 속에 간직된 장소의 이름은 지역과 지역을 연결시키고 이들의 과거와 현재를 서로 묶어주는 가교역할을 하면서도 이들의 뿌리 잇기의 역사적 정체성의 표상이다.

캐더, 트웨인, 멜빌, 그리고 모리슨의 작품 속에 배경으로 등장하는 개척지, 미시시피강과 잭슨섬, 바다, 남부 등의 지리적 공간은 사회적이고 문화적인 에토스가 흐르고 있는 삶의 흔적과 기억의 공간으로서의 야생지와 다름없다. 이들은 단순한 의미에서의 지리적 공간이나 물리적 환경의 차원에 머물지 않고 이들의 사회적 관계나 정신적 관념을 간직한 의미소이자 그들의 삶이 숨 쉬고 있는 복합적인 관계망의 장소이다. 이들은 인간으로서의 근원적인 귀속감을 제공하고 이들의 일상 속에 일어나는 삶을 포용하는 생태적 환경인 것이다. 이들은 실존적 장소로서 이들의 정서적 느낌과 기억과 욕망의 저장고라는 점에서 생태의식의 함양을 위한 중요한 텍스트의 자료가 될 수 있다.

네 번째로 실코는 다양한 부류의 인종과 계층과 문화적 배경에 토대를 두고 있는 남녀들이 참석하는 전일적 치료자 회의에서 아무리 상호 모순적인 정치적 견해가 다양하게 표출된다고 할지라도 참석자들이 폭력을 자제하고 균형감각을 갖는 모습을 그려낸다. 국가, 정부, 기업체제 등은 각종 분리정책과 이념논쟁에 사로잡혀 사회생태학의 단계에 이르지 못하지만, 전통적인 부족 공동체는 전체 공동체, 생물권, 그리고 대지 속에서 상호 관계성의 진정한 책임성을 이행하는 숭고한 모습을 보인다(15). 실코는 여기서 이 회의의 결과를 구체적으로 묘사하지도 않고 생태학적으로 정의로운 사회가 가능한 지에 대해서도 논증하지 않는다. 단지 사회생태학의 차원에서 실코는 인종과 계급의 압박이 어떻게 상징적 의미에서의 자연 침해로 연결되는 지에 대한 이해를 도출하고 있다. 머피(Patrick Murphy)는 환경문학과 생태비평을 논하는 과정을 통해 인종 문제를 소홀히 하는 것에 주목하면서 환경 정의 차원에서 인종 문제가 포함되어야 한다고 말한다(165). 인종과 인간권리 문제는 생태비평이나 생태문학의 바람직한 논제라는 것이다. 머피는 최근의 자연기들이 인간이 접근할 수 없는 원시림을 서정적이고 세부적으로 묘사하는 산문 에세이 형태를 취하는 것에 주목한다. 대지가 그곳에 살고 있는 사람들에게는 삶의 기억이자 지도이고 공동체 문화와 생존의 토대라는 점을 고려해 보면 인디언 문학은 인간과 대지 사이의 관계를 조명하는 적절한 텍스트가 될 수 있다.

II

윌러 캐더의 실존적 대지윤리

1˚

우선 대지윤리 논의의 출발은 자연 생태계를 이루는 모든 생명체가 제각기 존재 가치가 있다는 데에 바탕을 두고 있다. 자연환경에 대한 인식의 토대가 인간이 다른 생명체 위에 군림하는 특별한 존재가 아니라 공생 공존하며 생태계의 일부를 이루고 있다는 것에 근거를 둘 때 자연을 비롯한 모든 생명체에 대한 외경심과 윤리의식이 충만될 수 있는 것이다. 생태학자들은 자연 생태계의 모든 생명체가 저마다 개별적인 존재에 마땅한 근거를 지니고 있을 뿐만 아니라 생태계의 균형에 기여하고 있다고 여긴다. 생태계는 내재적 가치로 인해 저마다 자기 나름대로 고유한 대지윤리를 지닌다는 것이다. 이 대지윤리는 인간과 인간이 아닌 것들 사이에 상호 연관성이 있다는 입장과 통한다. 여기에는 우주만물이 그 자체로 심미적인 가치가 있기에 인간 개개인에게는 자연을 바라보는 정서적 느낌이나 태도나 감정이 무엇보다 중요하다.

생태학자들이 궁극적으로 자연을 통해 이루려는 가치는 인간 개개인의 자아실현이다. 이는 인간 개개인이 자연과의 일치를 인식하는 과정이면서도 동시에 생태계의 모든 피조물들이 자기실현의 평등한 권리를 가진다는 의미와 연결된다. 또한 생태학은 존재론적인 견지에서 문화와 자연 사이의 상호 관계성과 결부되어 있다. 자연과 문화 사이의 주된 구분은 자아/타자, 주체/대상, 마음/몸 등으로 나누는 이원론으로 이어졌다는 점에서 생태의식은 이 같은 "이원론의 남용"(Smith 29)에 대한 대응에서 비롯된다고 볼 수 있다. 그러므로 우리가 자연의 목소리에 귀를 기울이면서 자연의 본성을 내면화 할 때 이 같은 이원적 대립으로부터 벗어날 수 있다. 자연의 주체적 목소리의 복원은 인간과 자연 사이의 수평적인 관계의 정립으로 해석할 수 있다는 점에서 인간의 자아실현과 자연의 주체화와 직결된다고 말할 수 있다(Smith 30).

생태학이 지향하고자 하는 방향은 자연과 인간 사이에 형성된 대립성의 타파와 연관이 있다. 그러므로 야생자연의 의미는 시골의 한적한 풍경의 공간으로, 반대로 산업문명의 그것은 도시의 삭막한 거리로 도식화 될 수 없다. 자연히 우리에게는 자연의 야생성에 대한 기존의 관념을 재고하여 도시의 일상생활 속에서도 야생을 체험하는 생태학적 감수성의 고취가 필요하다. 문화비평가인 콜로드니(Annette Kolondy)는 자연을 서로 다른 관습과 언어가 상호 침투하는 문화 접촉의 장소로 파악하고 있다. 이는 자연이 다양한 차이가 상호 공존하고 생동하는 유동적인 공간으로 재구성된다는 의미이기도 하다. 우리가 살고 있는 지리적 공간은 사회적, 문화적 에토스와 밀접한 상관성을 맺고 있기에 사회적이고 심리적 차원에서 복합적으로 파악될 수 있고 유기적인 관계망의 장소로 새롭게 자리매김 될 수 있다. 자연이 우리에게 근원적인 귀속감을 제공하고 우리의 일상 속에 일어나는 삶을 포용하는 생명으로서 생태적 환경인 것이다. 따라서 우리에게는 자연과 인간, 혹은 인간과 자연이라는 이분법적 도식에서 벗어나 자연과 결부된 다양한 문화적, 사회적 문제에 대한 구체적인 인식이 필요하다.

2[*]

사실 생태학의 바람직한 지향점은 윌러 캐더의 실존적 대지윤리를 읽을 수 있는 『오 개척자여!』에서 압축적으로 잘 드러난다. 이 작품의 중심인물인 알렉산드라가 한발이 계속되자 6일 간 강가의 농장을 철저하게 답사한 후 고지대 농장의 가능성을 직감하고 마차를 타고 돌아오면서 자기 땅의 밝은 미래를 성찰하는 대목은 대지에 대한 그녀의 인식과 작가의 생태의식을 생생하게 전달하고 있다.

> 그 땅이 지질학 시대의 바다에서 나타난 이래, 아마 처음으로 사람의 얼굴이 애정과 동경을 가지고 그 땅을 향하게 된 것이다. 그녀에게 그 땅은 아름답고 풍요롭고 강하고 영광스럽게 보였다. 그녀의 두 눈은 눈물로 가려질 때까지 광활한 대지를 만끽하였다. 그러자 분수령을 넘어 숨 쉬는 위대하고 자유로운 영, 즉 분수령의 지령(地靈)이 인간의 의지 앞에 처음으로 기쁘게 굴신했음에 틀림없었다. 모든 나라의 역사는 한 남자나 여자의 마음속에서 시작되는 것이다. (『오 개척자여!』65)

알렉산드라는 시련 중에 신비로운 대지의 법칙을 터득한 후 10년 후의 먼 앞날을 내다보고 은행에서 대부를 받아 도시로 떠나는 이웃 농민의 땅을 싸게 사들인 후 대지가 인간을 배신하지 않는다는 확신을 가지고 참고 기다

린다. 무서운 한발이 지나자 광활한 농장에서 그녀는 막대한 수확을 얻게 되고, 분수령 일대에서 제일 부유한 농장주가 되었을 뿐만 아니라 정신적으로도 성숙해 진다. 알렉산드라가 네브라스카에서 부유한 농장주가 된 것은 그녀의 아버지 버그슨을 포함하여 이민 1세대들이 품었던 조급한 성공욕구와는 다른, 대지에 대한 외경심을 지녔기 때문이다. 이러한 그녀의 성취는 이기적인 물욕에서 비롯된 것이 아니라 대지를 향한 사랑과 신뢰, 그리고 인내력의 결과물이자 알렉산드라가 자연을 바라볼 수 있는 상상력과 비전을 갖추고 있었기에 가능하다. 알렉산드라와 네브라스카의 관계는 금광을 찾아 알래스카로 가는 도중 16년 만에 그녀를 찾아온 그녀의 옛 친구 칼이 힘든 농작에 성공한 그녀를 칭찬하는 대목을 통해 드러난다.

> 여기서 당신은 어엿한 인간이고 배경이 있고, 또 당신이 없어지면 사람들
> 은 몹시 그리워하겠죠. 그러나 저기 도시에서는 나처럼 굴러다니는 돌멩
> 이 같은 사람들이 몇 천 명이나 있어요. 우리 모두 비슷비슷하고 아무런
> 유대도 친구도 없고 가진 것도 전혀 없죠. 누군가 하나 죽으면 어디다 묻
> 어야 할지 알 수 없는 형편이에요. (『오 개척자여!』 122-3)

이는 알렉산드라가 자연의 목소리에 귀를 기울이면서 자연의 본성을 내면화 하여 대지와의 갈등을 극복할 수 있었기에 가능하였다. 알렉산드라가 "대지를 사랑하고 이해하는 자만이 잠시나마 그것을 소유할 수 있다"(『오 개척자여!』 308)고 말하듯이, 그녀의 삶에는 대지의 입장에서 대지를 느끼고, 사고하는 고결성이 내재한다고 볼 수 있다. 알렉산드라는 대지를 '잠시나마' 일시적으로 함께 할 수 있다고 생각할 뿐이지 이를 영원히 소유하려 하지 않기 때문이다.

또한 이러한 알렉산드라의 대지관은 아름답고 풍요로운 분수령 일대에

대해 무한히 기쁨을 느끼는 대목에서 구체화 되고 있다. 그녀는 분수령의 지령을 느끼는 단계에서 한층 더 발전하여 메추라기, 물새 떼, 야생 생물들과 일체감을 체감하는 경지에 도달한다. 이는 첫 단계에서 살펴보았듯이 알렉산드라가 분수령의 지령과 교류하면서 대지와의 새로운 관계를 맺고 미래의 대지의 움직임을 순간적으로 감지한 것에서 비롯된다.

> 그 날 밤 그녀는 그 고장에 대한 인식을 새롭게 했고, 그 고장과 어떤 새로운 관계를 느끼게 되었다. . . . 그녀는 그 땅이 자기에게 얼마나 큰 의미를 가지고 있는지 그 전에 미처 깨닫지 못했었다. . . . 어쩐지 자기의 마음이 메추라기, 물새 떼, 그리고 햇볕에서 중얼거리거나 윙윙거리는 작은 들짐승과 함께 어딘가 그 부근에 함께 하는 듯한 느낌을 느낀다. 그녀는 길게 뻗어 있는 울퉁불퉁한 산마루 아래에 미래가 태동하는 것 같은 느낌을 느낀다. (『오 개척자여!』 71)

알렉산드라는 자기 집착, 이기주의, 자만심을 버리고 본연의 모습으로 돌아가 대지와 한 마음이 되어 대지에 흐르는 지령의 존재를 느끼고 그것의 속삭임을 듣고 새로운 시각에서 대지를 바라보는 경지에 이른 것이다. 이러한 그녀의 대지의 섭리에 대한 인식은 그녀가 성장한 네브라스카에 대한 구체적인 통찰과 그곳에서의 삶의 진솔한 체험을 통해 가능한 것이다.

한편으로 이러한 알렉산드라의 대지윤리는 농장을 일구어 돈을 벌려는 이민 1세대 버그슨의 대지의식과는 대조되고 있다. 버그슨의 실패원인은 냉혹한 자연의 힘과 그의 맹목적인 생존의지와의 대비에서 암시된다.

> 30년 전 1월의 어느 날 작은 해노버시-바람이 불어대는 네브라스카 대지에 정박하고 있는 듯한-는 바람에 불려 날아가지 않으려고 버둥대는 것 같았다. 회색 하늘 밑 초원에 웅크린 한 떼의 촘촘한 갈색 건물 주위를,

안개같이 가는 눈송이가 빙빙 돌며 소용돌이 치고 있었다. . . . 어떤 것도
영주하려고 마음먹은 모습을 보이지 않았으며, 울부짖는 바람은 건물 위
아래에 사납게 불어대고 있었다. (『오 개척자여!』 3)

겨울에 폭설로 소들이 죽고, 다음해 여름엔 말이 다리가 부러져 죽고, 콜
레라 때문에 돼지들이 떼죽음을 당하고, 심지어 질병으로 그의 두 아들도 죽
는다. 버그슨은 신세계에서 재산을 모아 스웨덴에 갚지 못한 빚을 갚으려는
꿈을 이루지 못하고 46세의 나이에 생을 마감한다. 아울러 수년간 계속되는
한발과 흉작으로 인해 칼(Carl Linstrum)을 비롯하여 분수령(the Divide) 일대의
농민들이 저마다 도시를 떠나고 마을은 텅 빈 황야로 변한다. 데이셔스(David
Daiches)가 "신세계를 현실 그대로 볼 수 있는 자, 그리고 신세계 자체의 조건
에서 신세계를 대하는 자에게만 신세계는 보답해 준다"(23)고 지적하듯이,
버그슨의 비극적인 삶은 신세계의 황야에 대한 인식의 부족과 몰이해 때문
에 비롯된 것이다.

다른 한편으로 알렉산드라의 진솔한 삶의 태도는 마리와 에밀과 프랭크
(Frank Shabata)의 의식과 대비되고 있다. 평소 열정적이었던 마리는 열렬한
사랑 끝에 프랭크와 결혼했지만 질투심이 강하고 이기적인 남편에 실망하여
알렉산드라의 남동생 에밀과 은밀히 사랑을 나눈다. 에밀과 마리는 자신들의
불륜을 자책하면서 친구 아메데(Amedee)의 장례식이 있던 날 밤, 흰 뽕나무
밑에서 마지막 작별을 나누며 포옹을 한다. 하지만 프랭크는 두 남녀의 포옹
장면을 목격하자 격분하여 총으로 그들을 죽인다. 두 사람의 시체가 누워 있
는 처참한 유혈의 장면과 흰 뽕나무, 들장미꽃, 신선한 풀밭이 슬픈 대조를
이룬다.

마리와 에밀의 시체 위를 프랭크의 자주개자리 밭에서 날아온 두 마리의 흰 나비가 뒤섞인 그림자들 사이를 들락날락하면서, 날아서 내려왔다 다시 날아오르고, 때로는 서로 다가갔다 때로는 다시 떨어지며 날고 있었다. 담장 옆 긴 풀 속에서 올해 마지막 들장미들이 앞으로 시들 핑크색 가슴들을 드러내고 있었다. (『오 개척자여!』 270)

자연이 신의 섭리에 따라 계절이 바뀔 때마다 아름다운 모습을 변함없이 드러내는 것과 달리, 이들은 대지의 섭리를 따르지 않은 까닭에 무지와 정욕과 탐욕으로 불행한 결과를 맞이한다. 에밀과 마리, 그리고 프랭크의 비극도 버그슨의 비참한 최후의 원인과 마찬가지로 네브라스카 황야의 지령에 대한 몰이해와 이기적인 정욕과 인내심의 결여에 의해 초래된 것이다.

여기서 알렉산드라의 생태의식에 대한 논란이 제기될 수 있다. 심층생태학자들의 견지에서 보면 알렉산드라가 농장에서 막대한 수확을 얻어 부자가 되는 것은 자연을 목적지향적으로 이용한다고 볼 수 있고, 이것을 인간중심주의에 바탕을 둔 반생태주의로 비판할 수 있다. 물론 심층생태학자들은 자연 생태계의 모든 생명체가 내재적 가치로 인해 저마다 자기 나름대로 고유한 대지윤리를 지니고 있을 뿐만 아니라 생태계의 균형에 기여하고 있다고 여기면서 목적지향적인 가치를 배제한다. 하지만 문학생태학자들은 자연의 본질주의 그 자체에 지나치게 집착할 경우 그것이 오히려 자아실현의 제약 요인이 될 수 있다고 생각한다. 이남호는 "심층생태학은 인간이 자연과의 일체의식을 가지고 그에 따르는 감수성과 감각을 지닐 것을 기대한다"(25)고 말한다. 그러나 그는 심층생태학자들의 기본적인 주장이 비인간중심주의적이라는 것에 바탕을 두면서도 "비인간중심주의는 고결한 생각이긴 하지만, 현실적이지 않다. 그것은 인간의 불가피한 조건을 무시한 생각이다. . . . 다시 말해서 우리가 자연에 대해서 어떤 평등한 사고를 한다고 해도 그것은 근원적으로 인간중심주의적이다"(30)고 말한다.

따라서 우리는 자연의 야생성에 대한 기존의 관념을 재고하여 도시의 일 상생활 속에서도 야생을 체험하는 생태학적 감수성의 고취가 필요하다. 문학 생태학의 입장에서 보면 야생자연이 도시문명 안에 존재할 수 있고, 반대로 야생자연 속에 도시문화를 얼마든지 가꿀 수 있다. 인간 개개인의 무의식 속에 야생에 대한 열망이 흐르고 있기에 인간문명과 동떨어진 야생자연에서만 삶의 내재적 가치를 경험할 수 있는 것이 아니다. 인간문명과 단절된 야생자 연을 고집하는 것은 자연이 함의하는 장소로서의 복합적인 의미를 간과하는 것이다. 야생지는 변방에 있는 것만이 아니고 우리 생활 주변에서 얼마든지 찾을 수 있기 때문이기도 하다. 자연을 새롭게 바라보는 사람에게는 자신이 살고 있는 삶의 장소는 그곳이 어디든지 야생지인 것이다. 자연은 단순히 거기에 존재하는 지리적 풍경이 아니라 여러 가지 의미망이 뒤얽히는 언술의 장임에 틀림없다.

문학생태학자 뷰얼은 인간이 생태중심주의로만 살아갈 수 없으며, 어느 누구든 자신이 살고 있는 삶의 장소와의 관계 속에서 심미적 태도나 느낌을 통해 자기실현을 달성할 수 있다고 여긴다. 뷰얼의 견지에서 보면 시골의 한적한 풍경과 대도시의 정원의 정돈된 풍경도 우리에게는 모두 자연인 셈이다. 자연은 우리가 어느 공간에 살고 있든 상호 배제적인 것이 아니라 서로가 서로에게 침투하며 유기적 전체를 이루는 상호 보완적인 공간으로서의 실존적 장소인 것이다. 그러므로 자연의 범주는 생명의 본성에 충실하고 역동적 삶을 포용하는 공간으로 확대될 수 있다. 인위적인 문화와 환경도 생명체의 존재에 저마다 기여할 때, 그 공간은 단순한 의미에서의 물리적 환경에서 벗어나 자연계의 지리적 장소의 범주 속에 포함될 수 있는 것이다.

이 같은 알렉산드라의 마음의 생태학 과정은 앞의 단계에서 체득한 대지에 대한 그녀의 깊은 외경심이 토대가 되어 마음의 변화가 가능할 때 이루어 질 수 있다. 알렉산드라의 심적 변화의 단계는 우리들이 그녀의 대지의 지령 성찰과의 인과성을 인식할 때 한층 더 공감이 깊어 질 수 있다. 알렉산드라의 마음의 대전환은 에밀이 죽은 지 석 달 후 그녀가 에밀과 부모의 묘를 찾아갔을 때 억수같이 쏟아지는 비를 맞으면서 탄생전의 암흑세계로 이끌리는 느낌을 감지하는 대목에서 예고된다. 이 단계에서 알렉산드라는 비유적인 죽음을 경험하고(McFarland 27) 마침내 죽음의 공포를 극복한 뒤 정신적으로 재생하는데, 이는 그녀가 검은 여행복을 벗고 흰 드레스로 갈아입는 행위에서 상징적으로 나타난다. 알렉산드라가 정신적인 재생을 경험한 후 제일 먼저 한 일은 형무소에 수감 중인 프랭크를 찾아간 것이다. 이 때 그녀는 가장 사랑했던 막내 동생 에밀과, 가장 다정했던 마리를 죽인 프랭크를 가련하게 여기며 진심으로 용서한다.

> 전 이제 에밀을 도울 수 없어요. 그러니 당신을 최대한 돕겠어요. 아시다
> 시피 저는 자주 집을 비울 수 없죠. 그래도 저는 이 말을 하기 위해 일부
> 러 여기까지 찾아온 거예요. (『오 개척자여!』 197)

알렉산드라가 에밀과 마리를 죽인 프랭크를 용서하여 수용하는 모습은 이 소설에서 핵심논점이다. 알렉산드라의 프랭크의 용서는 그녀에게 자연적 본성이 충만할 때 가능하며, 그녀의 자연적 본성 회복은 마음속에 깊은 외경심이 작용할 때 심화될 수 있다. 그녀의 외경심은 자연의 오묘한 질서에 대한 직관이 작용하면서 도덕의 힘이 형성되어 그녀가 프랭크를 용서하게 이르는 마음을 움직이게 한 것이다. 그녀가 느낀 직관과 외경심이 마음의 생태학의 기본적인 토대가 된다는 점에서 결과적으로 대지에 대한 그녀의 외경

심이 살인자 프랭크를 용서하는 주요 요인이 된다고 하겠다. 알렉산드라의 마음의 움직임에 대한 성찰에서 보듯, 우리는 생활 속에서 고요와 고독의 존귀함을 새롭게 각성하고 이를 익혀 나갈 때 마음의 생태학을 일상화 할 수 있다. 우리는 고요와 고독으로 근원에 대한 명상에 젖어들 때 현실 문제를 분명하게 판단할 수 있는 도덕적인 힘을 얻을 수 있는 것이다. 그러므로 학습자들에게는 고요와 고독을 자신들의 것으로 체득하여 마음 깊숙한 곳에서 자연적인 본성을 회복하는 노력이 무엇보다도 필요하다고 하겠다.

사실 마음의 생태학은 지역의 특수한 경험과 관련을 맺고 있기에 인간 개개인이 살고 있는 자신의 삶의 공간과의 상호관계성에 얽혀 있는 문화와 밀접하게 결부되고 있다. 또한 도시인의 문화적 삶 속에 야생자연을 조화롭게 접목시키는 도심의 갈색풍경에 대한 생태학적 사유도 마음의 생태학과 밀접하게 관련이 있다고 말할 수 있다. 그러므로 생태주의가 현실에서 실현될 수 없는 원시적인 삶을 향한 사유가 아니라 자연을 통한 삶의 본질과 대면하려는 열망이라는 점에서 마음속에 야생자연을 가꾸는 마음의 생태학은 인간 개개인의 일상적인 삶의 방식을 자연의 로고스로 환원시키려는 노력이기도 하다. 자연을 가까이 알고 지내면서 그것과 친숙해 지는 가운데 명상의 깊이를 더할 때 학습자들은 저마다 자연에 대한 외경심을 더욱 깊게 할 수 있을 것이다.

III

존 스타인벡의 비목적론적 목적론

1*

　그동안 환경문학이 인간과 자연을 대립된 개념으로 바라보면서 관점 자체에 한계성을 노출하여 인간중심주의라는 비난에서 벗어나지 못했다면, 문학생태학은 그것과는 반대로 인간과 자연을 구별하지 않고 자연물이 지닌 내재적 가치를 근원적으로 존중하는 입장을 견지하고 있어 주목받기에 충분하다.6) 그러나 '삶의 구체성을 담아내는 것이 문학의 주된 임무'라는 점에

---

6) 1970년대 이후 빌 드볼(Bill Devall)을 중심으로 하여 심층생태학(Deep Ecology)의 자연관이 대두되면서 생태비평은 그 전환기를 맞이하고 있다. 심층생태학에 대한 논의와 함께 인간도 다른 모든 생물들과 마찬가지로 생명계의 평범한 구성원에 지나지 않는다는 새로운 주장이 제기되고 있는 것이다. 우선 심층생태학의 입장에서 보면 인간과 자연과의 관계는 대립이 아닌 공존이다. 인간이 자연 위에 군림하고 있는 존재가 아니라 자연과 불가분의 공생관계를 맺고 있다. 심층생태학의 입장에 서면 자아의 개념도 우주 속의 만물의 존재와 조율된 유기체적인 의미를 지닌다. 자연 생태계에서 삼라만상을 포용하는 새로운 정체성이 정립되어 진정한 자아실현이 이루어진다는 것이다.

천착해 보면 문학생태학은 자칫 문학이 표방하는 본질에서 벗어나 신기루와 같은 추상성에 매몰 될 수 있다. 현재 문학생태학이 활발하게 논의되고 있지만 자연의 내재적 가치의 표현에 내포된 언어의 은유성과 그것의 해석에 대한 관점의 주관성 때문에 아직도 문학담론으로서 구체화된 토대를 마련하지 못하고 있는 실정이다.

　자연 생태계의 시각에는 어느 자연관이든 그것을 바라보는 개인의 입장이 반영될 수밖에 없다. 또한 자연 생태계를 바라보는 개인은 어느 자연관에 바탕을 두고 있든 필연적으로 그 자연관이 함의하는 사회, 문화적 배경과 관련되지 않을 수 없다. 자연물을 공리적인 시각이나 효율적인 관리 측면에서 볼 것인가, 아니면 자연물이 지닌 내재적 가치를 우선할 것이냐에 대한 논의도 한 시대의 사회, 문화적 배경과 결코 무관하지 않다. 자연의 입장에서 접근할 것이냐, 아니면 자연을 인간의 입장에서 바라볼 것이냐의 문제는 자연의 본질에 대한 구체적인 인식을 떠나 한 시대의 사회, 문화적 함의를 내포한다고 볼 수 있기 때문이다.

　어떻게 보면 자연 생태계를 놓고 논의하는 과정에서 제기되는 인간중심주의나 자연의 내재적 가치의 개념 같은 것은 자연관에 대한 본질적인 내용을 내포하고 있지 않을 수 있다. 다시 말해서 자연을 접근하는 자세에 있어서 인간중심주의의 중시나, 혹은 자연의 내재적 가치의 강조에 관한 논쟁들이 진정한 의미에서 자연의 정체성에 대한 올바른 진단인 지에 관하여 물음을 제기할 수 있다. 이러한 질문에는 인간이 자신의 언어로 자연의 실체를 얼마나 포착할 수 있는가와 관련된 회의가 담겨 있다고 볼 수 있다. 우리가 언어로 자연을 정의하거나 규정할 때 언어의 미로 속에 갇혀 자연의 효율화나 인간 중심화, 아니면 자연의 주체화나 내재화와 관련된 담론화 된 자연 속에서 살 수 밖에 없는 것은 우리가 사회, 문화의 압박을 받아 자연의 실체를 사실 그대로 체험할 수 없는 것에서 비롯되는 것이다. 그러나 "목가적인 자연관이나 작가에 의하여 재정립된 자연의 경험이든 그것은 충분히 친생태의식을 고취 한다"(97)는 로렌스 뷰얼(Lawrence Buell)의 주장에 입각하여 보면 작가에 의하여 재구성된 자연관도 생태비평의 입장에서 보면 유익하다는 점을 부인할 수 없다. 이런 방법도 인간과 자연의 관계를 재설정하고 복원하는 데 중요한 역할을 담당할 수 있기 때문이다. 하지만 이러한 견해들을 종합해 보면 비록 환경 관리론자들의 견해나 심층생태학자들의 자연관에 편협성이 내포되어 있다는 점을 간과할 수 없지만 우리는 자연에 주관성을 개입하지 않고 그것을 있는 그대로 바라보려고 부단히 노력할 때 자연의 진정성에 도달할 수 있다는 것에 주목할 필요가 있다. 사실 그 동안 문학생태학에서는 사회, 문화적인 관점과 관련하여 그것의 당위성에 바탕을 둔 주장들이 난무했지만 이들과 연관된 인식태가 구체적인 사건으로 제시되지 못한 채 문학생태학은 그것이 자연을 대상으로 한 문학이라는 것에 대충 합의하는 정도에 머물렀다.

문학의 주된 임무가 삶의 구체성을 담아내는 것이라는 원론적인 물음에 근거하여 살펴보면 문학생태학에서 서술구조의 특수성을 지닌 소설장르가 봉착하는 한계는 앞으로 소설 장르뿐만 아니라 문학생태학이 해결해야 할 주된 과제라고 말할 수 있다. 이런 점에서 존 스타인벡(John Steinbeck)은 소설 장르에서의 생태학적 접근에 내재된 태생적 한계를 극복한 작가로 볼 수 있다. 우선 스타인벡이 그의 친구 리케츠와 함께 샌프란시스코 만에서 해양생물들을 철저하게 관찰한 후 이를 토대로 하여 줄곧 소설을 썼다는 점을 주목할 필요가 있다. 물론 지금까지 스타인벡의 작품 논의 과정에서 파업노동자들과 실향민들의 애환이 너무 편향되게 부각되어 사회폭로 소설이나 자연주의 소설로 분류되는 경향이 있어 이념의 문제가 한풀 꺾인 요즘 그의 소설들은 비평가들의 관심으로부터 멀어져 있는 실정이다. 하지만 스타인벡의 소설들을 면밀히 살펴보면 그는 결코 앞서 거론한 작가로 취급할 수만은 없다. 오히려 스타인벡은 샌프란시스코 만에서 관찰한 무척추 동물인 해초류와 고기떼들의 생물학적 속성을 토대로 하여 생물체의 개체 하나하나와 생물권 전체와의 유기적인 관계성에 관심을 가진 작가로 볼 수 있다.

리케츠는 '생태학적이고 전일적'(ecological and holistic)인 세계관에 바탕을 두고서 관계성의 연구를 통하여 사물의 전체성을 이해하려고 노력한 대표적인 해양생물학자인데,[7] 스타인벡은 이런 리케츠의 사고에서 생물에 관한 구체화된 속성뿐만 아니라 전일적인 개념을 이끌어 내었다. 스타인벡은 "모든 살아 있는 생물체는 전체와 불가분의 연관관계를 맺고 있다"(Shively 25)고 믿고서 개체적 속성과 전체적 관계성을 생물학자 못지않게 과학적 관찰로 일관하면서 리케츠의 비목적론적 사고를 실용적으로 접목하려 하였다. 이런 점에서 리케츠의 비목적론적 사고에 대한 스타인벡의 실용화는 요즘 논의되고 있는 생태학의 바람직한 방향성과 관련하여 살펴보면 상당히 의미 있는 논의 방법일 것이다. 따라서 논자는 스타인벡의 실용화된 생태학적 사고와 관련된 문제를 리케츠의 비목적론적 사고와 비교하여 분석하고, 또한 그의 주요 소설인『생쥐와 인간』(Of Mice and Men)에서 스타인벡의 생태학적 사고가 추상성에 머물지 않고 어떻게 구체화된 현실로 반영되고 있는 지를 살펴보고자 한다.

---

7) 리케츠의 세계관은 Novalis, Herman Hesse, Allee의 전통계열 속에 속하는 범신론적인 입장이다. 그는 우주를 초물질적으로 해석하면서 과학적인 측면보다 신비적인 관점을 견지한다. 리케츠가 바라보는 우주는 '조화된 전체'이지만 그것을 인지하고 이해하기까지는 복잡한 과정을 거친다. 특히 리케츠는 생태학을 "관계성과, 활발한 관계성의 연구"로 정의하고 있다(Astro 28).

2˙

스타인벡의 생태학과 관련된 시각은 생물의 생태에 대한 그의 관심이 담겨 있는 항해일지 『코르테스 바다』(*Sea of Cortez*)에서 잘 나타나고 있다. 해양 생물학자 에드워드 리케츠(Edward F. Ricketts)와 공저로 낸 이 책은 두 사람이 1940년 봄 해양 생물 채집 차 샌프란시스코 만 일대를 떠다니며 겪고 보고 느낀 바를 그 다음 해에 엮어 출판한 해양생물에 관한 보고서이다. 처음에 『코르테스 바다: 여행 보고서』(*Sea of Cortez: A Leizurely Journal of Travel and Research*)의 제목으로 출판된 방대한 분량의 항해일지에는 전반부에 스타인벡 자신이 직접 관찰한 일기체 형식의 기행문으로 이루어져 있고, 그리고 후반부에는 리케츠가 체험한 해양생물의 생태에 대한 기록물이 포함되어 있다. 그 후 1951년에 "에드 리케츠에 관하여"(About Ed Ricketts)라는 서문과 함께 『코르테스 바다 항해 일지』(*The Log from the Sea of Cortez*)가 다시 출간되었는데, 이 기행문에는 생물의 생태에 대한 흥미와 관심이 글로 옮겨져 있다.

우선 스타인벡은 물고기 떼가 한 덩어리로 움직여 다니는 생태를 보면서 그 어군 자체를 한 마리 한 마리의 물고기와는 전혀 별개인 하나의 큰 물고기, 즉 생물 유기체라고 여겼다. 스타인벡은 물고기 떼로 이루어진 어군이라는 커다란 하나의 생물에는 그 속의 한 마리 한 마리 개체의 그것과는 전혀 다른 속성인 그 나름의 성질과 욕구와 목적이 있다는 것에 주목하였다.[8] 한 조직을 이루는 집단은 그 집단 속의 각 개체와는 다른 하나의 생물집단을 구성한다는 것이다. 스타인벡은 물고기 떼의 움직임과 관련된 속성을 통해서 집단 유기론(group organism)의 개념을 도출하여 이것을 생물계 전체로 확대

---

8) 『의심스런 싸움』(*In Dubious Battle*)에서는 마치 군체 동물의 움직임처럼 노동자 집단을 개개 노동자의 생각과는 전혀 다르게 움직이는 하나의 커다란 괴물로 여기고 있다.

하고 있다. 스타인벡이 군체를 개체와는 별개로 하나의 생물로 파악한 점은 생물권이 개별적으로 존재하지 않고 어떤 관계망을 형성하고 있음을 시사하고 있다. 이런 생물집단 조직체의 개념은 인류, 생태 공동체, 그리고 생물 전체를 한 덩어리로 묶어서 생각할 수 있다. 인간들의 생태를 주로 생물학의 차원에서 보면 인간도 결국 하나의 동물과 같고, 더 나아가 각종 인간집단의 생태도 다른 동물집단의 그것과 큰 차이가 없다는 것이다.[9] 스타인벡은 인간의 생활과 행동을 인류, 동물, 생물, 한 덩어리의 세계, 대자연의 진행과정의 일부로 보고 이러한 움직임에 주관적인 시각을 부여하려 하지 않고 있다. 이런 맥락에서 온 세상 삼라만상을 하나의 단일 유기체로 보면서 "모든 존재는 하나라는 생각"(belief in the unity of all being)을 도출할 수 있다(Fontenrose 127).[10]

그런데 좀 더 세부적으로 살펴보면 이렇게 온 세상을 하나의 덩어리로 보는 스타인벡의 견해에는 각 개체의 부분이 인정되고 있고, 또한 이것의 유기적인 연결망도 부정되지 않고 있다. 스타인벡은 물고기 한 마리 한 마리가 고립된 개체라기보다는 개별화된 고유한 성질을 간직한다고 보고 있다. 이점은 스타인벡이 자신의 일기체 기행문에서 바다의 원시동물인 해초류를 채집하면서 관찰한 각 개체의 활동과, 각 개체가 모여 형성하는 큰 막의 형태인 군체의 속성과, 그리고 그것과 개체와의 일정한 관계를 통해 말하고 있다. 해초류의 생태도 물고기와 물고기 떼의 활동과 마찬가지로 각 개체의 성질과, 그리고 이들이 집단으로 무리를 지어 구성한 군체의 속성을 면밀히 조사

---

9) 19세기 사회진화론자 허버트 스펜서(Herbert Spencer)는 국가 유기체, 사회 유기체 입장을 취했다. 역시 생물학의 입장에서 인간심리를 연구한 윌리엄 맥두걸(William Mcdougall)은 집단 유기체의 개념을 국가사회에서 나아가 가족, 군중, 회상, 도시에까지 적용하였다.
10) 폰텐로즈는 이 같은 입장이 에머슨(Emerson)의 대령(Oversoul) 사상과 통한다고 여긴다. Shievely도 Steinbeck이 에머슨의 a transcendental holistic world-view의 영향을 많이 받았다고 주장한다(26).

한 결과 스타인벡은 개체와 군체의 속성이 저마다 독립적으로 존재한다는 결과를 얻었다.

군체와 개체의 관계는 '장갑의 손가락'의 형태와 흡사한 것으로 볼 수 있다. 군체 속의 각 개체도 개별적인 동물이고, 그리고 군체도 또 하나의 개별적인 동물이지 결코 군체의 속성만 존재하는 것이 아님을 알 수 있다. 가령 무리 지어 다니는 물고기 떼의 경우 이들은 스피드와 방향과 관련하여 분명한 패턴을 유지하지만 물고기 한 마리 한 마리가 지닌 개별성이 결코 없다고는 볼 수 없다. 이 점은 군체가 개체의 행동을 때로는 지시할 수 있지만 군체의 속성이 개체의 성질을 완전히 흡수하는 것으로는 볼 수 없다는 논리와 연관된다. 개체의 개별적인 성질이 군체의 속성에 의해 무조건 결정되는 것이 아님을 알 수 있다. '장갑 속의 손가락'의 움직임에서 손가락 하나하나가 지닌 독특한 기능과 역할이 장갑과의 관계 속에서 개별적으로 발휘되는 것처럼 각 개체는 군체와의 상호 관계 속에서 자신의 고유한 성질이 유지되고 있음을 알 수 있다.

스타인벡은 생물학적 입장에서 우주 속에 모든 단위가 자체의 역할이 있고 또 다른 단위와 연결되는 하나의 큰 생태학적 공동체를 형성하고 있다고 본다. 모든 것은 그것의 원인을 따질 수 없이 있는 그 자체로 존재 이유를 지니고 있다는 것이다(Marks 59). 스타인벡은 목적론과 인과론에 비추어 이유를 따져 묻기보다는 어떻게 혹은 무엇으로 형성되는지를 물으면서 전체의 속성을 완전히 파악할 수 없지만 이에 대한 그의 질문을 계속하고 있다.

이러한 스타인벡의 '있는 그대로의 사고'는 그의 절친한 친구였던 리케츠가 처음 제시한 비목적론적 사고의 영향이 크다. 리케츠는 인간이 살아있는 모든 생물체와의 연관성을 인지하고 이해할 수 있는 방법에 대한 논의에 힘써 왔는데, 그는 샌프란시스코 만에 서식하는 자연 생물체들을 관찰하는 과정에서 이들이 아름다운 것이든, 추한 것이든, 웅장한 것이든, 괴상한 것이든 모두 그 나름대로 가치를 지니고 있음을 인식하였다. 리케츠의 이런 사고에는 어느 한 사실이 다른 모든 것의 지표로 이어지고, 마찬가지로 우주에 존재하는 모든 것이 알 수는 없으나 연관성이 있다는 그의 전일적 세계관의 기본적 요소가 깔려 있다(Astro 33). 우선 리케츠는 이런 전일적 개념이 감각적인 지식을 통한 이해이든, 혹은 신비적이거나 직관적인 통찰을 통한 이해이든 간에 모든 현상을 확장함과 동시에 적대적 요소와 절충을 시도할 때 가능해 진다고 본다. 리케츠에게 있어서 비목적론은 모든 것을 즉각적으로 수용하고 이해하며 포용하는 유연한 사고의 방법이다. 개개인이 아무리 하찮은 것일지라도 우주 속에 존재하는 것을 유연하게 수용하는 자세를 취할 때 조화로운 전체를 인지할 수 있다. 그의 비목적론의 사고는 우주를 초월적으로 관조하는 방법론으로서 인간의 궁극적인 목표인 "오묘한 경지"(the deep thing)(Astro 41)에 도달하기 위한 매개 수단이다.[11]

리케츠의 '오묘한 경지'의 단계는 반드시 '벽을 깨고 소통하는'(breaking through) 단계를 거친다. 이 과정은 인간이 인격의 결함을 뛰어 넘어 '근원으로 가는'(going home) 경로이다.[12] 또한 그것의 능력은 '깊은 참여'를 통해 연관성 없는 것들을 함께 묶을 때 가능하다. '깊은 참여'에 강력한 투쟁이 요청될지 모르나 그것은 임시적인 방편에 불과하고 결코 '오묘한 경지'를 향한 확실한 지표는 아니다. 품위 있는 고결성과 함께 개개인이 외로운 초월적인

---

11) 리케츠에게 있어서 "깊은 것"은 소위 '묘사할 수 없고 거론할 수 없는 삶의 질'이면서도 '세상에서 가장 바람직한 일'이다. 리케츠는 겉으로 노출되는 전체 세계는 내부적인 정신세계의 모습이 무엇이든, 또한 그것의 작용이 어떠하든 외부적인 성격을 가지므로 '전체론적인 유연함'과 '직관적인 사상과 감정'이 중요하다고 여긴다.

12) 리케츠에게 있어서 "근원으로 가는"은 독일 낭만주의자 Novalis의 표현에 바탕을 두고 있다. 리케츠는 Novalis의 형이상학을 "homesickness, the wish to be everywhere at home"(Astro 35)으로 해석했다. 그리고 리케츠는 Robinson Jeffers의 "Roan Stallion"에서 그 제목을 얻어 'Humanity is the mould to break away from, the crust to break through, the coal to break into fire'(Astro 35)의 입장을 견지했다.

참여로 자신을 대상에 투사할 때 내부에 명료한 우주의식이 생성하게 된다는 것이다. 자신의 내부에 내재하고 있는 우주의식이 불시에 직관적으로 투사되어 내면화된 정신적 실체와 외부세계가 아우러질 때 '오묘한 경지'에 이르게 된다는 것이다. 특히 리케츠는 '불규칙적으로 갑자기 나타나는 기능'을 주목하였는데, 우주 속에 존재하는 사물들 가운데 '일시적이지 않은' 것들을 이해하고, 감정과 사고의 내적 일관성이 이루어질 때 '감미로운 삶의 조합'이 가능하고 삶의 통합적인 순간이 다가온다는 것이다. 인간의 삶을 제한하는 세속적인 문제들을 거부하고 세상과의 정서적 관계들을 중시하고 '감정과 사고의 내적 일관성'이 이루어질 때 '오묘한 경지'에 대한 이해와 대화가 소통된다는 것이다. 달리 말하면 이 경지는 "형언할 수 없이, 시간을 초월하여 불멸성에 근접"(Astro 37)하는 단계인 것이다.

리케츠의 비목적론적인 사고를 스타인벡의 입장에서 바라보면 쉽게 이해하기 어려운 면들이 많다. 그가 리케츠의 영향을 많이 받은 것은 사실이지만 스타인벡은 리케츠가 제안한 비목적론적 사고에 갇혀 있지 않고 다소 실용화된 사고로 선회하고 있다. 표면상으로는 리케츠와 스타인벡이 인간이 우주 속에서 통제되고 규제된 독특한 피조물이라는 것에 동의하고 있다. 하지만 스타인벡이 인간의 역할에 대해 '명확하고 분명한 기능'을 강조한 반면, 리케츠는 그 점에 있어서 '오묘한 경지'에 도달하기 위한 비목적론적인 여행을 중시한다. 스타인벡은 리케츠가 중시하고 있는 삶에 대한 정서적인 접근이 '실질적인 진실의 측도'임을 인정하고 있지만 그것 속에는 인간의 공통적인 욕구가 무시되고 있어 '사회적인 결함'이 내재한다고 지적한다. 리케츠가 일상생활 속에 함께 하는 '이해와 수용'을 '오묘한 경지'에 이르는 매개물로 여기는 반면, 스타인벡은 리케츠의 이러한 수동성에서 벗어나 보다 적극적인 차원에서 인간존재의 문제들을 해결할 수 있는 환경윤리와 같은 구체화된 수단을 찾고자 하였다(Timmerman 318). 스타인벡은 인간이 알 수 없는 존재의 패턴을 지닌 피조물이 아니라 우주의 실체를 자각할 수 있는 존재이자 '잠재적으로 모든 것'이 될 수 있다고 여기고 있다.

스타인벡과 리케츠는 전체와 부분에 대한 입장에 있어서도 다소 이견을 보인다. 리케츠가 궁극적인 지향점을 전체의 조화에 두면서도 선악의 차원을 뛰어 넘어 전체이든 부분이든 존재하는 것 자체에 의미를 두고 있는 것과는 달리, 스타인벡은 개별단위의 기능이 전체의 선을 위해 존재하는 것으로 보고 있다. 스타인벡은 먹이와 약탈자의 관계에서도 상호관계에 이익이 된다고 주장하면서 노르웨이에 서식하고 있는 매와 버들뇌조의 생태를 예로 들고 있다. 노르웨이 정부가 매를 버들뇌조의 감소 원인으로 보고 매를 없앴지만 버들뇌조는 여전히 감소하였다. 매의 생태를 철저히 분석해 본 결과 오히려 매가 병에 걸린 버들뇌조만 잡아먹고 있다는 속성이 새로 밝혀졌다. 먹이와 약탈자의 관계에서 매가 버들뇌조의 멸종을 예방하는 상호 관계성의 역할을 담당하고 있다는 점에 주목하면서 스타인벡은 어떤 개체도 종의 생존에 필요하다고 여기고 있다. 생존법칙이 집단의 생존에 맞추어져 있기 때문이다. 전체를 고려하면 대단위 유기체인 생명체는 그것을 모두 수용하고 그것을 모두 활용할 수 있으므로 어느 것도 버려지지 않고 그 어떤 허비도 없다는 것이다.

『코르테스 바다 항해 일지』에서 스타인벡은 샌프란시스코 만에 서식하고 있는 자연생물체의 생태에서 '흡족하고 충만한 감정'을 느낀다고 말하는 가운데에서도 생물체의 생존과 관련하여 자연도태의 '악의적인 과정'을 인지한다. 생물권 전체를 있는 그대로 바라보는 과정에서 리케츠가 시종일관 심미적 초연성을 유지한 것과는 달리, 스타인벡은 생물권에서 일어나는 구체화된 현실을 적극적으로 수용한다고 볼 수 있다. 물론 리케츠는 직관적인 통찰력에다 과학적인 관찰을 결합하여 초월적 기능에 가장 근접하는 방법을 찾으면서 전체론적인 초월구조를 구축하는 토대로서 진화를 구체적으로 받아들이고 있고, 이와 마찬가지로 전일성에 도달하기 위한 수단으로서 과학적인 관찰을 수용한다. 그러나 리케츠는 집중화된 구체화가 자연 속에서 역동적인 통합성을 파괴한다고 여기면서 과학적인 구체화 자체에 대해서는 경계한다. 리케츠는 전문가들을 한 곳의 토양에 너무 오래 재배하여 독소를 분비하고 그들 자체의 번식을 억제하는 식물 같은 존재로 보고 있다. 과학자로 통하는 전문가들은 '방법론적인 원칙'을 가지고 있지 않아 자신들의 관심을 제한하는 경향이 있다는 것이다.

사실 스타인벡이 한편으로는 리케츠의 비목적론적인 사고를 전체적인 맥락에서 수용하면서도 다른 한편으로는 리케츠가 경계하고 있는 정글의 법칙을 수용하는 것은 그가 생물권의 생태 움직임을 보다 현실적으로 파악한 것으로 볼 수 있다. 하지만 스타인벡은 세상을 있는 그대로 파악하면서도 동시에 하늘과 땅, 바람과 폭풍, 나무와 바위 등을 살아 있는 실체로 받아들이며 범신론적인 입장을 유지하고 있다. "스타인벡이 대개 리얼리스트나 자연주의자로 분류되지만 이들은 단순한 꼬리표에 불과하다. 더 깊은 의미에서 그는 낭만주의 운동의 상속자이다"(128)라고 주장하는 폰텐로즈의 입장에서 보면, 스타인벡은 낭만주의자들과 많은 공통점을 가지고 있는 것이 분명하다. 낭만주의자들이 유기적 세계관에 입각하여 생물세계를 우주적 연결망으로 여기듯,[13] 스타인벡은 삼라만상의 존재물이 제각기 부분과 부분, 그리고 부분과 전체 간에 상호 유기적인 관계로 결합되어 있다고 믿고 있다.

---

13) 그들의 세계관을 살아 있는 한 그루의 나무로 은유화 하여 생각할 수 있다. 그들은 한 그루의 나무가 잎과 줄기와 몸통과 뿌리와 토양과의 상호관계로 이루어져 있듯, 삼라만상도 부분과 전체가 서로 연결되어 있는 것으로 파악한다.

3

생태학의 관점에서 스타인벡의 소설을 바라보면 관심을 끄는 요소가 많다. 그의 소설에서는 신작로를 기어가는 자라, 자동차에 치어 죽는 개, 박쥐, 생쥐, 올빼미, 고양이, 흰 메추리, 닭, 돼지, 말, 그리고 파리 등에서, 인간보다는 개하고만 놀고 개집에서 잠을 자는 게으른 파이자노족과 개구리 새끼, 들개라는 별명의 바보에서 힘은 장사지만 판단력이 전혀 없는 백치 등이 자주 언급되고 있다. 특히 『생쥐와 인간』의 서두에서는 강과 뚝, 물과 흙에서 시작하여 버드나무, 플라타너스 등의 산천자연과 식물계에 이어 도마뱀, 곰, 토끼, 개 등 하등동물이 나온 후에 인간이 등장한다. 초목과 생물이 나타난 다음에, 몸집이 작고 날씬한 죠지와, 몸집이 크고 볼품없는 얼굴에 파란 눈알이 큼직하고 어깨가 축 늘어진 레니가 모습을 보인다. 두 사람이 "돈 벌어 땅 사고 잘 살아보자"(20)[14]고 줄곧 함께 꿈을 나누어 보지만 레니는 살리나스 강가의 숲 속에서 죠지가 쏘는 총에 의해 죽고 만다.

스타인벡은 『생쥐와 인간』에서 죠지와 레니가 '돈 벌어 땅 사고 잘 살아보자고'라고 밝혔던 꿈이 좌절되고 있는 것에 여러 가지 함축된 의미를 던지고 있다. 이 소설의 제목은 영국시인 로버트 번즈(Robert Burns)의 시 "To a Mouse"에서 인용한 말인데, 이는 생쥐와 인간의 운명이 종종 이미 정해져 있는 구도를 빗나가는 경우도 있다는 대목이다. 제목과 결부하여 이 소설의 결말을 생각해 보면 하늘 아래에서 돈 벌어 땅을 마련하여 잘 살아 보려는 소망이 무참히 깨어지는 이야기로 볼 수 있다. 여기서 인간은 자기 힘으로 어쩔 수 없는 무정한 힘에 의해 지배당할 뿐이라는 결정론의 희생물일 수 있다. 물론 레니의 입장에서 보면 이런 해석이 가능할 수 있다. 그런데 반대로

---

14) *Of Mice and Men*의 이하 인용문은 페이지만 표기함.

이 소설을 죠지의 입장에서 바라보면 다른 해석이 가능해진다. 이 소설은 어쩔 수 없는 불가항력적인 힘 앞에 무너지는 인간의 나약한 모습이 아니라 죠지가 최종적으로 자신의 삶을 선택하는 과정에 초점을 맞추면 생물권의 변화 속에서의 순응의 문제를 다룬 것으로 볼 수 있다.

우선 이 소설에서 죠지가 자신이 처한 운명적 상황을 감수하고 선악을 초월하여 스스로 내리는 결단에 주목할 필요가 있다. 이 소설 시작 단계부터 죠지는 클라라 아주머니의 부탁을 받아 레니와 함께 생활하면서 그에게 묘한 주종관계 같은 것을 줄곧 느꼈다. 언제나 "네가 문제야"(18)라고 죠지가 한탄하자 레니는 "방해가 된다면 난 혼자 산에 들어가 살겠어"(19)고 항변한다. 그러자 당황한 죠지는 "강아지 한 마리 구해주마"(19)하고 달랜다. 죠지는 자신의 말을 잘 따르는 레니의 행동에 잠시 흥미를 느끼고서 강물 속에 들어가 보라고 지시하면 레니가 그의 말을 따르는 것을 보고 자신의 행동을 금세 뉘우치기도 한다. 항상 레니와 함께 할 때면 죠지의 마음속에는 우월감과 지배에 대한 꿈이 꿈틀거린다. 평소 레니가 스스로 아무 것도 할 수 없어, 명령을 받아야 한다고 느꼈기에 죠지는 그 동안 레니에게 내리는 지시를 통해 그에게서 주체로서의 힘을 동시에 느꼈는지 모른다. 그러므로 레니의 죽음은 죠지의 우월감이 사라지는 계기가 되는 것이다.

게다가 죠지가 레니를 죽인 것은 컬리 일당으로부터 레니를 진정으로 보호하기 위한 행동일 수 있다. 죠지는 레니의 자존심과 꿈을 농장 주인의 아들 컬리와 그 일당의 잔인한 폭력으로부터 지키려고 어쩔 수 없이 그를 안락사 시켰을 수 있다. 원시적 지능밖에 없고 그저 부드러운 것을 만지기를 좋아하는 레니는 틈만 나면 '돈 벌어 땅 사고 토끼를 기르고 싶다'는 꿈을 죠지에게 반복한다. 그런데 먼저 번 농장에서 여자의 빨간 드레스를 만진 것 때문에 쫓겨났음에도 불구하고, 레니는 컬리의 아버지 농장에서 잠시 일하는 동안 많은 문제를 일으킨다. 그는 컬리와 싸움하다 그의 손을 부러뜨린 데 이어, 죠지 몰래 강아지 새끼를 농장의 헛간 건초 더미에 숨겨 놓고 손으로 만지다 이를 죽인다. 그리고 그는 그곳에 찾아 온 컬리 아내의 부드러운 머리카락을 만지다 그녀가 지르는 비명소리에 당황하여 그녀를 목 졸라 죽인다. 그가 생쥐의 감촉에 집착한 나머지 그녀의 머리카락을 거칠게 만진 것뿐이지 그는 그녀를 죽일 의도가 전혀 없었다. 그래서 죠지는 레니에게 강한 애정을 가지고 있기에, 컬리 일당이 밀어 닥치기 전에 자기 스스로 레니를 죽여 레니의 꿈을 그나마 지키려 한 것일 수 있다.

이러한 죠지의 선악을 초월하는 결연한 입장은 소설의 전개 과정에서 여러 모로 감지되고 있다. 매사에 이기적인 칼슨이 슬림에게 새끼를 낳은 암캐에 대해 물을 때 슬림이 "아홉 마리야, 나는 네 마리를 물에 빠뜨려 죽였네. 그렇게 많은 새끼에게 어미가 젖을 먹일 순 없으니까"(39)라고 말한 적이 있다. 농장에서 지혜롭고 인정 많고 인내심 강하기로 소문난 슬림이 칼슨에게 말한 이 대목은 죠지의 어려운 결단을 예고하고 있는 것으로 볼 수 있다. 죠지는 문제가 발생하면 만나기로 약속한 살리나스 강가 덤불 속에서 레니와 함께 땅과 암소와 토끼 기르는 이야기를 주고받으면서 냉정하게 그의 머리 뒤통수를 쏜다. 죠지는 언덕에 무표정하게 앉아서 권총을 내던진 오른손을 쳐다보고, 컬리 일당들이 빈터로 몰려와 레니의 죽음을 확인한다. 이 때 언제나 지혜로운 처신을 하였던 슬림이 죠지 앞으로 다가와 "너무 상심하지 말게. 때로는 누군가가 어떤 일을 꼭 해야만 할 때가 있는 법이지"(100)라고 말한다. 슬림은 이어서 "자네가 했어야 했어. 죠지, 정말 자네가 했어야 했어, 자아, 나와 같이 가세"(101)라고 죠지를 위로한다. 이 때 칼슨은 걸어가는 이들의 뒷모습을 보고 무심코 "그런데, 저 두 녀석은 무슨 생각을 하고 있을까?"(101)라는 말을 던진다.

여기서 죠지가 레니에게 총을 쏜 것은 레니와 지금까지 함께 나눈 꿈을 파괴한 것이 결코 아니다. 그는 자신을 레니와 차별화 해 온 우월성의 대상을 죽인 것이다. 이런 점에서 프렌치(French)는 이 작품을 냉혹한 자연에 의해 패배하는 인간의 이야기가 아니라 이를 고통스럽게 극복하고 인간의 내부 속에 잠재하고 있는 우월성을 죽이고 평범성을 수용하는 소설로 보고 있다(67). 죠지가 실제로 파괴한 것은 껍질에 불과한 레니 자체보다는 자기 자신 속에 내재한 그 어떤 것을 근절한 것으로 볼 수 있다. 죠지는 그런 결단을 통해 자기 자신 속에 숨은 레니로 대변되는 자연에 대한 끝없는 지배의 욕망을 죽이고 안정을 찾아 자연의 일부로 돌아가려는 것일 수 있다. 죠지는 레니를 자기 손으로 죽임으로 인해서 자신의 마음속에 자리 잡은 자연에 대한 지배욕구와 주체로서의 타자화에 대한 욕망을 일소하는 것으로 볼 수 있다. 죠지의 행동이 "비목적론적 사고 방법"(Marks 59)의 구체화된 실천적 의미를 지닌다는 점에서 이 작품은 선악의 개념을 초월하는 현실 속에서의 자연적 요소의 수용 가능성을 타진하는 소설로 볼 수 있다.

여기서 스타인벡이 이 소설에서 죠지를 통해 묘사하려는 입장을 그가 깊은 영향을 받은 바 있는 리케츠의 견해와 비교해 볼 필요가 있다. 선악의 개념에서 초연한 채 고결한 결단을 내린 죠지의 선택은 리케츠가 생각하는 바람직한 시인이 취할 수 있는 삶의 방식과 상통하는 점도 있지만 약간의 차이도 드러내고 있다. 리케츠는 독자를 '깊은 참여'의 상태로 유도하고, 그의 내·외부적인 실체를 함께 묶어 '오묘한 경지'에 이르게 하는 구체적인 예를 거론하고 있다. 리케츠는 예민한 직관을 소유한 시인이 '오묘한 경지'에 이르게 하는 매개자가 될 수 있다고 보고 바람직한 시인이 겪는 4가지 의식의 발전 단계를 제시하고 있다. 첫 번째와 두 번째 단계에는 각각 옳고 나쁜 것의 공리적인 정의에 몰두하는 시인들과, 반대로 이런 이분법적인 도식에 혼란을 느낀 나머지 시종 개별적인 의식에 머물고 있는 시인들이 속한다. 이들은 모두 조화로운 경지에 도달하기 어렵다. 리케츠의 상상 속에는 현재 고난에 처해 있지만 새로운 아담과 약속의 땅을 찾아 나서면서 강렬한 의식을 토로하는 시인들이 세 번째 영역에 속하는데,[15] 이들은 "옳고 나쁜 것을 뛰어넘어 존재하는 것의 수용으로 나아가는, 즉 비극을 뛰어넘어 탑을 향해 나아가는"(Astro 41) 과정에 있는 시인들이다. 그런데 리케츠는 최고의 범주에 선지자들이 어렴풋이 바라본 천국의 안과 밖에서 "모든 매개물을 유연하게 수용하는 시인"을 위치시킨다. 어떤 시인에게도 완전성을 기대하기 어렵지만 리케츠는 그런 시인들이 나타날 때 모든 것이 연관된 진정한 존재를 인지하게 된다고 여긴다. 이러한 시인들이야말로 '깊숙한 근원'으로 여행하는 과정 속에서 옳고 그름이 없고 옳고 나쁜 것을 포함하여 모든 일들이 옳다는 폭넓은 조화에 도달하게 된다는 것이다. 설령 순간적으로 '결함이라고 인지하는 것'일지라도 궁극적으로 그곳에는 어떤 결함도 없다는 것이다. 모든 매개물을 유연하게 수용하는 곳에는 비극이 전혀 없다고 여긴다.[16]

물론 『생쥐와 인간』에서의 죠지는 농장을 일구는 꿈을 함께 나눈 레니를 죽이는 결단을 통해 선악의 개념을 초월하는 고결한 입장을 보이지만 존재하는 모든 것을 수용하는 리케츠가 말하는 네 번째 단계의 시인의 사고에는 이르지 못하고 있다. 스타인벡은 죠지가 힘만 센 바보 일꾼 레니를 죽인 것에 대해 그럴 수밖에 없는 불가피한 상황을 이해하면서 있는 그대로 받아들이려 하지만 컬리 일당을 포함하는 생물권 전체를 모두 포용하지는 못하고

---

15) 휘트만의 "Out of the Cradle, Endlessly Rocking," Jeffers의 "Night"와 "Roan Stallion" 같은 시들이 해당된다.

16) Blake의 입장―"살아 있는 것은 모두 성스럽다"(All that lives is holy, 『분노는 포도처럼』(*The Grapes of Wrath*)에서 중요한 대사를 인용하면서 리케츠는 이러한 시인들이 '창조적인 종합'(creative synthesis)과 '순간적인 관점'(an emergent viewpoint)을 성취할 수 있다고 주장한다.

있다. 스타인벡이 삶의 과정에서 악을 어쩔 수 없는 하나의 개체임을 인정하면서도 선악의 문제를 여전히 의식하고 있는 반면, 리케츠는 악에 대한 개념 자체를 의식하지 않는다. 물론 그의 소설에서 죠지가 선악의 개념을 초월하여 레니의 죽음과 함께 그의 꿈을 지켜주려 하지만 그 단계는 여전히 선악에 대한 도덕적 가치로부터 완전히 초연한 것이 아니다. 레니의 소중한 꿈을 지키기 위한 죠지의 고민스런 선택에서 스타인벡의 실존적 생명윤리가 드러나고 있다. 리케츠가 우주 속에서의 근원적 조화를 강조하는 과정에서 적자생존의 법칙을 완전히 초월하는 것과는 달리, 스타인벡은 생물권에 작용하고 있는 적자생존의 정글의 법칙을 어쩔 수 없는 삶의 한 과정으로 이해한다. 리케츠가 정글의 법칙을 뛰어넘어 비목적론을 끝없이 고수하고 있다면, 스타인벡은 비목적론적 목적론을 추구하고 있다. 스타인벡은 적자생존이 생물권의 관계망 속에서 일어나는 변화의 한 과정으로 여기고 있는 것이다. 스타인벡은 선 속에 악을 변함없는 부수물로 여기면서 현상 자체의 변화를 합리적인 방법으로 접근하고 동시에 이를 깊은 이해력으로 수용하고 있다.

이런 측면에서 스무츠(Jan Smuts)의 입장이 스타인벡의 관심과 흡사하다고 볼 수 있다.[17] 두 사람은 생물권의 복잡한 관계망 속에서 인간의 마음의 창조적인 역할을 통해 생물권이 궁극적으로 조화에 이른다고 여긴다. 스무츠는 인간의 마음의 기능을 "통합성을 추구하는 창조의 과정"이자 "전일성의 최고 조정 경지"(Astro 50)라고 주장한다. 스무츠는 '살아 있는 전일성'을 마음의 힘으로 보다 더 큰 공동체에 의해 통합되어 발전하는 우주의 형상으로 보고 있다.[18] 스무츠는 리케츠와는 달리 목적론적 질서를 "자유로운 창조정

---

17) 스타인벡 비평가들은 스타인벡이 Jefferson, Emerson, Thoreau, Whitman, 그리고 William James 등과 같은 미국의 주요 사상가들은 물론이고 Jan Smuts, Robert Briffault, 그리고 John Elof Boodin 같은 사상가들의 영향을 많이 받았다고 말한다(48).
18) 스무츠의 견해에 따르면, 물질단계의 실체는 개별적 요소의 우연한 조합이 결코 아니다. 오히려

신의 영역"으로 받아들인다. 리케츠가 "경험하는 모든 것을 억지로 강요하는 이미 짜여진 듯한 틀"로부터 벗어나는데 마음의 역할이 중요하게 작용한다고 주장하는 것과는 달리, 스타인벡은 인간이 자신의 내부 속에 작용하는 마음의 힘으로 단순한 생존 이상의 역할을 수행할 수 있다고 주장한다(29). 물론 스무츠가 인간의 마음이 잠재적인 "큰 혼란"의 매개체일 수 있다는 것도 배제하지 않는 것처럼 스타인벡도 인간을 비극적인 불가사의성에 결코 적응하지 못하게 되는 '어쩔 수 없는 모순자'로 보기도 한다. 하지만 마음을 '핵심 열쇠'로 여기는 것처럼 인간은 전체의 선을 위해 책임 있게 행동할 수 있고, 또한 의미 있는 목적을 이룰 수 있다고 스타인벡은 믿는다.

스타인벡은 지배와 경쟁이 함께 하는 생물권의 복잡한 관계망 속에서 그래도 인간이 창조적인 마음을 가졌기에 이를 조화롭게 아우르는 순기능적 역할을 수행한다고 믿는다. 이러한 관점에 초점을 맞추어 보면『생쥐와 인간』에서의 죠지의 결연한 결단은 생물권의 큰 흐름을 수용하려는 스타인벡의 결연한 의지로 받아들일 수 있다. 레니와 함께 나눈 꿈을 죠지가 영원히 지키는 것은 선악을 초월하는 결연한 의지의 표현이라고 하겠다. 결국 죠지의 내부에 작용하는 마음이 때로는 레니를 차별화 하고 지배하는 역기능을 발휘하였지만 궁극적으로는 죠지의 마음이 초기의 우월성으로부터 해방되어 레니가 처한 절박한 조건을 새롭게 창조하여 영원히 함께 꿈을 간직하게 만드는 순기능적 역할을 한다고 볼 수 있다.

개별화된 부분의 성격과 관계를 규정하는 구조화된 전체가 있다.

4[*]

논자는 서론에서 인간중심주의든 생태중심주의든 자연 생태계를 접근하는 관점에 있어서 그 어떤 생태비평가도 자신이 처한 사회, 문화적 배경에서 자유로울 수 없다는 것을 제시하였다. 현재의 생태 비평의 논의 방향이 어떤 것이냐를 떠나 우리는 계속하여 자연 생태계의 본질이 무엇이냐에 대한 근원적인 질문을 던져야 할 것이다. 이런 맥락에서 묻는 물음에 스타인벡은 자신 스스로가 비목적론적인 고찰을 수행하기까지 사고의 모순과 애매한 시각을 노출하고 있는 것은 사실이다. 그의 이러한 모호한 양면성은 사회 다위니즘과 범신론적 존재론이 그의 비목적론적인 목적론적 사고에 얽혀 있다고 볼 수 있다. 사회 다위니즘에서 용인되지 않는 부분과 전체의 유기적 관계성이 범신론적 존재론의 핵심 요소라는 점을 고려하면 스타인벡은 비목적론적인 입장에서 목적론을 수용하고 있음을 분명 읽을 수 있다.

스타인벡은 리케츠와 마찬가지로 분석적이고 추론적인 방법을 통해 우주의 실체를 인식하려 하면서 모든 관계성이 얽혀 있는 자연에 대한 이해 과정을 인간의 삶에 얽힌 개개인의 이해관계를 식별하는 단초로 여겼다. 지속적으로 통합되는 과정을 중시하는 스타인벡의 의식 속에서는 다위니즘과 유기론이 상호 충돌하는 것이 아니라 합목적적으로 조화되는 실존적 자연관이 흐른다고 볼 수 있다. 리케츠가 우주의 질서 탐색이 "전체로 여겨지는 세계와 감정적인 관계를 찾는 기법"으로 여겼다면, 스타인벡은 감정적인 관계를 지양하고 주기적으로 순환하고 발전하는 우주의 실체를 구체화된 관찰과 경험으로 인식하였다. 리케츠는 우주 속에는 정확하게 설명할 수 없는 신비주의적인 요소가 내재되어 있다고 여긴 나머지 '실체에 대한 감정적인 반응'이 무엇보다도 중요하다고 판단하고 있다. 리케츠가 우주에는 모든 것이 다른 것과 본래부터 근원적으로 연관되어 있기에 모든 것을 포용하는 것이 조화된 전체를 이해할 수 있다고 믿으면서 전체의 따뜻함과 충만한 감정을 공유하기를 권하고 있다면, 스타인벡은 자연물에 은유화의 함정을 놓지 않고 있다. 스타인벡은 생태계 자체를, 그리고 자연과 인간을 대립적으로나 이원적으로 분리하여 생각하지 않는다. 스타인벡의 의식 속에는 자연보다는 인간이 상위에 군림하는 계층적 이원론이 없고 오로지 끝없이 변화를 수행하는 복잡한 생물권의 복잡한 관계망에 대한 구체적인 관찰만이 자리하고 있다. 다시 말해서 스타인벡은 생물학자에 버금가는 철저한 과학적 관찰을 토대로 하여 생물계의 움직임을 바라본다.[19]

폰텐로즈는 스타인벡이 때로는 리얼리스트나 자연주의자의 꼬리표가 붙어 다니지만 그를 낭만주의자라고 주장한 바 있다. 이를 달리 해석하면 스타인벡에게는 이 두 가지 요소가 함께 섞여 있다고 볼 수 있다. 물론 스타인벡이 사고의 심한 변화를 겪고 있다는 비난을 면하지 못하겠지만 어떻게 보면 생물권을 바라보는 그의 사고 자체는 자연 생태계의 움직임에 대한 정확한 관찰의 반영물이라고 볼 수 있다. 그는 때로는 자연 생태계를 경쟁논리에 입각하여 바라보고, 때로는 공존과 조화의 시각에 의해 생태중심주의로 접근하고 있는 것이다. 이 두 관점이 자연 생태계의 있는 그대로의 생존의 과정을 수용하는 결과물인 것이다. 따라서 문학생태학의 주된 목적이 자연 생태계의 순기능과 역기능을 합목적적으로 조화시키려 한다는 점을 고려해 보면 스타인벡의 비목적론적인 목적론은 상당히 의미가 있다고 하겠다.

---

19) 이런 점에서 이들은 반과학자(semi-scientists)이자 준 다윈적 과학자(qusi-Darwinian naturalists)에 근접한다.

IV

토니 모리슨의 공동체 정신의 미토스

1˙

아프리카계 미국인들이 살았던 지리적 환경은 사회적이고 심리적 차원에서 복합적으로 파악될 수 있다. 특히 아프리카계 미국인들의 삶의 공간이었던 남부는 그들의 삶이 숨 쉬고 있는 복합적인 관계망의 장소로 새롭게 자리매김 될 수 있다. 남부는 아프리카계 미국인들이 삶을 영위한 단순한 의미에서의 지리적 공간이나 물리적 환경의 차원에 머물지 않고 이들의 사회적 관계나 정신적 관념을 포함하는 의미소인 것이다. 토니 모리슨(Toni Morrison)은 아프리카계 미국인들의 선조들이 처음 정착하여 살았던 남부라는 지리적 공간이 흑인 공동체의 사회적이고 문화적인 미토스가 흐르고 있는 아프리카계 미국인들의 고향임을 결코 부인하지 않는다. 모리슨이 『가장 푸른 눈』(The Bluest Eye)과 『술라』(Sula)에 이어 세 번째로 발표한 『솔로몬의 노래』(Song of Solomon)는 이와 같은 아프리카계 미국인들의 삶의 흔적과 흑인 공동체의 문화가 묻어있는 삶의 장소로서의 남부의 야생자연을 탐색하는 소설이다.

사실, 크레스웰(Tim Cresswell)은 장소를 물리적 환경으로서의 자연, 계급이나 젠더와 같은 사회적 관계, 그리고 정신이나 관념이나 상징을 포함하고 있음을 밝히고 있다(157). 크레스웰의 언급처럼, 장소의 의미는 단순히 거기에 존재하는 지리적 풍경이 아니라, 여러 가지 의미망이 뒤얽히는 언술의 장으로 확장할 수 있다.[20] 이런 점에서 모리슨이 바라보는 남부는 아프리카계 미국인들에게 인간으로서의 근원적인 귀속감을 제공하고 이들의 일상 속에 일어나는 삶을 포용하는 생태적 환경(milieu)과 다름없다. 아프리카계 미국인들의 흑인성의 복원에 깊은 관심을 가졌던 두보이스(DuBois)는 자신들의 실존이 살아 있는 남부의 야생적 자연 속에 묻어 있는 정서적 느낌과 기억을 깊이 인식하고 있다. 그는 『흑인 민중의 영혼』(*The Souls of Black Folk*)에서 흑인 아이들의 몸이 불덩이처럼 열이 올라 10일 동안이나 침대에서 꼼짝하지 않고 간호를 할 때 이들은 "다시 웃는 귀여운 눈을 쳐다보면서 남부의 봄의 충만한 생동감을 꿈꾸고 사랑한다"(152)고 묘사한다. 그는 아프리카계 미국인들의 자연과의 일체감에 대해서도 다음처럼 말한다.

> 모든 원시 민속처럼, 노예들은 자연의 심장 곁에 서 있었다. 삶이 아일랜즈 해의 갈색 애틀랜타처럼, "거칠게 휘몰아치는 바다" 같았으며, "황야"는 신의 보금자리이고, "외로운 계곡"은 삶의 길로 인도되었다. "곧 끝날 겨울"은 비유적으로 상상해 보면 삶과 죽음의 모습과 다름없었다. 남부에 갑자기 휘몰아치는 천둥은 흑인들에게 두려움과 정의감과 감명을 준다. (185)

---

20) 문학생태학자 뷰얼(Lawrence Buell)은 인간과 장소의 상호 복합적인 연관성에 주목하고 있다. 장소는 인간 개개인에게 소유의 대상이 아니라 귀속감의 의미를 내포하고 있어 근원적 복리에 직, 간접적인 영향을 미치고 있다. 장소는 주변 환경과의 관계형성을 통해 그것의 가치가 성립되기에 이웃의 장소와 유기적인 조화를 이룰 때 그것의 의미는 극대화 될 수 있다. 또한, 장소는 그 자체로서 존재성을 지니고 있기에 의식과 결부된다.

그는 자신의 종족들이 참혹한 고통을 당할 때 자연 속에서 "죽음조차도 좀처럼 두려워하지 않고, 시냇물이 흐르듯 친숙하고 우호적으로 단순히 받아들이면서 옛날의 숲 속으로 다시 돌아가고자 하는"(187) 귀속감을 노래한다. 아프리카계 흑인들에게는 삶과 죽음의 모습이 곧 끝날 겨울과 다름없고, 남부에 내리치는 천둥이 두려움과 경외감과 감명을 준다는 점에서 그곳의 야생자연은 아프리카계 미국인들의 기억과 욕망의 저장고이자 이들의 심성 및 실존과 밀접한 연관성을 맺고 있음을 알 수 있다.

모리슨은 『솔로몬의 노래』에서 아프리카계 미국인들의 민속과 문화, 그리고 집단적인 역사에 얽혀 있는 "주체행위, 자기평가, 저항행위"(Scott 27)를 남부 쉘리마르(Shalimar)의 자연을 통해 이끌어 내고 있다. 모리슨에게는 쉘리마르의 황야가 그 동안 북부 도시인들이 잊고 살았던 흑인예술 형식의 언술의 공간으로서 "예술의 그룹성격, 그것의 기능성, 그것의 즉흥성, 청중 퍼포먼스, 공동체적 가치를 다루는 비판적 목소리"(Scott 27)와 다름없다. 복잡하게 얽혀 있는 쉘리마르의 야생 숲의 생태는 부름과 응답의 과정에서 일어나는 다양한 주장과 반응을 아우르는 아프리카계 미국인의 사회의식을 드러내는 흑인예술의 이야기로 연결된다.[21] 어떤 경우에도 단순히 해결되지 않는 이질적인 목소리의 유기적인 상호작용이 쉘리마르의 숲 속에 흐르고 있다.

모리슨의 『솔로몬의 노래』는 이 소설의 중심인물인 밀크맨 데드(Milkman Dead)가 그 동안 잊고 있었던 조부의 자기충족의 꿈이 묻어 있는 링컨천국(Lincoln's Heaven)에서 남부흑인들의 언어와 문화를 습득하고 정신적으로 재생을 이루어 남부의 역사 속으로 다시 편입하는 이야기를 다루고 있다. 밀크

---

21) 문화비평가 콜로드니(Annette Kolodny)는 자연을 서로 다른 관습과 언어가 상호 침투하는 '문화 접촉의 장소'로 파악하고 있다. 이는 자연이 다양성과 차이성이 상호 공존하고 생동하는 유동적인 공간으로 재구성된다는 의미이다.

맨의 남부 귀속에 대한 서술이 밀크맨이 흑인문화와 흑인민속을 전유하는 과정에 대한 묘사이며, 쉘리마르의 야생자연이 그의 남부 흑인공동체 의식의 수용에 직접적인 매개체가 되고 있다. 따라서 논자는 이 소설에서 밀크맨이 체험하는 쉘리마르의 야생자연의 경험을 통해 남부의 흑인성을 수용하는 과정을 살펴 보려한다. 『솔로몬의 노래』는 그동안 배제되고 주변화 되어 왔던 남부 흑인문화의 복원에 대한 서술이라기보다는 남부 흑인공동체 의식이 묻어 있는 문화적 언술의 장소로서의 남부의 야생자연의 의미소를 자각하는 과정에 대한 성찰이라고 하겠다.

2*

『솔로몬의 노래』에서 밀크맨의 선조가 남긴 정신적이고 물질적인 유산을 찾는 과정은 선조의 과거 속에 함축된 남부흑인의 삶의 흔적과 역사에 대한 탐색이면서도 자연의 속성에 대한 자각과 깊은 연관성을 맺고 있다. 이 소설에서 밀크맨이 메이콘 데드 1세(Macon Dead I)의 내력과 그의 농장인 링컨천국의 역사를 밝히고 있는 것은 상징적인 의미에서 북부에 거주하고 있는 흑인들이 겪고 있는 전통적인 흑인 가족관의 붕괴에 의한 흑인 공동체 정신의 급속한 해체와 연관성이 있다. 이 소설에서 메이콘 데드 가족의 붕괴가 백인 지배사회의 탐욕성에 직접적인 책임이 있지만 모리슨은 이것보다는 링컨천국의 복원 의지를 상실한 메이콘 데드 가문 자손들의 일그러진 흑인성을 문제적 요소로 삼고서 그것의 각성 과정을 타진하고 있다. 페이지(Philip Page)는 모리슨의 소설에서 "남부가 항상 과거를 대변한다는 점에서 밀크맨의 남부여행은 그의 과거탐색과 직접적인 연관성을 맺고 있다"(88)고 말한다.

또한 매터스(Jill Matus)는 이 작품을 아버지의 상실에 관한 소설로 정의하면서 "다시 쓰여질 수 있는 역사를 보여주고,"(74) "그 외상을 일으킨 역사를 인식하는 것"(76)에 모리슨이 의미를 두고 있음을 강조한다.

『솔로몬의 노래』에서 메이콘 데드의 선조가 쉘리마르에 처음 정착하여 개척한 링컨천국은 메이콘 데드 가족 구성원들의 상실되고 왜곡된 선조의 정체성이 묻어 있는 지역으로서 아프리카계 미국인들의 잃어버린 과거를 재현하는 대상이 되고 있다. 라이스(Herbert William Rice)는 "밀크맨의 뿌리탐색과 직접적인 연관이 있는 링컨천국이라는 장소를 그의 아버지의 설명에 비추어 '진정한 의미에서의 천국'(a veritable paradise)이다"(58)라고 말한다. 밀크맨의 아버지인 메이콘은 링컨천국을 다음처럼 묘사하고 있다.

> 그는 우리의 농장을 링컨천국이라고 불렀다. 그곳은 약간 작은 곳이었다. 그러나 당시에 나에게는 크게 보였다. 내가 지금 생각하면 그곳은 작은 곳이었음에 틀림없다. 아마 150 에이커 정도였다. 우리는 50 에이커를 경작하였다. 80 에이커 정도는 숲이었다. 참나무와 소나무는 자산이 될 만하였고, 그들이 원했던 것은 참나무와 소나무 목재였을지 모른다. 우리는 4 에이커 가량 되는 연못도 가졌다. 고기가 가득 차 있는 개울도 있었다. 계곡의 중심부 아래쪽에. (『솔로몬의 노래』51)

링컨천국은 "당신이 글자를 모르는 것을 염려하지 마라. 노예로 태어난 것도 속상해 하지 마라. 바로 이곳이 마음을 쏟고 의지할 곳이다"(235)고 말할 정도로 쉘리마르 사람들에게는 꿈의 장소인 것이다. 밀크맨이 댄빌(Danville)을 방문할 때 마을 사람들은 그의 할아버지에 대해 "메이콘 데드는 농부로서 표본이었고, 영리한 관개수이자 복숭아 재배꾼이고, 야생터키 로스터였다"(235)고 전설적인 의미를 부여하기도 하였다. 링컨천국은 메이콘의 아버지가 자기 주도적인 독립성을 이어 온 지역이라는 점에서 남부 흑인들의 "자립적인 자기충족"(Rice 58)의 신화였다.

　사실 링컨천국은 메이콘이 성장한 어린 시절, 그의 아버지의 죽음, 그리고 그의 누이 파일럿의 기억이 숨 쉬는 지역이었다. 그런데 백인 약탈자인 버틀러즈(Butlers)는 그곳을 개발하고 싶은 욕망에 사로잡힌 나머지, 링컨천국을 통해 자기성취를 이루려는 조부를 죽이고 그 대지를 가로챘다. 이로 인해 메이콘 데드 1세는 머리에 총상을 입어 죽었고, 그 슬픔으로 어머니는 정신을 잃었고, 파일럿과 메이콘 데드 2세는 이웃에 입양되었다. 메이콘 데드 2세는 자신의 탐욕에 물들어 선조의 옛 영광을 재현하기를 외면하면서부터 메이콘 데드 가족의 해체와 함께 링컨천국의 전설은 사라져 버릴 위기에 처한다. "그는 몇 년간 과거에 대해 일절 입을 열지도 않았고, 최근에는 이에 대한 추억도 말하지 않았다"(51)에서 나타나듯, 메이콘은 그의 흑인성을 상실하고 있었다. 그가 그의 아버지의 실제 이름인 제이크(Jake)를 기억하지도 못하는 것도 모자라 아버지의 유령을 의식적으로 거부하기까지 한다. 그는 그가 찾고 있는 금괴가 합당한 유산이라고 상상하면서 파일럿을 "먹이를 주는 사람을 물어뜯는 뱀"(54)처럼 생각하고 있다. 버틀러즈가 그와 파일럿을 집에서 내몰았던 것처럼, 메이콘은 지불능력이 없는 동포들에게 집세를 무자비하게 징수하고 집에서 내몰았다. 그는 링컨천국의 정신을 지켜 나가기보다는 백인들을 물질적으로 능가함으로써 자신의 존재성을 지켜나가려 한다. 밀크맨의 어머니 루스(Ruth)는 왜곡된 과거의 삶의 흔적에 집착해 있다. 그녀는 의사인 아버지가 그녀를 언젠가 버릴지도 모른다는 두려움과 함께 아버지의 사랑을 영원한 소유물로 착각하고 있다. 루스는 아버지의 기억에 매몰되어 마호가니 테이블에 묻은 수위표 무늬같은 물자국을 과거의 재현으로 해석하고 이 물자국이 아버지와 함께 보냈던 삶을 지켜 준다고 믿고 있다. "그녀는 그것을 세상이 여전히 그곳에 머물러 있다는 것을 그녀에게 확신시켜 주는 정박장이나, 검문소, 어떤 안정된 시각적 대상으로 여겼다"(11).

페이지는 "메이콘이 노출하는 백인성으로의 동화, 백인규범의 수용, 물질주의적 세속성, 그리고 흑인 공동체 구성원들과의 인간적인 접촉의 부족이 메이콘 가족의 해체를 가속화 시키고 있다"(87)고 말한다. 페이지는 "메이콘이 링컨천국에서 성장하면서 간직하였던 대지윤리와 그것의 가치를 상실한 후에 체득하는 주인정신은 전도되고 고갈된 삶의 전형이다"(87)고 여긴다. 메이콘과 루스가 각각 물질주의적 세속성과 환상에 빠져 전도된 삶을 드러내는 것은 그의 삶이 자연의 속성을 상실한 것에서 비롯된다. 특히 메이콘이 링컨천국에 흐르는 대지의 생명력보다는 금괴에 대한 탐욕에 빠져 백인들의 세속적인 윤리를 그대로 실천하는 것은 그가 지배문화의 물질주의적 에토스에 동화되어 있기 때문이기도 하다. 그 결과 메이콘은 링컨천국에서 성장하면서 간직하였던 모든 가치를 잃은 후에 그의 선조 대신에 금괴를 숭배하고 물질적 대상인 열쇠와 소지품과 자동차와 돈을 사람의 대용품으로 삼고 있다.

밀크맨도 마찬가지이다. 아버지의 백인세계로의 동화와 세속성에 싫증을, 그리고 그의 어머니의 지나친 환상에 혐오감을 느끼면서도 그에게는 자립심이나 독립심은 찾아 볼 수 없다. 밀크맨이 자신감과 책임감이 부족하고 상상력이 결핍되어 있고, 현실 적응력도 없이 수동적인 아이로 전락하는 것은 그가 공동체의 관습으로부터 고립된 채 "맹목적인 비상"(32)에 집착하고 있기 때문이다.[22] 그가 "무엇보다도 알고 있는 것으로부터 도피하고 싶은 충동"(120)에 휩싸이면서 모든 것에 관심을 잃고 있는데, 이런 사고는 "중심도

---

22) 라이스는 밀크맨이 링컨천국의 아름다움과 그의 선조들의 전설을 음미하면서도 그 대지의 현금 가치와 그곳에 숨겨져 있을지 모르는 금괴에 대한 환상을 포기하지 못하는 양면적인 태도를 보이는 것을 미국인의 기질 속에 내포된 이원성적 속성에 비유하고 있다(60).

없고, 목적의식도 없는"(107) 그의 일상적인 삶의 모습과 관계가 있다. 그는 "과거의 희생자이면서도 그의 미래에 눈먼 상태이고, 동시에 현재 상태에서 자기 자신을 내세울 수 없는 존재이다"(Page 97). 그는 "사람들에게 방뇨하는 여러 가지 방법을 개발했다"(215)고 말하면서 레너에게, 새로 심은 나무에, 그리고 부엌 싱크대에 방뇨하는 탈선행위를 일삼는다. 그는 메이콘에 대해 겁먹고 불안에 떨면서 아버지의 구속으로부터 벗어나고 싶어 하면서도 탐욕에 빠진 아버지를 자신의 꿈의 대상으로 삼고자 한다. 그는 "금괴를 원했어. 정당하게 그것을 갖고 싶었어"(236)라고 말하면서 파일럿이 휴대하고 있는 상자를 금괴로 오판한다. 심지어 그는 "고속도로 표지판"(228)과 "이름 없는 작은 마을"(262)을 무시하는 가운데 "반 자연에 싫증을 느끼는 도시인"(226)의 모습을 드러내기까지 한다. 이는 그가 자연적인 것과 인위적인 것을 정확하게 해석하지 못하는 상태와 연관된다.

그런데 밀크맨에게서 묘한 변화가 일어난다. 허무주의에 빠져 폭력을 일삼는 하가가 정육점의 칼로 그를 죽이려 할 때, 밀크맨은 그 위협을 극복하려고 애를 쓴다. 하가가 야생성을 수용하지 못하자 "나무, 두꺼비, 그리고 새의 질서체제가 있는 황야가 아니라 자연 그대로의 황야"(138)라고 말하듯, 밀크맨은 이 같은 하가의 태도에 의문을 갖기 시작한다. 또한, 그는 백인의 인종적 편견에 대항하는 기타(Bains Guitar)의 맹목적인 복수심에 위협을 감지하면서도 그에게서 감정이입과 같은 어떤 느낌을 갖는다. 기타가 밀크맨에게 접근하는 것은 모든 아프리카계 미국인들이 신앙처럼 믿고 있는 세븐 데이지(Seven Days)의 흑인 저항정신을 밀크맨에게 주입하여 그를 교화시키려는 데 주된 목적이 있다. 그러나 그는 기타를 "칼과 다름없는 싸늘한 공포"(177)로 생각하고 그가 조성하는 공포스런 분위기에 불안감을 감지하면서도 이를 이겨내는 여유를 갖는다. 밀크맨은 "두려움이라고는 찾아 볼 수 없는 그의 아버지와 파일럿과 기타의 사고방식과 실천적인 행동에 부러움을 느끼며 중력처럼 이끌리는"(177) 기분을 느낀다. 그의 두려움이 의지력 생성의 원천이 되어, 그 결과 그에게 세상의 에너지를 자신의 것으로 환원할 수 있는 활력이 생겨난다. 이는 밀크맨에게 정신적인 각성이 일어나고 있는 단계라고 볼 수 있다.

밀크맨은 남부여행 속에서 그가 금괴를 찾아 쉘리마르에 도착한 후 흑인 공동체 구성원들의 진솔한 삶을 목격할 때 에피퍼니를 경험한다. 그에게 쉘리마르의 숲 속에서 동물, 나무, 그리고 대지와 대화를 나눌 수 있는 수용력이 생겨나고 있다. 남부자연 속으로의 그의 침잠은 자연의 언어를 이해할 수 있는 기회인 것이다(Scott 30). 밀크맨은 솔로몬의 가게에서 마을 사람들과 욕설을 주고받으면서 그들과 콜라병으로 싸움을 하게 된다. 기타는 전선으로 밀크맨의 목을 조르고 솔(Saul)을 깨진 병으로 찌르려 한다. 이들이 욕설을 주고받으며 싸우는 것 자체는 쉘리마르에서 전통적인 성인의식의 테스트이다. 이 장면에서 모리슨은 남부헌팅 전통에서 아프리카의 전통적인 사회의식의 지속과 그것의 기억에 호소하고 있다. 이 의식은 흑인 공동체 내부에서 우쭐거리고, 자랑하고, 모욕을 주는 전통적인 방법과 흡사하고, 바흐찐의 카니발적인 의식적 환희의 단계와 유사하다. 그는 "초보단계의 과정을 밟듯이 숲 속으로 들어가 기타가 전선줄로 그의 목을 조르는 것처럼 거세행위를 통해 상징적인 죽음을 당하고 마을로 돌아와 그의 성인신고를 성공적으로 마무리한다"(Scott 31). "그는 몰입하여 대지가 말하고자 하는 것이 어떤 것이든 듣고자 하였고, 그는 곧 자기 뒤에 누군가가 서 있다는 것을 알아차렸다"(279)에서처럼, 밀크맨이 초반기에 느낀 남부의 자연에 대한 싫증과 적대감은 이 단계에서 남부의 언어를 듣고 이해하는 법을 배우는 계기가 된다. 이런 힘은 밀크맨에게 그 저변에 깔려 있는 그의 흑인성이 소생할 수 있는 계기를 마련해 주고, 그가 모든 것을 정확하게 해석할 수 있는 인식의 폭을 넓혀 준다.

남부의 자연체험은 남부흑인과 아프리카계 미국인 공동체 의식으로의 편입을 위한 단계이면서도 흑인문화의 성찰을 위한 매개체가 된다고 하겠다. 페이지는 "선조들의 과거가 일어났던 기억 속의 남부를 밀크맨이 직접 여행하여 그의 선조의 뿌리를 확인하는 과정은 그 지역의 여행범위의 확장과 연관성이 있다"(88)고 말한다. "그는 대지를 단순히 걸어가면서도 희열감을 느꼈다. 그곳을 걷는 것이 그곳에 귀속되는 것 같았다"(281)에서처럼, 밀크맨은 더 이상 금괴에 집착하지 않고 대지와 연결된다. 밀크맨은 파일럿이 간직하고 있는 유골가방을 아버지가 자신에게 남긴 유산(금괴)으로 착각했으나, 이제 금괴의 부재는 밀크맨이 메이콘의 타락한 물질주의적 가치에서 벗어나 정신적 가치로 옮아갈 수 있는 계기가 되고 있다(Page 92). 자신의 유산에 대한 환상(금괴)의 소멸이 밀크맨의 정신적인 각성을 위한 매개물이 되고 있다. 밀크맨의 처음 탐색의 동기였던 유산(금괴)를 향한 목표가 조상의 근원(링컨 천국)에 대한 체험으로 변모되고 있는 것이다. 이런 변신은 조상의 과거와 역사 속에 자신의 자아를 재정립하는 계기가 된다.

또한, 밀크맨은 살쾡이를 추적하면서 자연과의 에피퍼니를 경험하고 있다. 그는 어두운 숲 속에서 혼자 있을 때 자연세계의 언어를 듣고 그 속에서 일체감 같은 희열을 맛보면서 순간적으로 세속적인 생각이 정지되고 직관적으로 숲과 교감한다. 동시에 그는 어둠 속에서 살쾡이를 사냥하여 가죽을 벗기면서 남부 흑인들이 자연과 함께 해 온 의식을 체험한다. 그에게 주변의 어둠처럼 정신적인 혼미현상이 초래되는데, 스코트는 이 같은 현상을 밀크맨의 "정신적인 각성과 심리적 재생"(30)으로 파악한다. 페이지는 밀크맨이 겪는 이러한 카타르시스의 과정을 "우주와의 합일의 에피퍼니이자 흑인성으로 편입하는 단계"(Page 95)라고 해석한다. 사실, 밀크맨이 이발소에서 만나 줄

곧 함께 어울리는 흑인들은 살쾡이 가죽을 벗기고 내장 빼내는 일에 숙련되어 있다. 밀크맨이 이 작업에 무리 없이 적응하는 것은 그의 변신의 폭을 가늠할 수 있다. 살쾡이의 가죽 벗기기와 내장 빼내기는 흑인들의 섬뜩한 린치와 거세와 절단의 신체적 공포를 암시하므로 밀크맨의 이 같은 체험은 종족의 삶의 역사에 대한 의미 있는 경험의 순간이다. 동시에 이는 흑인의 정체성에 대한 밀크맨의 자각의 단계이면서도 그의 자아추구의 과정이기도 하다.

살쾡이의 가죽을 벗기는 순간순간 마다 밀크맨은 "목숨을 걸고 목표를 정할 수 없다면 인간의 삶이 무슨 소용이 있겠어요"(282)라고 말한 기타의 맹목적 복수심을 기억한다. 그는 기타의 백인에 대한 교조적인 복수심에 사로잡히기 전에 재빨리 두 손으로 살쾡이의 흉곽을 잡고 한편으로는 순간적인 직관으로, 다른 한편으로는 동료 흑인들의 지시에 따라 행동한다. 밀크맨은 동료 흑인들로부터 살쾡이의 심장을 넘겨받는데, 이는 밀크맨과 자연세계와의 새로운 친교를 상징하면서도 조상과 공동체와의 공존적 합일이자 새로운 인간으로서의 재생을 의미한다. 공동체와의 조화 속에서 자기 자신의 위치를 발견한 후에 밀크맨은 이들과 함께 하면서 "연결된 느낌"(293)을 갖는 것이다. 맑스(Marks)는 조상의 전통과 우주의 정신을 깨닫는 계기가 된다고 말하면서 "이런 교감의 힘은 자연 속에 흐르는 생명력과의 결합을 뜻하고 그의 정체성의 확립을 위한 가시적인 지혜가 된다"(102)고 말한다. 그가 자연세계와의 친교에서 영감을 얻는 것은 새로운 인간으로서의 재생 과정을 의미한다고 볼 수 있다. 결국 밀크맨이 체험한 살쾡이 헌팅에서 추적자이자 추적당하는 자로서의 양면적인 세계의 경험은 흑인 공동체 구성원으로서의 복합적인 의미를 깨닫게 되는 단계로 해석할 수 있다. 북부에서 출생하여 성장한 밀크맨이 선조들의 고향인 남부의 쉘리마르에서 흑인정신을 새롭게 성찰함으로써 북부인이면서도 남부인이 되고, 남부인이면서도 북부인이 되고 있다.

그리고 밀크맨이 쏘로우(Henry David Thoreau)의 월든 연못을 직접 여행하여 그곳의 자연을 관찰할 때 자연과의 일체감은 더욱 깊어진다. 그는 육체와 정신이 합일되는 희열을 느끼며 대지 속에 흐르는 경작자와 토양과의 유기적인 교감에도 눈을 뜨고 있다. 라이스는 대지에 뿌리내리고 있는 전원 속에서 자신의 정체성을 발견하는 밀크맨이 "『월든』(Walden)의 화자를 닮았다"(62)고 말하면서 이를 계기로 "밀크맨이 자신의 허영과 인습의 굴레를 벗는 계기가 된다"(62)고 말한다. 밀크맨은 개울에 도달하자 곧바로 그 속으로 뛰어든다. 그가 댄빌 여행에서 개울 속으로 잠수하는 것은 할아버지가 잃어버린 공동체에 대한 정화의식으로 볼 수 있다. 밀크맨은 아버지가 대변하는 북부도시를 벗어나 남부자연 속의 헌팅과정에서 그가 잠시 빌려 입고 신었던 '2차 세계대전 군복,' '가죽단화,' 그리고 '니트 모자'를 시계와 함께 벗어 던진다. 그가 입고 있는 더럽혀지고 찢겨진 옷과 신발을 벗어 던지는 것은 인위적인 과거에서 벗어나 자연을 직접 호흡하는 행위로 볼 수 있다. 밀크맨이 깨끗이 정화된 자아를 느끼고, 고속도로 표지판을 관심 있게 지켜보면서 "그 이름 속에 숨어 있는 것"(329)이 무엇인지 궁금하게 여긴다. 이 같은 밀크맨의 탐색은 전통적인 아프리카 문화의 칸텍스트를 넓혀 주는 계기로 작용하고 있다. 밀크맨이 잃어버린 금괴 추적은 발견되지 않은 자신의 가족의 과거와 흑인성에 대한 탐색이 되고, 그 과정에서 새롭게 인식하는 솔로몬 노래가사와 도로 표지판 등의 지역 이름은 과거의 흔적에 대한 새로운 인식대상이 된다. 그는 인위적이고 물질주의적인 북부 자본주의 세계와 결별하고 자연세계와 접촉한 후 정신적인 변모를 겪는 것이다. 이 과정에서 밀크맨의 고향이 버틀러(Butler), 스크럭스(Scruggs), 자연(Nature), 임브리(Imbrie)로, 또한 밀크맨의 조상이 살았던 고향의 이름이 버지니아(Virginia), 쉘리마르, 솔로몬(Solomon), 쉘리몬(Shalleemone), 샤를마뉴(Charlemagne)로 바뀌는 것은 그의 고정된 세계관의 수정을 암시하면서도 유기적인 자연관의 수용을 의미한다.

또한, 이 소설에서 밀크맨의 남부여행 안내자이면서도 영향을 미치는 사람은 파일럿이다. 파일럿은 성장과정에서 어머니 없이 지냈지만 어린 시절부터 함께 생활한 야생 숲이 그녀의 결핍을 대리만족시켜 주기에 충분하였다. 파일럿이 도시 인근에 있는 좁은 일층 오두막에서 야생적인 삶을 실천하면서 습관적으로 솔잎을 씹고 숲의 딸처럼 행동하였다. 그녀는 태어날 때부터 "자신의 태아의 탯줄을 끌면서 거꾸로 움직였다"(28)는 언급에서 보듯, 자연의 영성에 심취하여 정신적인 삶을 살았기에 자기 주도적이고 길들여지지 않은 삶을 살 수 있었다. 물론 선조의 과거를 완전히 알지 못하여 파일럿은 그녀가 보관하고 있는 뼈가 아버지의 유골이 아니라 그녀와 메이콘이 죽인 백인의 유골일 것이라고 오판하기도 한다. 파일럿은 그녀의 아버지가 그녀에게 싱(Sing)을 기억하라고 지시할 때 그를 오해한 적도 있었다. 그래서 파일럿은 상징적으로 머리를 자르고 자신의 낡은 자아를 죽이고 "그녀가 소중하다고 여겨지는 삶을 살고 싶은 대로 살고자 몸부림친다"(149). 그녀는 그녀 자신에게 몰려오는 두려움을 정화하고, 고통 받는 사람에 대한 연민을 느끼고 인간관계에 관심을 갖기 시작한다. 그녀가 살았던 지역의 암석물을 수집하는 습관이나 그녀가 줄곧 읽었던 학교 지리책을 항상 휴대하는 습관에서 보듯, 파일럿은 그 지역에 대한 살아 있는 증인이 된다. 그녀가 즉흥적인 노래에 귀를 기울이고 자연과의 유기적 관계에 바탕을 둔 자발적인 삶을 구현하고 있기에, 그녀는 공동체 사람들에게 ""대모," "대지," "만물의 근원의 원형""(Samuels & Hudson-Weems 62)으로 여겨진다.

파일럿은 "더 많은 사람들을 알았으면 좋겠어. 모두를 사랑할 수 있을 거야. 더 많이 알았더라면 더 사랑할 수 있을 텐데"(336)라고 말하면서 대상을 가리지 않고 모두에게 사랑을 베푼다. 그녀는 황야를 사랑하면서 링컨천국에서 경험한 체험을 현실 속에서 이행하려 한다. 밀크맨의 정신적 성장은 파일럿의 이 같은 깊은 사랑에서 비롯된다고 볼 수 있는데, 풀츠(Fultz)는 "밀크맨이 사랑할 능력을 갖추게 될 때 파일럿이 아버지와 형제를 잃은 상실감이 모두 그녀의 성취로 복원된다"(65)고 여기고 있다. 풀츠는 "밀크맨이 댄빌과 펜실베니아와 쉘리마르와 버지니아에서 배운 것은 그의 조상의 역사가 아니라 파일럿의 사랑의 깊이의 역사이다"(65)고 말한다. 밀크맨이 자각에 이르는 것처럼, 파일럿은 "사람과 자연과 공동체와 과거와의 깊은 관계를 갖는다"(Page 92)고 볼 수 있다. 그녀는 자연의 치료사가 되고, 그녀의 죽은 아버지의 정신을 수용하고 밀크맨의 안내자와 보호자가 된다. 밀크맨의 근원에 대한 탐색은 인종적 정체성의 깨달음에 대한 파일럿의 갈망이면서도 공동체와 자아를 찾는 파일럿의 남부여행의 확장인 셈이다.

　『술라』에서 상징적인 의미에서의 에바와 술라의 상호작용 역할이 바닥마을 구성원들로 하여금 흑인 공동체 정신의 회복을 이끌고 있듯,『솔로몬의 노래』에서 밀크맨은 파일럿을 통해 메이콘 데드의 가문의 내력을 이해하고 링컨천국에 충만해 있는 대지의 생명력을 호흡하고 있다. 이 소설에서 파일럿이 밀크맨에게는 정신적인 안내자이자 자아창조의 표상이다. 밀크맨은 육체적이고 정신적인 여행을 솔선수범하여 사랑과 조화를 실천하는 파일럿에게서 아프리카 중심적이고, 자연 중심적이면서도 순환론적 가치관을 배운 것이다. 따라서 밀크맨이 자각하는 세계는 북부와 남부, 도시와 시골, 현재와 과거를 통합하고 이질적인 요소를 아우르는 공존의 세계임을 알 수 있다.

3

생태학에서 장소의 의미는 물리적 환경으로서의 자연, 계급이나 젠더와 같은 사회적 관계, 그리고 정신이나 관념이나 상징을 포함하고 있다. 장소의 의미는 단순히 거기에 존재하는 지리적 풍경이 아니라, 여러 가지 의미망이 뒤얽히는 언술의 장으로 확장할 수 있다. 뷰얼은 인간과 장소의 상호 복합적인 연관성에 주목하고 있다. 장소는 인간 개개인에게 소유의 대상이 아니라 강한 귀속성의 의미를 내포하고 있어 근원적 복리에 직, 간접적인 영향을 미치고 있다. 장소는 주변 환경과 관계형성을 통해 그것의 가치가 성립되기에 이웃의 장소와 유기적인 조화를 이룰 때 그것의 복리는 극대화될 수 있다. 또한, 장소는 그 자체로서 존재성을 지니기에 의식과 결부된다. 장소에 내포된 존재성은 발전할 수도 아니면 퇴락할 수도 있는 가변적인 공간임에 틀림없다. 우리 주변에 존재하는 물리적 공간이 모두 장소로서 기능할 수 있다는 점에서 우리가 살고 있는 공간은 얼마든지 자연으로서의 존재론적 가치를 인정받을 수 있다. 다른 생명체의 생존에 기여할 수 있는 물리적 공간은 장소로 얼마든지 변모된다는 점에서 아무리 도시의 척박한 공간이라도 장소로서의 기능을 재현할 수 있다.

결과적으로 장소는 물리적 환경으로서의 자연의 차원에서 머물지 않고 계급이나 젠더와 같은 사회적 관계나 정신적 관념을 포함하는 의미소로 발전되고 있다. 생태적 사유의 첫 걸음은 인간 개개인의 실존이 살아 있는 지역에 얽힌 정서적 느낌이 담긴 야생적 자연을 새롭게 인식하는 작업인 것이다. 캘리코트는 생명 공동체 속에 자연의 내면화는 "우리가 인간 공동체 속의 일원으로 머무는 것만을 의미하는 것이 아니라 인간의 도덕적 책임과 가치와 권리를 고수하는 것"(93)과 연관된다고 말한다. 이런 점에서 인간의 기억과 욕망의 저장고로서의 자연경관은 인간의 심성 및 실존과 밀접한 연관성을 맺고 있음을 알 수 있다. 또한 자연과 인간, 혹은 인간과 자연이라는 이분법적 도식에서 벗어나 자연과 결부된 다양한 문화적, 사회적 문제에 대한 구체적인 인식이 필요하다.[23] 우리가 살고 있는 지리적 공간이 사회적, 문화적 에토스와 밀접한 상관성을 맺고 있기에 우리는 자연을 사회적이고 심리적 차원에서 유기적인 관계망의 장소로 복합적으로 파악하는 것이 중요하다.

모리슨은 『솔로몬의 노래』에서 장소와 이름 속에 숨은 사회학의 의미에 관심을 갖고 있다. 장소의 이름은 지역과 지역을 연결시키고 사람과 사람을 상호적으로 서로 묶어 주는 가교역할을 하면서 모리슨이 표하고 있는 지역 전통과 구성원의 뿌리 잇기의 역사적 흔적에 대한 과정을 적절히 반영하고 있다. 라이스는 언어가 공동체 구성원들을 지역과의 관계 속에서 함께 연결하는 구심점이 된다는 것에 바탕을 두고서 "모리슨의 지역 전통의 서술이 밀크맨의 뿌리 탐색과 직접적인 연관성이 있다"(66)고 여긴다. 따라서 이름과 장소에 대한 논의는 한 공동체의 사회적 기반과 구성원들의 삶의 욕구가 묻어 있는 기록물의 점검이라는 점에서 공동체 구성원들의 삶의 흔적과 진실을 살펴보는데 중요한 의미를 갖는다고 하겠다.

기억된 장소의 이름은 언어로서의 사회적 함의를 내포한다고 볼 수 있다. "장소의 이름이 그곳 거주인들의 삶을 반영한다"(Rice 62)고 말하는 것처럼, '의사 거리'(Doctor Street)는 그 이름이 암시하는 기원과 흔적을 갖고 있다. '의사 거리'는 마을에 유일한 흑인 의사가 그곳에 거주하고 있기에 그 인근에 살고 있는 사람들이 그 같은 이름을 붙인 것이다. 본래의 이름인 메인즈 거리(Mains Avenue)는 임의적이고 자의적인 이름으로서 그곳에 살고 있는 사

---

23) 문화비평가인 콜로드니(Annette Kolondy)는 자연을 서로 다른 관습과 언어가 상호 침투하는 문화 접촉의 장소로 파악하고 있다. 이는 자연이 다양한 차이가 상호 공존하고 생동하는 유동적인 공간으로 재구성된다는 의미이기도 하다(125).

람들의 의사와는 아무런 관계가 없다. 그러나 '의사 거리'는 언어로서 거주인들이 생활하면서 자연 발생적으로 사유하게 된 결과물이다. 또한, 백인 선조들이 '의사 거리'를 반대하면서 작명한 '의사 거리 아님'(Not Doctor Street)도 이와 유사하다. 그 후 계속 이웃 사람들이 그곳을 '의사 거리 아님'으로 공식적으로 부르게 되는 것도 같은 이치의 장소와 이름의 의미소를 함유한다. 이는 백인들의 편견에 따른 부정의식이 전반적으로 깔려 있고 흑인들의 실체에 대한 수용거부에 토대를 두고 있다. 마찬가지로 '자비병원'(Charity Hospital)도 이웃 사람들에 의해 '자비병원 아님'(No Mercy Hospital)으로 불리어진다. 언어가 복잡한 유희 속에서 전복되는 가운데, 그것은 실제로 자비 없는 병원의 의미를 노출한다.

　　백인 주류사회는 남부 공동체의 정체성과 자율성을 부정하는 의미에서 '의사 거리 아님,' '자비병원 아님'의 이름을 짓는다. '메인즈 거리'를 '의사 거리'로 바꾸는 것은 언어 기능의 전복이다. 그러나 '의사 거리 아님'의 사용은 언어의 전복을 다시 한 번 전복한다. 그 이름의 이중 전복에는 언어의 주체가 전유화 되는 과정이 담겨 있다. 역사의 과정 속에서 반대로 '의사 거리 아님'이 '의사 거리'가 될 수 있고, '자비병원'이 '자비병원 아님'이 될 수 있다. 뒤집힌 이름들은 지배사회의 공동체에 대한 저항의 의미를 함유하고 있다. 여기에는 백인 지배사회가 흑인 공동체를 지배하고 통제하는 관리방식과 흑인 개개인의 소망이 담겨 있다. 또한 이는 백인사회의 압박의 힘에 대한 저항의 표출이기도 하다. 그 이름에는 흑인 교화적 요소를 갖는 백인세계의 해석의 실체와, 이에 맞서는 흑인들의 저항의지가 숨겨져 있다. 특히, 후자의 경우 남부 거주자들이 백인사회의 지배적인 폭력을 피하려는 지속과 은폐의 수단이 되고 있다는 점에서 이름의 전복은 공동체의 존속과 불가시성을 내포하면서도 백인권위에 반대하는 내부통합의 기호(Page 92)가 되고 있다. 이러한 텍스트 전복은 거주인들이 그들의 백인 압제자들에게 메시지를 보내고 저마다 의미 있는 상호 교신적 정체성을 창조하고 있다. 언어의 전복성에 대한 성찰은 한편으로는 임의적이고 자의적인 역사의 표본을 이해하는 것이면서도 유희적인 역사의 실체를 해부하는 것이다. 다른 한편으로 이것은 은폐된 역사의 복원이면서도 동시에 역사의 압제적인 힘이나 기억이나 기록의 선택에 대한 해체이기도 하다. 그러나 스코트는 이러한 장소의 이름 짓기와 이름 해체에 담긴 언어의 전복 담론을 흑인언어에 내포된 현장에서의 가변적 속성을 예로 들면서 고정된 의미로 파악하기보다는 유동적인 과정의 한 단계로 해석하고 있다(28). 흑인언어가 지니고 있는 현장속성의 입장에서 보면 '메인즈 거리'를 '의사 거리'로 부르는 것은 그들의 사고의 패턴이자 생활 의식의 한 과정으로 볼 수 있다. 이는 이들이 거주하는 삶의 공간이나 장소에서 일어날 수 있는 삶의 실존적 흔적인 것이다.

사실, 모리슨의 언어 전복에는 다른 차원이 숨어 있다. 화자가 언어를 전유할 때까지는 자신의 언어가 되지 못하게 된다. 그러므로 언어를 포착하여 그것을 자신의 것으로 만들어 가는 과정이 중요하다. 메이콘 가족의 이름이 '데드 가족'으로 된 것은 술 취한 미군 병사가 이름을 기입하는 과정에서 오기하여 발생한 우연적인 사건이다. 잘못 표기된 메이콘 데드의 가족 이름은 세대를 거쳐 감에 따라 공식기록의 서류와 언어에 의해 고착화 되었다. 백인에 의해 이상적인 삶의 터전이었던 링컨천국을 빼앗긴 문맹인 메이콘 데드 1세는 "죽음"(Dead)이라는 이름을 처음 얻었을 때 정체성의 재활을 의식하지 못했으나 인디언 아내가 새 이름이 노예 신분인 과거를 지워 없애는 의미가 담겨있다고 설명하자 그는 이것을 자신의 이름으로 수용하였다. 오히려 "죽음"이라는 이름을 받아들임으로써, 그는 노예 신분을 의식 속에서 지울 수 있었다.

또한, 메이콘의 아버지의 농장이 링컨천국으로 불리어지게 된 것은 링컨이 대통령이 되기 전에 그렇게 불렀다고 한다. 메이콘은 "링컨은 대통령이 되기 전에 훌륭한 농부였어, 그의 일과 농부를 구별하면 안 된다고 아버지가 말했어"(51)라고 말한다. 그 후 가족은 말을 링컨 대통령, 암소를 그랜트(Grant) 장군, 돼지를 리(Lee) 장군이라고 불렀다. 다른 예로는 밀크맨은 파일럿에게 그녀의 아버지가 그녀에게 주었던 서류 종이를 묻어버리도록 요구하면서 서류를 다시 점검하는 과정에서 할아버지 이름 제이크와 할머니의 실제 이름 싱(Sing)을 발견하는 경우도 있다. 그리고 이런 예는 밀크맨과 파일럿과 기타의 일상적인 관계에서도 일어난다. 밀크맨과 기타가 파일럿이 휴대하고 있던 유골가방을 금괴인 것으로 착각하여 훔치는 바람에, 절도죄로 파출소에 감금되자 그녀는 밀크맨과 기타가 훔친 그 가방에 대해 거짓 증언을 한다. 그녀는 백인경관이 기대하는 언어가 무엇인지 간파하고서 "장의사가 50달러를 원했기"(207)에 그 자신의 남편의 유골을 묻을 수밖에 없었다고 말한다. 그녀는 백인경관이 원하는 상투형의 대답을 취하여 조카와 그의 친구를 구출한다. 파일럿은 백인세계가 요구하는 역할을 수행함으로써 밀크맨과 기타를 감옥에서 석방하는 역할을 행한 것이다. 여기에는 언의의 자연 발생적인 상황론이 작용하고 있다. 이들의 언어에는 그들만의 삶의 조건과 진실의 흔적을 내포하고 있는 것이다.

그리고 밀크맨이 언어의 재전유화 과정에서 조상의 근원을 재발견하는 행위는 의미가 있다. 밀크맨이 조상의 이름을 추적하는 것처럼, 역사기록의 이면에는 복잡한 목소리들이 잠재되어 있다.

기록된 이름 이면에는 이름들이 숨어 있다. 실제 이름과 장소와 사물들을 감춘 채로 먼지 낀 서류에 영원히 기록되어 있는 '메이콘 데드'처럼, 의미

있는 이름들이다. (『솔로몬의 노래』 329)

모리슨이 이러한 이름의 이중적인 전복을 제시하는 이유는 과정 그 자체의 역사성이 갖는 의미를 중시하기 때문이다. "주의하지 않을 수 없는 사람들은 그들에게 부여된 이름을 지키는데 합의가 형성되어 왔다"(18)고 말하는 것처럼, 그 이름은 공동체 구성원들의 현실생활의 의미기호를 담고 있다. 남부의 역사적 실체에 대한 탐색 자체가 흑인문화의 프리즘이 되고 있다. 언어의 왜곡에 대한 성찰은 인간의 삶을 명확하게 간파하기 위한 수단이 되는 셈이다.

> 사람들이 개가 자신들을 따라 오고 싶어 할 때 집에 가도록 종용하는 의미에서 표하는 기호. 그것은 언어가 아닌 언어 이전의 그 무엇이다. 사물이 기록되기 이전의 그 무엇. 사람과 동물이 서로에게 의사소통을 할 때 나누는 언어적 기호. (278)

이처럼 언어의 전복적 활용은 공식역사와 공식기록 뒤에 가려진 실체와, 지역의 이름 속에 숨은 실체를 찾는 과정이라는 점에서 카니발적 대화론의 표현방식에 비유할 수 있다. 대화적 논쟁의 과정 속에서 공식적이고 비공식적인 역사와 물질주의적이고 정신적 가치의 흔적들과 실체들이 우리에게 다가오는 것이다. 남부 흑인들이 자신들이 정착하여 생활했던 남부지역에서의 삶의 경험들은 이들이 약탈과 억압과 동화의 역사이든, 아니면 자기충족과 자립의 역사이든 흑인 공동체 구성원들에게는 모두 다 소중한 기억이고 진실인 것이다. 따라서 이름 짓기와 이름 전복은 단순한 의미에서의 남부 백인들과 남부 흑인들 사이에 일어난 지배와 저항의 전복적 의미기호라기보다는 백인들과 흑인들의 복합적인 삶의 과정의 흔적이자 역사적 실체임을 알 수 있다. 이런 이름 짓기와 이름 해체의 전복 행위의 과정을 통하여 드러나는 삶의 흔적들은 이들이 그 자체로서 복합적인 삶의 역사를 간직하고 있다는 점에서 그 모든 것이 우리에게 소중한 삶의 진실인 것이다.

4

이 소설은 물질주의 전통을 한편으로는 이해하면서도 다른 한편으로는 이를 단절하고 있는 소설이다. 메이콘 데드 1세의 자기충족의 꿈이나 버틀러즈의 파괴적인 탐욕이나 그리고 메이콘 데드 2세의 탐욕스런 삶이 함께 묻어 있는 링컨천국은 이 같은 이원적인 메타포의 대상이 되고 있다. 자신의 내부 속에 전원의 꿈과 물질의 꿈이 뒤섞인 채 밀크맨이 목가적인 자기충족과 정원파괴의 꿈을 동시에 융합하려 하고 있다. 링컨천국은 밀크맨에게 자기 충족의 상징물이라는 점에서 세대를 뛰어넘어 의미 있는 가치를 지닌다. 밀크맨이 채집하는 이야기들은 여행의 흔적이자 문화적 과거의 잔존물들이다. 이 소설에서 밀크맨 데드의 전체 이야기의 탐색에는 아프리카의 신화와 전설에 토대를 두고 아프리카계 미국인의 비상과 추락의 인종적 기억의 일부를 형성하고 있는 아프리카계 미국인의 역사의 안과 밖을 서술하고 있다. 모리슨은 이중화된 전복적인 언어기법으로 아프리카계 미국인의 사회적이고 정치적이고 문화적인 고정된 조건들을 해부한다. 또한, 밀크맨이 남부 흑인성을 탐색할 때 변신을 하게 되는 계기는 남부 흑인들과의 언어와 의식의 활발한 소통을 통해서이다. 이들의 언어와 의식의 소통은 아프리카계 미국인들의 고통스런 역사 속에서 자신들의 이름을 걸고 살아 왔던 남부의 선조들과 현재 살고 있는 남부 공동체 구성원들의 삶의 실체에 대한 수용과 깊은 이해를 담고 있다.

이 소설의 서두에 솔로몬이 비상하고 아이들은 노래로 그를 찬미하듯, 『솔로몬의 노래』는 밀크맨과 그의 조상과 그의 공동체에 흐르는 생명의 노래가 담긴 성스러운 텍스트이다. 두보이스는 "'슬픈 노래'의 모든 슬픔 속에 희망이 숨쉰다"(187)고 말한다. 그는 이들이 "사물의 궁극적인 믿음이 절망의 노래 가락을 조용히 승리와 자신감으로 바꾼다"(187)고 여긴다. 그래서 그 노래는 때로는 삶의 신념이면서도, 때로는 죽음의 초월이면서도, 때로는 저 너머 아름다운 세상을 향한 끝없는 비상의 메시지이기도 하다. 그 노래는 숲속 공터에서 공동체 구성원들이 부르는 블루스의 형태이면서도 아이들이 링 던지기 놀이를 하면서 부르는 삶의 노래이고, 이름 없는 신원불명의 선조들이 부르는 노래이기도 하다. 밀크맨은 그 노래에 담겨 있는 개별적인 기억의 파편들과 비상의 목소리들을 남부의 야생지 쉘리마르에서 경험하고 있다.

V

토머스 핀천의 엔트로피와 마음의 생태학

1˙

　토머스 핀천(Thomas Pynchon)은 우주의 붕괴 위기를 거시적인 안목에서 진단하는 작가이다. 그는 메타픽션이나 우화소설로 불리는 새로운 형식의 소설을 통해 인류문명의 혼돈성을 비판하면서도 가능한 범위 내에서 혼돈세계를 전체적인 틀 속에서 아우르는 노력을 병행하고 있다. 그가 희구하는 세계가 범우주적인 차원에서의 조화와 공존의 세계이기는 하지만, 그 사회는 인간세계에 의해 구축된 극단주의에 대한 부단한 회의와 해체작업이 전제된 후에야 기대될 수 있는 세계이다. 사실 극단주의나 공존주의는 서로에 대한 부정이나 배제를 통해서 그것의 존립이 결정되는 이율배반적인 관계를 맺고 있고, 이러한 관계로 인해 핀천의 세계는 끝없이 변화를 거듭한다.

　인간세계의 극단주의에 대한 핀천의 민감한 반응은 사회 구성원들이 품는 이질적인 욕망구조에 대한 의심에서 비롯된다. 그의 견해에 의하면 인간 개개인이 문명이란 이름으로 만들어 가는 구호나 열망, 제도나 이념 등의 담론들이 인간이 품는 이기적인 욕망구조의 소산일 수 있다. 바꾸어 말해서, 오늘날 우주의 혼돈과 종말 위기는 자연현상과 같은 우연적인 사건들에 의해 일어날 수 있지만 인간의 이기적인 독선에서 비롯될 수 있다. 이 말은 인간의 마음이 우주의 혼돈화의 주된 요인이 될 수 있다는 뜻이다. 인간이 다른 인간을 지배하기 위해 갖는 독선적인 마음이 열망이나 구호로 변모되고, 그 열망과 구호가 제도화 되고 이념화 되어 무서운 통제구조로 변한 후, 이 구조는 인간을 불가항력적으로 조종할 수 있다. 나치즘이나 파시즘 같은 광기나 유색인종의 차별이나 유태인, 몰타족, 헤레로족 등 소수인종의 대학살에서처럼 독선과 망상으로 변한 인간의 관념이 우주를 혼돈과 사멸의 위기로 몰아간 경우가 많았다.

또한 오늘날 인간 개개인은 실재와 환상 사이의 경계가 모호해 지는 현재의 상황 속에서 어느 것이 사실인지 아니면 허구인지 모르는 의구심을 갖게 된다. 이와 관련하여 레이먼드 올더만(Ramond M. Olderman)은 현대인의 심리 상태를 "우리는 우리를 무력화 시키는 어떤 거대한 세력이 뒤에 도사라고 있을지 모른다는 두려움에 휩싸여 있다"(3)고 말한다. 이러한 혼돈상황에서 인간 개개인은 어떤 미지의 괴력에 대한 막연한 불안을 가졌고, 그리하여 그는 우연적인 사건에서 어떤 규칙적인 패턴을 찾으려 하고, 더 나아가 그 패턴을 배후에서 조종하는 어떤 악의적인 음모에 대한 편집증적 의심을 갖는다.

사실 일반적인 의미에서의 편집증은 인간이 그의 공적, 사적 생활에 침입하는 불합리와 부조리를 제어할 수 없어 그 상황을 설명해 줄 수 있는 의미나 질서를 발견하려고 노력할 때 갖는 집착 정도의 마음 상태이다. 그러나 편집증자는 우연한 현상 속에서도 어떤 패턴이나 악의적인 존재가 배후에서 조종하고 있지 않나 의심하고 두려워하는 마음을 갖는다. 한편으로 이 같은 편집증은 병적이라기보다는 항엔트로피적인 가치를 지닌 것으로 인식될 수 있다. 복잡한 사회와 그 사회 속에서의 많은 정보들로 인해 야기되는 혼돈에 대항하여 어느 정도의 질서와 의미를 부여하여 새로운 삶을 시도하려는 의지가 편집증에서 비롯될 수 있기 때문이다. 윌리엄 플레이터(William M. Plater)는 편집증의 주된 특징으로 자의적 해석 양식과 자기 보존적 행동양식을 거론한다.

> 편집증의 두 가지 특징은 특히 주목할 만하다: 그것은 해석의 정신병이며, 그리고 그것은 피해망상증의 존재를 증명할 연관성 없는 증거의 주의 깊은 배열에 의존한다. 편집증은 가상적이든 실제적이든 문화적 혼돈 속에서 매우 엄밀하고, 완전하면서도 자기보존적인 행동양식이다. 편집증은 흔히 정상적인 행동으로 오해되며, 그리고 엄밀하게는 그것의 방법들이 최대한 건전한 인간애의 일부로 간주되는 요소들이기 때문에 정치적이고 경제적인 성공을 위한 방식으로 드물지 않게 활용된다. (188)

여기서 자의적 해석양식으로서의 편집증은 복잡한 사회상황 속에서 타당한 증거 추적의 논리구조이므로 불확실하고 미확정적인 세계에 질서와 안정을 찾아 줄 수 있다. 자기 보존적 행동양식으로서의 편집증은 고립된 개개인을 그들의 고유한 공동체의 의미체계와 연관시켜 음모와 통제를 극복할 수 있게 한다. 이러한 점에서 이 같은 두 가지 속성의 편집증은 폐허나 죽음의 혼돈 과정에서 새로운 삶에 대한 집착일 수 있으므로 핀천에게 있어서는 진실한 의미체계나 질서의 세계가 구축될 수 있는 가능성의 대안으로 여겨질 수 있다. 혼란 속에서 어떤 질서를 발견하고 창조하려는 집착이야말로 이질적인 개체들의 관계 속에서 안정된 균형의 유지와 사실에 가까운 의미체계를 찾는데 도움을 주기 때문이다.

그러나 다른 한편으로 자의적 해석이나 자기 보존적 행동양식으로서의 편집증이 제각기 자기 보호적인 단계에 머물 때는 항엔트로피적인 순기능을 발휘하지만 과도한 집착으로 빠질 때는 걷잡을 수없는 무질서와 혼란의 역기능을 초래한다고 여긴다. 그러므로 편집증에는 상승과 하강의 궤적을 그리는 '중력의 무지개'에서 은유화 되듯 정신적인 에너지와 파괴적인 힘이 함께 내포되어 있다. 이 같은 편집증의 이중성이 우주의 붕괴를 되돌려 놓는 순기능과 혼돈을 촉진하는 역기능을 동시에 수행하고 있는 것이다.

편집증은 핀천의 소설에서 중요한 논점인 엔트로피와 밀접한 관계를 맺고 있다. 일반적인 의미에서 엔트로피 개념은 물질과 에너지는 한 방향으로만 움직인다는 열역학 제2법칙이다. 이 원리는 우주의 모든 것이 사용 가능한 에너지로부터 사용 불가능한 에너지로, 질서에서 무질서로, 또는 희망에서 절망으로 향해 가는 우주의 사멸화 과정을 뜻하기도 한다. 엔트로피가 증가하여 극에 달한 경우는 에너지 분자들이 균일화 되고 동질화 되어 에너지의 흐름이 정지되어 버린 상태이므로 우주의 혼돈화가 가속화 되어 사멸화가 임박한 암울한 상태가 된다. 여기서 엔트로피는 편집증으로 인해 생겨나는 사회 혼돈의 메타포이다. 핀천이 엔트로피 이론을 그의 단편 「엔트로피」(*Entropy* 1960)를 시작으로 『브이』(*V.* 1963), 『49호 품목의 경매』(*The Crying of Lot 49* 1966), 『중력의 무지개』(*Gravity's Rainbow* 1973), 그리고 『바인랜드』(*Vineland* 1990) 등 그의 모든 작품에서 자주 언급하는 이유는 우주의 붕괴 과정을 패러디 하려는 의도이지 엔트로피 자체를 우주 종말의 근본 원인으로 보기 때문은 아니다.

편집증의 이치에서처럼 핀천이 바라보는 세계는 무질서에서 질서로, 질서에서 무질서로 이어지면서 엔트로피가 증가에서 감소하다, 또 다시 증가하는 순환을 거듭하는 세계이다.[24] 핀천 자신도 부정에서 긍정으로, 낙관론에서 비관론으로 변화하면서 현실세계의 실재 탐색을 계속 수행한다. 이렇게 핀천이 인간사회의 모순성에 대해 때로는 절망하지만 때로는 희망을 갖기도 하는 이유는 인간의 마음에 대한 이중적인 시각을 가지고 있기 때문이다.

핀천의 이 같은 인식의 일단은 푸코(Michel Foucault)와 데리다(Jacques Derrida)등 해체주의자들에 대한 양면적인 태도에서도 드러난다. 그의 견해가 해체론자들보다도 온건하고 신중한 점도 어떻게 보면, '인간의 마음'에 대한 기대와 불신의 이중시각 때문이다(Plater 3-4). 핀천의 입장에서 보면 역사의 불연속성, 광기, 억압요소 등을 진리로 받아들이는 푸코나 우주의 실체를 끝없는 언어의 유희로 파악하는 데리다의 견해 자체도 이데올로기적인 의미세계이다. 인과론자들이 주장하는 역사의 연속성 못지않게 탈인과론자들의 불연속성에 대한 견해도 독선적인 마음의 소산이다. 본질세계 또는 근원에 대한 기대가 전혀 없는 데리다의 시각과는 달리, 핀천은 근원에 대한 희망을 끝까지 포기하지 않는다. 그 이유는 그가 인간의 마음에 대한 근본적인 믿음을 버리지 않기 때문이다.

핀천이 사상이나 언어의 한계로 표현할 수 없는 불가해하게 존재하는 근원의 실체를 수긍하는 태도에는 서구 형이상학의 모순성에 대한 비판뿐만 아니라 희랍이나 중세시대에 대한 희구가 담겨 있다. 또한 그 근원 탐색은 신비주의나 초월주의의 방법보다 복잡한 현실세계 속에서 추구되므로 기계

---

24) 핀천은 자신의 역사관을 엔트로피 법칙과 맥스웰요정 이론으로 은유화 하기도 한다. 혼란의 절정상태인 엔트로피에서 맥스웰요정의 출현은 그 혼돈을 극복하는 역설현상을 일으킨다. 또한 그 반대 현상으로서 엔트로피 자체에 환류의 기능이, 그리고 맥스웰요정 자체에는 혼란의 속성이 내포되어 있다. 이 관계는 기술제일주의자들이 기계론적 패러다임에 집착하여 엔트로피를 초래하는 경우, 기계거부주의자들이 그 패러다임을 부정하여 엔트로피를 극복하게 되는 예로도 설명될 수 있다. 그러나 기술주의의 순기능이 엔트로피를 감소시킬 수 있고, 기계거부주의의 역기능이 엔트로피를 증가시킬 수 있어 혼란과 안정이 자체적으로 역설적인 상황을 거듭한다.

문명과 희랍정신의 조화로운 공존에 대한 염원의 성격도 띤다. 핀천은 희랍인들과 중세 기독교인들이 주장한 우주의 창조 주체로서의 신의 역할은 믿지 않으나 역사의 순환설과 종말론을 부분적으로 받아들인다. 이들이 역사를 질서에서 혼란으로 향해가는 붕괴의 과정으로 여기듯, 그는 우주가 질서와 무질서를 거듭하다 종말로 끝난다고 생각한다. 그가 바라보는 역사는 혼돈 속에서의 부단한 변화이며, 그 변화는 붕괴위기가 곧 새로운 시발점이고, 시작이 또한 파멸의 순간이 되는 역설적 상황 속에서 일어나는 한 과정이다. 그 역설적 상황의 근본 동인이 바로 편집증이다.

핀천은 편집증의 역사적 진원지를 퓨리터니즘에서 찾고 있다. 청교도 사회는 캘빈의 교리인 '선택설'(Unconditional Election)과 '예정설'(Predestination)을 근간으로 하여 하느님의 은총의 정도에 따라 선택된 자나 탈락자로 구분하였는데, 이러한 추상적인 분류로 인해 중용이 배제되는 양극성이 대두되었다. 자기네의 사회에 대한 회의에 기초한 퓨리턴 반사증은 퓨리턴들의 사회생활에 원초적인 정신력이 되기도 하였지만, 그것은 동시에 그들의 사회에 갈등을 가져왔다. 그 이후 서구사회는 이원적인 퓨리턴 심리를 바탕으로 하여 양극화 된 사회구조를 구축하고 '이것 아니면 저것'의 이분법 논리를 강요하였는데, 오늘날 산업주의자들의 지배문화의 배후를 추적하면 퓨리턴의 선택된 자들의 통제에 대한 망상이 숨어 있고, 반대로 탈산업주의자들의 주변문화의 뒤편을 살펴보면 퓨리턴 탈락자들의 저항의지가 자리잡고 있다는 것이다.

통제자들이 끝없는 질서추구에 집착하고, 반대로 저항자들이 그 질서의 부단한 거부에 빠져 자기네들만의 담론을 고수하므로, 현실세계는 거짓된 우상의 세계로 빠져든다. 그 우상의 세계는 편집증적 환상의 결과인 탓에 자기파괴의 모순을 지니기 마련이다. 숍(Thomas H. Schaub)은 현실사회의 무질서 현상이 병적인 편집증의 집착에서 비롯된다는 견해를 피력하면서 역사에 대한 인과론과 탈인과론에 대한 논의 자체도 과도한 편집증의 결과일 수 있다고 말한다(77). 숍은 편집증 자체를 최근의 무질서의 근본 요인으로 정의하는 헨드릭 헤르츠버그(Hendrik Herztberg)와 데이비드 맥클리랜드(David McClelland)의 견해를 소개하면서 그것이 서구인으로부터 '준 종교'로 신봉된 이후부터 인간세계에는 혼돈 현상이 더욱 심해졌다는 주장을 한다(90). 여기서 숍의 말은 서구인들이 편집증에 빠져 역사를 그들의 의도대로 조직화하고 체계화하는 과정에서 세계 전체가 타락되었다는 것이다.

따라서 통제자들이나 저항자들의 의미세계는 사실 그대로라기보다는 저마다의 자의성이 반영된 임의적 세계이다. 이러한 허상의 세계는 통제자들이 자신들의 망상에 빠질수록 저항자들은 이에 대응하는 강한 의미세계를 구축하게 되어 양자 사이에는 작용과 반작용의 역설적 상황만 거듭할 뿐 안정되고 균형적인 질서를 잡지 못한다. 이 말은 통제체제가 하나의 거짓된 제도를 조성한다면 저항체제도 거짓된 제도에 맞서기 위해 또 하나의 허구적 제도를 구축한다는 뜻이기도 하다. 이들이 구축하는 의미세계가 모두 허상일 가능성이 크므로 어느 편을 선택하든 허구를 피할 수 없다.

핀천은 이렇게 편집증적 망상으로 가득 찬 현실세계의 진정한 실체 파악을 위해 우화적인 태도를 취하면서 한편으로는 사실인 듯하고 다른 한편으로는 허구인 듯한 양자의 경계지점을 오간다. 핀천의 우화적인 입장은 현실세계의 의미체계들이 진실한 제도라기보다는 임의적인 열망에 불과하다는 의혹에서 출발하기 때문에 현실세계에 대한 패러디적 성격이 강하다. 이 같은 그의 자세 속에는 불확실한 인간조건이 조성하는 허다한 모순들을 비판한 후 이들을 수용하여 바람직한 대안을 마련하려는 의도가 담겨 있다.

그는 퓨리턴의 선택된 자들, 다국적 카르텔기업의 시장독점주의, 과학제

일주의 등에 의해 야기되는 지배문화의 억압과 그 뒤에 숨은 지식과 권력의 담합까지 우화의 대상으로 삼는다. 이 과정에서 한편으로는 중심문화의 합법성에 대한 의문을 제기하고 침묵당하고 억압받은 주변문화에 새로운 관심을 강조한다. 다른 한편으로는 퓨리턴 탈락자들이나 주변화 된 식민지들, 탈산업주의자들의 담론도 위선적이고 거짓일 수 있다는 점도 지적한다. 바로 여기에 우화적인 입장을 시종 견지하는 가운데 패러디 수법으로 모든 제도의 안과 밖의 실상을 빠짐없이 희화하는 핀천의 의도가 나타난다고 하겠다. 이같은 그의 현재세계의 패러디는 소설 속에 소설, 영화, 연극, 그리고 시를 삽입하는 기법, 즉 허구 속에 또 하나의 허구를 등장시키는 메타픽션의 기법을 통해 이루어진다.

그런데 핀천은 기존의 체제나 제도를 패러디 기법으로 희화하지만, 다른 한편으로 후기산업사회의 지배를 완전히 벗어날 수 없고 과학과 기술이 제공하는 삶의 효율성을 완전히 부정할 수 없다는 현실을 감안하여 두 의미세계의 조화의 가능성을 타진한다. 그는 통제체제와 저항체제의 반목을 극복하기 위한 대안으로 중용의 자세를 제시한다. 이러한 중용의 감성은 두 진영이 작용과 반작용의 역설적 상황을 되풀이 하는 동안 '경계면'(interface)과 '국부적 중간지대'(local enclave)에서 생겨난다. 이 지점은 창조적인 편집증의 경우에 생겨날 수 있다. 핀천의 세계에서는 인과론자들이 '접근'(지배와 억압)에 치우쳐 통제 편집증의 함정에, 그리고 탈인과론자들이 '피하기'(거부와 반항)에 집착하여 저항 편집증의 덫에 걸려 현실세계의 실체 파악에 어려움을 겪지만 창조 편집증자들이 취하는 '접근과 피하기'의 자세가 그나마 실체 탐색에 균형적이고 안정된 입장을 제공한다.

폴 드만(Paul de Man)이 『눈멂과 통찰력』(*Blindness and Insight*)에서 비평가란 '눈멂'(blindness)을 통해서 비로소 '통찰력'(insight)을 가질 수 있다고 말하

듯, 핀천의 '접근과 피하기'의 이중전략은 실재세계의 탐색에 적절한 태도일 수 있다. 마치 눈을 뜨고도 진실을 보지 못하던 에디퍼스가 눈멂을 통해 마음의 눈으로 진실을 보게 되기를 희망했듯, 핀천의 인물들의 탐색작업도 접근과 피하기가 병행되는 가운데 비로소 실재세계의 파악이 가능할 수 있다. 핀천의 이중전략은 눈멂 속에 통찰이 들어 있고 통찰 속에 눈멂이 들어 있다는 폴 드만의 견해에 비추어 볼 때 현실세계의 실체에 대한 회의와 가능성을 동시에 일깨워 준다. '접근과 피하기'는 끝도 없고 진전도 없는 시지프스의 진실 찾기 작업과도 같지만 이러한 이중전략이 후기산업사회에 고착된 극단주의적 대립의 벽을 넘어 진정한 실체 파악에 필요한 합당한 방법일 수 있기 때문이다.

그러나 현실세계의 담론을 지배하는 기계론적 패러다임이 바뀌지 않으면 우주의 사멸을 막을 수 없다는 핀천의 비관론에 입각하여 볼 때 이러한 시도는 엔트로피적 혼돈의 불안정한 지연이나 일시적인 미봉책에 불과하다. 헨리 아담스(Henry Adams)가 "자연의 혼돈적인 속성에 인간의 질서화의 꿈이 개입된 후 우주가 엔트로피 세계로 변했다"(451)고 말한 바 있듯, 자연에 대한 인간의 질서의 꿈이 지나쳐 생태계가 파괴되고 이로 인해 엔트로피가 발생하였다. 이 같은 인간의 이기적인 꿈이 바뀌지 않으면 우주의 사멸화는 불가피한 것이다. 인간이 오만과 독선으로 자연 생태계의 파괴 위에 문명의 세계를 건설하여 지금의 위기가 초래되었으므로 핀천은 자연의 질서화에 대한 이기적인 욕망을 버리고 인간세계와 자연이 공존할 수 있는 생태학적 세계를 우선적으로 검토해야 한다고 여긴다.

합리주의 시대 이전의 자연 생태계는 유기적인 공존관계에 의한 활기찬 생명력이 숨 쉬는 신비의 터전이었다. 생태계의 생물체 모두는 제각기 소중한 생명체를 지니고서 상호간에 유기적인 관계망을 이루면서 공생하였다. 그런데 산업지상주의자들이 자연 생태계에 적자생존의 윤리를 도입한 후부터 자연 생태계는 그 본래의 역할이 마비되고 존립기반을 잃게 되었던 것이다. 생태학적 세계관은 자연이 지닌 본래의 속성을 회복하고 이것을 인간세계에 적용하자는 주장이다. 이 세계관은 전체와 부분의 유기적인 조화를 중시하는 그리스식 접근방법으로서 우주를 불가사의한 신비성의 그물로 보려는 동양적 사고에다 합리주의의 순기능적 요소를 결합한 원리이다. 이 새로운 패러다임의 원리는 과학과 기술문명을 완전히 거부할 수 없는 현시점에서 기계문명이 지닌 순기능과 동양사상을 접목하면 희랍시대에서나 가능하였던 안과 밖, 표면과 이면이 조화되는 유기적인 세계의 건설이 가능하다는 것이다.

생태학적 세계관에 대한 핀천의 입장은 산업주의자들이 자연의 질서화에 대한 지나친 편집증에 사로잡혀 생태계를 파괴시켰으므로 이들이 지닌 이기적인 망상을 순화시킬 수 있는 제도적인 방안을 모색하자는 데 있다. 핀천은 자연 속에서 생물체 모두가 유기적인 공존 관계를 맺고 있듯, 대자연을 삶의 현실로 환원하여, 지배문화와 주변문화, 선택된 자와 탈락자, 제국주의자들과 주변화 된 식민지인들 모두가 생태계의 유기적 원리를 수용하면 서로 조화롭게 공존할 수 있다고 믿는다. 지금의 문명사회를 완전히 거부할 수 없는 상황에서 17세기 이전의 중세적 자연관을 살리면서 기계론적 세계관의 순기능을 수용한다면 생태학적 세계의 정착은 가능할 수 있다. 결과적으로 핀천은 독선과 망상으로 가득 찬 편집증에 의해 야기된 혼돈을 창조적이고 유기적인 마음으로 순화하여 바람직한 삶의 터전인 생태학적 상상력의 세계를 만들고 싶어하므로 지금은 '마음의 생태학'이 어느 때보다도 중요하다.

2 *

　어떻게 보면 인간의 삶은 질서와 무질서의 역설적인 상황의 연속일지 모른다. 인간 개개인이 활동하는 세계가 아무리 균형 잡힌 조화의 공간이라고 할지라도 어떤 편견이나 주의에 이끌리어 극단으로 치닫는 경우, 그 공간은 일순간 황폐한 혼돈의 세계로 변할 것이고, 역으로 타락과 퇴폐로 이어지는 물활성의 세계에도 구성원들이 올바른 인식의 전환을 이루어 내는 경우 그 세계는 언제든지 정돈된 질서를 회복할 수 있다. 바꾸어 말하면 인간 개개인이 안정된 질서 속에 살든 아니면 혼란된 무질서 속에 살든 고정된 편견에 사로잡혀 인식의 지평을 확장하지 못하는 경우 어느 누구든 엔트로피적 혼란을 면할 수 없다. 이런 점에서 편집증은 인간사회에 초래되는 엔트로피 현상에 밀접한 연관성을 맺고 있음을 알 수 있다.

　엔트로피는 닫힌 체제 내에서 어떤 움직임도 변화도 일어나지 않는 열사(heat-death)상태를 의미한다(Wiener 20-1).[25] 엔트로피가 극에 달한 상태에서는 어느 분자든지 동일한 열량을 가지고 온도의 차이가 없어 어떠한 운동도 일어날 수 없는 죽음의 상태가 된다. 엔트로피 이론은 현대사회의 암울한 상황을 반영하여 닫힌 사회의 무질서와 혼돈의 위험성을 경고하는 적절한 메타포이다. 그러나 엔트로피는 그 자체 내부 속에 에너지의 흐름이 환류될 수 있는 가능성을 지니고 있다. 정보이론에서 엔트로피가 높으면 그 만큼 많은 양의 정보를 보유하게 되므로 엔트로피의 증가로 인한 다량의 정보의 유입 자체에서 분류기능이 생겨날 수 있다. 엔트로피의 증가로 인한 혼돈의 와중

---

25) 에너지가 변형되는 과정에서 사용 가능한 에너지는 감소하고, 사용 불가능한 에너지가 생겨나는데, 엔트로피는 사용 불가능한 에너지의 양을 재는 단위를 의미한다. 에너지가 일정한 방향으로 이동하므로 결국 에너지의 흐름은 차이가 없어지고 동질화되어 열사에 가까운 열평형을 이루게 된다. 이는 엔트로피가 극에 달한 상태를 의미한다.

에 유입되는 다양한 정보에서 자체적으로 맥스웰 요정의 역할이 일어나므로 숍(Thomas H. Schaub)은 엔트로피 자체에 긍정적인 가능성이 내포되어 있음을 말한다(27-8).

맥스웰요정은 균등한 에너지의 평형 상태에서 엔트로피 과정을 역행시키는 분류 기능이다.[26] 엔트로피의 증가로 인해 온도가 균등하여 활동이 정지된 방 한 가운데 한 요정이 앉아 평균보다 빠른 속도의 분자는 왼쪽에서 오른쪽으로, 느린 속도의 분자는 오른쪽에서 왼쪽으로 보내면 균일화 된 방 안에 온도 차이가 생겨 엔트로피가 감소된다는 것이다. 그러나 저엔트로피는 곧 고엔트로피로 변한다. 일단 온도 차이가 생기면 엔트로피가 감소되어 엔진을 가동시켜 일을 할 수 있지만 엔진의 가동이 계속되면 온도가 균일화 되어 또 다시 엔트로피가 증가하게 되는 역설상황이 초래된다.

정보이론에서 엔트로피 속에 맥스웰요정의 분류 기능이 포함되어 있듯이 맥스웰요정 자체 속에 엔트로피의 무질서 기능이 내포되어 있다. 맥스웰요정이 정보의 전달과 분류를 하는 과정에서 정보가 변질되거나 소음의 침입으로 왜곡되고 소실될 수 있기 때문에 자체 내에서 엔트로피가 높아질 수 있다. 닫힌 사회 내에서 엔트로피가 증가하면 그것을 감소시키기 위해 더 많은 정보가 필요하고, 일시적으로 감소된 엔트로피도 그 과정에서 또 다시 더

---

26) 맥스웰요정(Maxwell's Demon)이라는 명칭은 윌리엄 톰슨(William Thomson)에 의해 붙여진 용어이다. 맥스웰은 엔트로피 이론에 최초로 도전한 스코틀랜드의 물리학자 제임스 맥스웰의 이름이다. 이 용어는 '맥스웰의 악마,' '맥스웰의 도깨비'로 번역되기도 하나 최근에 와서는 '맥스웰요정'이나 '맥스웰수호정령'으로 번역되고 있다. 엔트로피의 대립개념으로서 맥스웰요정은 온도의 차이가 생겨 에너지가 가동될 수 있는 상태를 유지하는 요인이다. 맥스웰요정은 완전히 고립되어 온도가 균등해진 방의 중간 문에 앉아 온도조절을 담당하는 분류자이다. 빠른 속도의 분자는 높은 온도를 가졌고, 느린 속도의 분자는 낮은 온도를 가졌으므로 이 요정이 벽의 문을 개폐하면서 온도를 조절하여 열 평형상태의 열사상태를 막을 수 있다. 그러나 앵그리스트(S. Angrist)와 헬퍼(Helper)는 맥스웰요정의 세계에 많은 오류가 내포되어 있음을 지적한다. 이들은 맥스웰요정이 균등한 온도의 고립된 방을 동시에 주시 하더라도 빛의 균등 때문에 발산된 열과 요동만을 느낄 수 있을 뿐 결코 분자를 볼 수 없으므로 엔트로피를 감소시킬 수 없다는 주장을 한다.

격리되어 밀봉된 채, 그곳은 날씨나 국가정책이나 시민의 무질서 등의 변덕스런 움직임들에도 영향받지 않는 도시의 혼돈 속에 자리잡고 있는 균형잡힌 작은 요새였다. 시행착오를 거치면서 캘리스토는 그 소녀의 도움을 받아 예술적인 조화, 즉 생태학적 균형을 이루어 내었고, 그 결과 식물의 움직임이나 새들과 그곳 주민들의 활동들은 완벽하게 작동되는 모바일의 리듬처럼 모두 완전하였다. 그와 그 소녀는 물론 더 이상 그 성역으로부터 추방될 수 없었고, 그리고 그들은 통합에 필요한 구성원이 되었다. 그들이 외부로부터 필요로 한 것이 조달되었다. 그들은 밖으로 나오지 않았다. (*SL* 79-80)

미트볼의 혼란스런 룸과는 달리, 캘리스토의 아파트는 노버트 위너(Norbert Wiener)가 말하는 소위 균형 잡힌 '요새'(enclave)와 같은 장소로서 조화를 이루어 낼 수 있는 생태학적인 균형의 세계이다. 다시 말해서, 마치 치외법권 지역과 같은 성역으로서 이 지점은 의식의 균형이 유지될 때 일시적으로 성립되어 안과 밖이 조화되는 경계면의 공간이다. 하지만 캘리스토가 조성하는 질서도 지나친 편집증이 작용하지 않고 일정한 시간 내에 창조적인 인식에 의해 적절히 변화되는 경우 조화로운 세계로서의 지속이 가능하지만 그렇지 못할 경우 사멸은 불가피하다. 캘리스토가 다른 가능성을 전혀 고려하지 않은 채 편향된 독선에 이끌려 자신의 아파트를 완벽한 요새의 생태계로 만들려고 고집한다면 그의 인식세계는 사멸을 면할 수 없다.

사실, 캘리스토의 온실의 위기는 지난 3일 동안 변덕스런 날씨에도 불구하고 온도가 화씨 37도에서 변하지 않자, 그가 이것을 지구 종말의 계시로 받아들이고 죽어가는 새의 운명과 연결하는 데서 시작된다. 변화지 않는 온도와 죽어가는 새는 곧 열사의 징표일지 모른다는 두려움 속에서 캘리스토는 자신의 체온을 새에게 전달시켜 그 새를 살려내려 함으로써 열사상태를 극복하려 한다. 그러나 모든 것이 동질화되어 있는 열사상태에서는 어떠한 열의 전이도 일어나지 않으므로 그의 온실 온도는 균일한 상태에 머물게 되고, 새의 박동은 점점 약해져 간다. 어떤 치외법권 지대도 인식의 균형이 이루어지지 않을 경우 궁극적으로 사멸의 과정을 극복할 수 없듯, 캘리스토의 아파트도 질서에 대한 지나친 집착 때문에 오히려 무질서를 앞당기고 있다. 캘리스토 자신의 노력에도 불구하고 그 새가 죽어 버리는 것은 열의 전도가 없는 온실 속에서 온도가 균일화되는 엔트로피적 속성 때문이다.

반면 미트볼의 경우 파티 참석자 대부분이, 아내와 다툰 이유를 전혀 이해하지 못하는 소울(Saul)처럼, 이들이 나중의 싸움판에서 의사소통에 실패하게 되고 당분간 무질서 상황은 더 가속화 된다. 그러나 손님들이 들어올 수 있도록 문을 개방하고 대화의 가능성을 열어 두었기 때문에 그 아파트는 혼돈을 모면할 수 있다. 미트볼의 파티에 참석한 사중창단 듀크 디 안젤리스(Duke di Angelis)는 소음이 메시지 전달을 방해한다는 사실을 인식하고 악기를 사용하지 않는 상태에서 정신적 차원의 교류로 합주를 하려고 시도한다. 이러한 합주 방식은 소음의 침입을 받지 않으면서도 더 많은 사람에게 참여의 기회를 제공할 수 있다는 점에서 긍정적이다. 결국은 미트볼의 아파트의 무질서 정돈 기회는 미트볼의 인식전환을 통해 찾아온다. 미트볼은 싸움이 벌어진 난장판 속에서, 옷장으로 들어가 잠자는 소극적인 방안과, 싸움판을 정리해 보려는 적극적인 생각 사이에서 고민하다 결국 후자를 선택하는데, 이것은 미트볼의 아파트에 질서가 회복될 수 있는 계기가 될 수 있다. 자신의 편집증에 집착했던 미트볼이지만 그는 다른 대안을 고려하는 마음의 여유를 유연하게 가졌고, 그리하여 그의 무질서의 세계를 질서의 세계로 반전시킬 수가 있다.

이제는 그동안 사멸화 되어간 캘리스토의 세계에도 질서가 회복되는 역설적 상황이 일어난다. 외부와 차단된 채 균일한 온도로 죽어가는 새를 살리려는 캘리스토의 의도가 절망적인 상황으로 빠져들 때 그의 애인 오베이드는 혼신의 힘을 다하여 환류를 모색하게 되는데, 캘리스토의 사멸의 위기 극복은 오베이드의 인식의 전환 때문에 비롯된 것이다. 그녀가 캘리스토의 망상을 지켜보는 과정에서 폐쇄적이고 인위적인 질서는 극심한 혼돈만큼이나 사멸의 요인이 될 수 있음을 깨닫고 현재 자신들을 외부와 차단시키고 있는 유리 창문을 깨고 내부와 외부 간에 온도의 교류를 시도한 것이다.

미트볼이 자신의 룸을 정리하여 안정을 되찾고 오베이드가 밀실의 창문을 깨고 무질서를 질서로 반전시키는 극적인 순간은 두 세계의 경계면에서 가능하다(Mackey 39). 핀천의 입장에서 볼 때, 이 경계면은 상반되는 두 세계가 창조적이고 유기적인 인식을 하면서 다른 견해를 받아들이는 수용력을 갖게 되어 자신들의 혼란된 상황을 극복할 수 있는 공존의 세계이다. 미트볼이나 오베이드의 행위가 자기와 다른 세계를 받아들이는 폭넓은 인식의 확장을 이 경계면에서 이루게 되고, 그 경계면이 확장될 때 폐쇄된 세계는 다양하고 유기적인 세계로 열릴 수가 있다. 토니 태너는 캘리스토와 미트볼의 아파트가 설정하는 상이한 두 세계관을 다음과 같이 말한다.

특수한 상황에서 적극적으로 최선을 다하는 실용인의, 그리고 우주의 진행과정을 수동적으로나마 주도하려는 이론가의, 복합 이미지에서, 핀천은 내부에서 소란스런 혼돈을 완화시키려는 활동이나 외부에서 패턴을 구축하여 그 혼돈을 설명하려는 대안적인 인간의 포괄적인 모습을 제시한다. 인간은 바로 2층집과 같은 의식의 소유자이며, 그 부서진 창문과 캘리스토의 마비증세의 형상화에서 핀천은 패턴을 조성하거나 음모를 꾸미는 잠재적인 모든 위험성을 고려한다. 캘리스토는 그 새를 살릴 수 없다―그는 활용 가능한 에너지가 고갈될 때를 예상하면서, 자신의 체온을 새에게 전달하려 하지만 불가능하다. (*City of Words* 155)

핀천의 모든 소설 저변에 흐르는 그의 세계관의 기본적인 원형이 여기에 드러난다. 작가는 관념적이고 추상적인 사고를 통해 통합을 이루려는 캘리스토의 획일화 된 의식보다는 혼란 속에서도 대안을 마련하려는 미트볼과 오베이드의 적극적인 열린 인식이 중요하다고 여기고 있다. 닫힌 세계에서는 소속원들 각자의 적극적인 환류(feed-back) 노력이 일시적이나마 열사상태에 가까운 엔트로피를 극복할 수 있는 유일한 대안이 된다. 이들의 환류 노력은 현 시점에서 과거의 경험에 입각하여 미래의 대응방안을 모색하는 능력인 까닭에 엔트로피에 대항할 수 있는 항엔트로피적인 대안이 된다.

그러나 핀천의 기본적인 인식은 비관적인 절망을 깔고 있다. 이 단편의 에피그래프에서 언급한 암울한 세계ー"날씨는 계속 나쁘고, 변화의 기미는 없고, 우리는 탈출구 없이 죽음의 감옥으로 일렬종대로 걸어가고 있음에 틀림없다"(*SL* 77)ー에서 암시하듯, 현재세계의 쇠퇴와 종말의 과정은 피할 수 없다는 것이다. 이 단편의 작중 화자가 우주의 행로를 "차등으로부터 균일화로, 질서 있는 개성으로부터 혼돈으로 가는 경향"(*SL* 84)으로 말하듯, 현재세계는 엔트로피가 극대화 되어 열전도가 전혀 없는 혼돈의 세계라는 점을 부인할 수 없다. 미트볼이 파티의 난장판을 수습하고 오베이드가 맨 주먹으로 유리창을 깨는 행위로서는 그들의 아파트에 끊임없이 밀려드는 엔트로피의 과정을 궁극적으로 막아낼 수 없다는 이치와 흡사하다. 그것은 단지 열사상태의 사멸을 지연시키는 하나의 방법일 뿐이다. 지금의 세계는 표면적으로 생물과 무생물, 그리고 개체들 간의 소위 구분이나 경계의 영역이 불투명해지고 있는 다원화된 세계이지만, 그 이면에는 통제 편집증자들과 저항 편집증자들이 조성하는 이원적인 대립과 갈등의 체제가 긴장을 이루고 있는 세계이다. 핀천이 취하는 일차적인 의도는 통제체제와 저항체제의 대립구도에서 비롯된 배제된 중간지대를 복원하여 진실한 실체를 탐색하려는 작업이다.

배제된 중간지대의 복원작업은 통제체제나 저항체제의 의미세계들이 그동안 지나친 편집증에 의해 주변화 시킨 요소들을 수용하여 바람직한 방향에서 현실세계의 실체를 사실 그대로 파악하려는 중용의 자세이다. 그런데 그의 중용의식은 다양성과 불확실성을 무조건 수용하려는 것이 아니다. 핀천의 기본적인 시각은 후기산업사회가 조성하는 자연적, 우연적 및 인위적 사고들에 의해 야기되는 복합적인 상황을 다양한 인식론적인 자세로 대처하여 가능한 범위 내에서 바람직한 중간점을 모색하려는 것이다.

3[*]

핀천은 자연을 질서화 하려는 인간의 지나친 편집증적 꿈을 적절히 창조적인 편집증으로 조정한다면 생태권의 조화의 가능성은 있다고 본다. 생태학적 세계는 중심문화와 주변문화, 지배체제와 저항체제, 산업주의와 탈산업주의, 기계주의와 기계파괴주의, 과학과 신비성이 지닌 순기능들을 모두 수용할 수 있는 새로운 세계관의 모형을 창조할 수 있기 때문이다. 인간 개개인들이 하나의 유기체인 자연 환경을 인간만이 독점할 수 있다는 오만과 탐욕에 빠져 오늘날의 생태적 위기가 초래되고 있다는 점에서 핀천의 생태학적 상상력의 출발점은 우리 인간들이 오랜 세월동안 생태계의 파괴와 희생 위에 기술과 과학문명의 세계를 건설하였다는 데서 시작한다. 그는 현재세계의 엔트로피적인 위기의 원인이 생태계의 터전인 자연의 질서화에 대한 인간의 지나친 편집증에서 비롯된다고 진단한다. 이런 까닭에 그는 인간이 자연계를 떠나서 살 수 없는 존재들이라는 깊은 생태학적 자각 하에서 자연의 질서화에 대한 인간의 꿈 자체를 재점검한다.

생태계의 파괴는 인간의 생명체 전부를 부정하는 묵시록적 혼란을 초래하므로 우리 사회의 엔트로피 위기에 대한 각성은 곧 생태계의 중요성에 대한 자각과 연결된다. 핀천은 생태학에 대한 관심을 자연 환경에 국한시키지 않고 인간을 포함한 생물권 전체의 영역으로 확장하여 이를 정치, 경제, 사회구조 전반에 걸쳐 종합적으로 검토하면서 인간의 도덕적 인식체계도 이에 비추어 재점검한다. 윌리엄 슬로슬롭이 작사한 찬송가 귀절 "산마다 얼굴이 있고 / 돌마다 영혼이 깃들어 있네"와 타이론 슬로슬롭이 자신을 자연의 일부로 여기며 "나무도 개별적인 생활을 하고 있으며 하나의 생명체이다"라고 말한 것처럼 핀천에게는 자연 생태계의 생물권 전체가 활기찬 생명력과 신비로운 외경의 대상이자 공존의 세계이지 결코 지배와 피지배, 억압과 종속이라는 불합리한 계급 관계의 체계가 아니다. 따라서 그에게는 서구 제국주의자의 삶의 영역 못지않게 헤레로족이나 몰타족, 키르기즈 부족민과 도도새 등 주변화 된 타자의 가치체계가 신비와 외경의 대상이면서 상호 공존의 파트너이지 종속적인 억압관계에 있는 존재가 아니다.

지배문화와 주변문화, 선택된 자와 탈락자 등 모두가 생물권 전체의 영역에서 볼 때 그들 나름대로 삶의 근거를 지니고 있으므로 핀천은 어느 하나의 개체에 대해 지배와 피지배의 종속관계가 성립될 수 없다는 입장을 취한다. 이점은 기계주의와 이성중심주의에 의해 그 존립 기반을 빼앗겨 버린 자연이 지닌 신비성적 요소도 모두 그 나름의 역할과 가치를 지니고 있어 어느 하나 무시할 수 없다는 뜻이다. 생물권 전체에서 볼 때 자연 생태계의 생물체 모두가 한결같이 소중한 유기적인 생명 체계를 지니고 있다는 견해이기도 하다. 서구 제국주의자들이 몰타나 헤레로족이나 중앙아시아의 키르기즈 부족과 도도새 등 주변화 된 타자를 식민지화 하여 지배하고 억압하거나 멸종시키려는 과정에서 인간세계는 묵시록적인 혼돈의 풍조가 만연하게 되었다. 특히 현실세계의 묵시록적 현상은 과학주의론자들이 자연의 신비적인 속성을 무시하고 기계론적 세계에 편집증적으로 집착한 후부터 현실세계의 생물권 전체가 지배와 피지배라는 종속적이고 억압적인 적자생존 관계로 뒤바뀌면서 생태학적 균형의 틀이 깨어졌기 때문에 비롯되었다는 것이다.

그동안 핀천은 주체와 타자, 지배문화와 주변문화의 상호 관계성의 진정한 이해를 위해 민속의식이나 도도새의 소리 등 주변화 된 문화에 대해 새로운 관심을 보여 왔다. 그는 지금까지 소외되고 배제되어 온 주변적 내러티브 속에는 공식적으로 기록화 되어 전해져 내려오는 중심문화 못지않게 생동적이고 유기적인 메시지가 담겨 있다고 여기고 있다. 그는 생태적 삶의 조화와 균형은 주체와 타자, 지배문화와 주변문화, 선택된 자와 탈락자, 중심과 주변의 진정한 상호 유대적인 긴밀한 공존의식의 회복에서 비롯된다고 생각한다. 서구 제국주의 역사를 추적해 보면 오늘날 인류문명의 위기를 초래한 지배문화의 인종적, 문화적 우월감과 타자 무시와 억압과 착취의 역사가 드러나므로 이제 이들 주변화 된 목소리의 새로운 인식 없이는 생태학적 조화가 불가능하다는 것이다. 이 같은 생태학의 중요성의 한 예시를 우리는 핀천의 소설 『중력의 무지개』에서 프란즈와 도도새 사이에 일어나는 지배자와 피지배자, 가해자와 피해자 등의 관계에서 살펴 볼 수 있다.

『중력의 무지개』의 화란출신의 사냥꾼 제국주의자 프란즈에게는 도도새가 너무나 사소한 생물종으로 비춰져 자신이 지금까지 접촉하거나 경험한 신의 피조물의 일부로 여겨지지 않을 정도이다. 프란즈가 자연과의 유기적인 생태의식에 의해 도도새가 이루고 있는 지배와 억압의 종속관계를 공존의 관계로 환원시킬 수 있음에도 불구하고 그는 자신의 제국주의적인 의식의 관점에서 도도새를 지배하려 한다. 프란즈의 의식 속에는 기존의 정해진 의식 패턴에 따라 주변화 된 타자인 도도새를 영원히 지배하려는 제국주의자의 식민주의의 행동 양식이 그대로 묻어 있다. 그러나 제국주의적인 의식의 차원에서의 지배행위는 도도새에게는 피조물의 완전한 파멸과 죽음의 의미로 통한다. 달리 말하면 이들의 지배와 억압 관계는 서구 제국주의의 지배 논리에 바탕을 둔 후기상업자본주의의 주체와 타자의 종속관계와 연관된다.

서구 제국주의자들은 자신들의 지배체제의 틀 속에서 자신들의 언어문법을 구사하거나 의미체계를 행하는 자와 그렇지 않은 자를 주체와 타자로 구분하여 그 주체의 사고와 통제 영역 반대편에 서 있는 타자의 사고와 의식을 억압하여 왔다. 이들은 자신들의 담론체제에 따라서 자신들의 이익과 반대편에 서 있는 타자를 억압하는 의미체계를 구축하여 주변화 된 타자를 식민지화 하여 지배하고 활용한 후 용도 폐기하여 왔다. 제국주의적인 관점에서 도도새의 생사를 결정하려는 의지만 강한 나머지 프란즈는 결코 주체가 타자를 파괴하거나 고립시킬 때 주체 자체도 미래의 희생과 고립의 대상자가 될 수 있다는 사실을 인식하지 못하고 있다.

어떻게 보면 머뉴리시어스의 외딴 섬에 평화롭게 서생하고 있는 도도새는 그들 나름대로의 의사소통의 적절한 생태체계를 지니고 있기에 결코 멸종될 수 없다. 프란즈와 도도새가 현재 개별적으로는 종속적인 관계로 대립되어 있지만 그들은 과거에는 조상들 간의 유기적인 관계망에 의해 도도새와 보이지 않는 공생관계를 맺고 있었는지 모른다. 프란즈와 도도새는 지구 생태계의 단일한 체제의 분리할 수 없는 통일체의 부분을 이룰 수 있는 것이다. 이런 까닭에 한쪽의 파괴는 전체와 조화와 균형을 깰 수 있는 것이다. 인간과 생물의 연결 고리를 끊는 결과를 초래하기에 궁극적으로는 프란즈의 도도새 사냥 행위는 신의 뜻을 어기는 결과를 가져올 것이다.

사실 프란즈가 도도새를 향해 총을 겨눌 때 자신이 해독할 수 없는 도도새가 지르는 소리로 인해 괴로움을 당한다. 친숙하면서도 익숙하지 않은 유령 같은 도도새의 목소리가 화란어와 흡사하게 들리지만 프란즈는 도도새가 전혀 언어를 구사하지 못한다는 고정된 인식에 사로잡혀 극도의 혼란을 느끼게 된다. 잠시 프란즈는 자신이 도도새를 향해 겨누고 있는 총을 축으로 자기 자신과 도도새 사이에는 지배와 피지배 관계 이상의 묘한 관계가 있음을 감지하고 자기 자신과 도도새 사이의 관계를 단절하기 전에 그들 사이의 기존 인식체계를 파악할 여유를 갖는다. 이 순간은 프란즈가 도도새와 같은 생물종이 멸종되지 않고 생명력을 이어가는 이유와 생태계의 일원으로서의 도도새의 생존의 근거를 다시 한 번 생각할 기회인 것이다. 하지만 이전과 마찬가지로 프란즈는 도도새의 목소리가 전하는 상호 공존의 긍정적 메시지를 자신이 설정한 이데올로기적 맹목성 때문에 임의적이고 자의적으로 왜곡한다. 프란즈의 제국주의적인 의식이 반생태학적인 지배 이데올로기의 파괴적인 욕망에 물들어 있는 까닭에 도도새의 목소리는 초자연적인 위협으로 느껴져 그에게 심리적인 두려움을 초래하고 있는 것이다. 프란즈는 도도새의 목소리의 의미를 제대로 인식하지 못한 채 반생태주의자인 지배자가 피지배자를 억압할 때마다 느끼는 것과 같은 심리적 공포에 휩싸이고 있다. 프란즈의 이러한 해석은 개인의 인식 잘못 이상의 그 무엇이 담겨 있다는 느낌을 준다. 프란즈는 그 자신이 스스로 제국주의에 토대를 둔 정치, 경제, 종교적인 의미체계의 담론에 마비되어 도도새의 목소리를 자신의 신변을 위협하는 목소리로 해석하고 있는 것이다. 그가 도도새의 목소리의 의미를 주체와 타자라는 기존의 왜곡되고 화석화 된 이데올로기적 사고구조에 의해서 편의대로 해석하는 까닭에 생태학적인 인식의 전환이 차단되고 있다.

이와 관련하여 파울러(Douglas Fowler)는 프란즈의 태도에 제국주의자의 악의적인 공격본능의 실상이 드러난다고 말한다(9). 프란즈가 그 목소리를 초자연적인 음모의 속성으로 파악하는 태도는 생태계의 상호 공존의 유기적 관계를 원천적으로 부정하는 서구 제국주의의 지배 이데올로기의 담론체제에서 비롯되고 있다. 그의 생태학적 상호 관계성에 대한 인식 실패는 왜곡되고 인습화 된 제국주의적 지배 이데올로기에 비롯된 것이라 하겠다. 프란즈가 도도새의 메시지를 이해하지 못한 데에는 그의 타자에 대한 본능적 애정의 결핍보다는 그가 획일적이고 동질적인 이분법적 이데올로기에 의해 마비되어 있기 때문이다. 사실 도도새의 목소리는 한편으로는 생태학적 공존의 메시지이면서도 다른 한편으로는 타자를 파괴할 때 멀지않아 겪게 될 주체 자신의 죽음에 대한 경고이다. 이는 생태계의 상호 공존의 틀을 파괴하는 반생태주의자가 후에 미래의 피해자이자 스스로 파멸에 직면한다는 경고의 의미를 담고 있다. 주체의 욕망은 생태계가 지닌 끊임없는 생성과 소멸의 순환구조에서 벗어날 수 없으므로 지금의 주체는 미래에 필연적으로 소멸의 고통을 겪지 않을 수 없기 때문이다.

4.

핀천은 현재세계를 긍정도 부정도, 낙관도 비관도 하지 않는다. 핀천이 역사의 왜곡에 대한 폭로와 비난이 그의 소설에 한 줄기를 이루고 있으므로 과거를 지나치게 탐색한 작가로 비난받기도 하였다. 그런데 오히려 그의 이 같은 자세는 부조리하고 혼돈적인 현재의 무질서 현상을 과거의 탐색을 통해서 재조명하여 역사에 대한 새로운 인식의 계기를 마련해 주고 있다. 혼란스럽고 부조리한 현재를 극복해 나가는 방법들 중 하나가 지난 과거를 되돌아보면서 현재에 처한 불확실한 정체성을 재정립할 수 있는 기회를 제공해 줄 수 있기 때문이다. 핀천은 역사란 고정화된 개념이 아니라 시대의 가치기준에 따라 끊임없이 재해석되고 재창조될 수 있는 변화의 대상으로 생각한다. 그는 역사가 유동성 없이 고정될 경우 우리 인간은 생명이 없는 무생물과 다름없는 존재가 된다고 여긴다. 그리하여 그는 획일화 되고 닫힌 인식을 경계하고 다양하게 열려있는 시각을 중시하고 있다.

그런데 핀천은 현재의 이성중심주의적 패러다임으로는 지금까지 배제된 타자를 수용하는데 근본적인 한계가 있다고 여긴다. 소수 엘리트를 중심으로 움직였던 지배문화와, 소외된 다수가 중심이 된 주변문화가 깊게 대립되어 있어 기존의 패러다임으로는 공존이 어렵다고 그는 판단한다. 그리하여 핀천은 서구 형이상학이 구축하는 기계적 세계관의 패러다임에서 한 차원 뛰어넘어 고대나 중세의 세계관과 현대의 기계적 세계관을 조화시키는 생태학적 세계관을 제시하고 있다. 자연의 혼돈적 속성을 질서화 하려는 인간의 꿈이 개입된 후부터 현실세계의 사멸화가 가속화 된 만큼, 핀천은 자연의 혼돈적 속성과 인간의 질서화의 꿈이 함께 공생, 공존하는 조화의 세계를 건설하려는 비전을 제시하고 있다.

핀천은 현재의 엔트로피적 세계관의 극복 대안으로 민속의식을 내세우고 있다. 민속의식에는 실용적이고 효율적인 요소가 결여되어 있지만 사고와 행동이 일치하고, 부분과 전체가 조화되므로 강한 결속력이 구축될 수 있다는 것이다. 또한 이 의식에는 전체주의적 집단농장이나 다국적 자본주의 체제와는 달리, 공동체의 모든 구성원들이 창조적인 생산과정에 함께 참여하는 공유된 의식이 깃들어 있다는 것이다. 핀천은 그 공유의식 속에 표면적으로는 정적이지만 그 이면에는 동적인 속성이 내재되어 있다고 믿는다. 민속공동체는 그 규모와 크기가 소규모이지만 구성원 간의 진정한 교감이 이루어지므로 상호 공존성의 관계정립이 확고하다는 것이다. 사실 제국주의자에게는 주변화 된 타자의 갈등과 이질화가 그들의 통제와 지배에 용이하므로 민족공동체를 통한 타자의 결속은 통제와 지배 자체에 장애물이 아닐 수 없다. 또한 제국주의자가 행하는 교조적 도그마의 지속적인 유지는 민속의식이나 토착민의 기억을 지우고 전통을 말살하지 않고서는 불가능하다. 그러나 민속의식은 그것이 기록되지 않는다 하더라도 그것을 공유하는 사람의 의식 속에 깊이 젖어 있으므로 아무리 지우려 해도 말살되지 않는다.

이 같은 민속의식의 유기적 결속력은 헤레로족 출신의 '백색재앙단'의 '회사' 소속원과 키르기즈 부족민의 의식 속에서 찾아볼 수 있다. '회사'의 소속원 중 프란즈 페클어를 중심으로 로켓을 제조하는 과정에서 피네문데의 헤레로족 출신 엔지니어들은 겉으로는 제각기 고립된 개개인으로 머물면서 약한 결속력을 보이지만 '회사'에서 공식적인 임무가 끝나면 그들의 공동체에 돌아가 창조적 에너지를 충원한다. 이들은 과거의 회상에 젖어 수도원에서 기도를 올리면서 그들의 고향인 헤레로지역으로의 회귀를 꿈꾼다. 이들에게서 민속의식은 '백색재앙단'이라는 거대한 관료조직이 획일적으로 통제하려 하지만 지배가 불가능할 정도로 철두철미하게 그들의 삶에 스며들어 흔들리지 않고 있다. 파이레잇 프렌티스와 그의 친구들도 매일 함께 모여 민속의식을 철저히 실천한 결과 상호 간에 유기적 인간관계나 식욕증진과 건강한 영혼을 유지하게 되고 심지어 문밖에 머물고 있는 죽음의 공포를 어느 정도 극복할 수 있는 힘을 얻는다.

그리고 베스테이 칫처린이 터키 언어를 보급하기 위해 여행한 중앙아시아 대초원 지대에서 만난 키르기즈 부족민들은 언어도 구사하지 못하고 문자도 없는 문맹인이지만 고유한 기호체계에 의해 자신들의 의식을 공유하고 있는 사실이 드러난다. 이방인 칫처린은 키르기즈 부족민들의 생활을 관찰해오면서 그들의 의식을 모두 기록하지만 그들의 민속노래에서 이해할 수 없는 묘한 순간을 경험한다. 칫처린은 이들이 부르는 서정시적 노래에서 기록과 표현의 한계를 넘어선 그들 고유의 정서가 내포된 삶의 결속적인 의미가 담겨있음을 느낀다. 칫처린은 이들이 그 노래를 부르는 순간 그 노래는 표현의 수단을 초월하여 이 노래 속에 자신들의 부족민들의 현재 속에 과거성, 공동체의 결속력, 그들의 자의식과 삶의 태도가 불가해하게 얽혀 있음을 느끼게 된다. 그 부족민들 중 젊은 남녀가 타악기의 리듬에 맞추어 즉흥적으로 노래하면서 분위기가 점점 무르익자 나머지 부족민들이 모두 가세하여 의식을 함께 공유하고 있는 것이다. 다음에는 이들 중 한 노래꾼이 자신의 돔브라를 켜기 시작할 때 그들의 격렬한 광란은 일시에 가라앉고 안정된 분위기를 회복한다. 그 민속 게임에는 쾌락 충족의 놀이정신이 시종 유지되는 가운데서도 그들 부족민의 의식의 결속과 단합을 가져오는 기호체계가 담겨 있음을 알 수 있다.

핀천은 생태주의의 복원에 신비주의의 중요성을 강조한다. 그는 근원적 실체에 대한 본능적 열망을 고려하여 자연 속의 주술과 마성적 속성을 영혼이 상실된 현재세계를 새롭게 재생시킬 수 있는 치료책으로 여기고 있다. 그러나 핀천은 인간의 삶에 있어서 신비주의가 성찬 의식처럼 타성화 되고 인습화 되는 경우를 경계한다. 지금까지 자연 속의 주술과 마성적 속성은 샤머니즘이나 토테미즘이나 중세의 종교의식이 단순히 세속화 된 우상물로 변모되어 신비화 된 본래적 속성을 잃고, 인습화 된 숭배물로 변질되었다는 것이다. 하지만 자연 속의 신비주의가 본래의 의미를 되찾을 때 이는 엔트로피적 세계의 재생을 위한 대안이 될 수 있다고 핀천은 생각한다.

사실 『중력의 무지개』에서 '백색 재앙단'의 조직인 '회사'에 의해 통제 당하는 슬로슬롭이 마침내 마법에 심취할 때 자신을 통제하는 조직의 손아귀로부터 벗어날 수 있었다. '회사'의 조종에 의해 정신분열 양상을 겪을 때 슬로슬롭은 자연이 암시하는 마법성적 징조들이 자신의 운명에 중요하다고 여기면서 자연세계에 거주하는 심령과 조화체제를 구축하고 싶어한다. 그의 마성적 속성의 복원노력이 성공하고 있는 지 아니면 실패하는 지를 파악하기 어렵지만 슬로슬롭이 자연의 마법과 주술적 속성에 심취할 때 정신분열증의 회복세가 뚜렷하였다.

그런데 핀천은 현재세계의 엔트로피적 위기의 극복을 위해 민속의식이나 신비주의와 기계파괴를 내세우고 과학의 폐해성을 강력히 경고하지만 동시에 그는 후기산업화시대에서 과학과 기술을 완전 폐기할 수 없다는 현실적인 인식을 한다. 그는 과학지상주의와 기술제일주의가 현재의 엔트로피적 혼돈의 위기를 초래한 요인이지만 그것이 그동안 제공한 삶의 편의와 효율성적 측면의 순기능 또한 부정할 수 없으므로 이 순기능을 점진적으로 합리적인 방법으로 활용할 수 있다고 생각한다. 베버는 과학의 효율적인 발전 기능과 관련된 순기능과 인간적인 삶의 저해요인과 같은 역기능 사이의 긴장성을 강조하고 있다. 핀천도 과학에 대한 베버의 양면적 인식을 수용한다. 이러한 핀천의 모호한 태도는 그의 생태학적 세계관과 모순된다는 비판을 받을 수 있다. 핀천이 작품세계에서 페티시즘화나 물체화 현상을 그려내고 있지만 이러한 파편화 속성은 과학의 발전이 지나치게 삶을 통제하고 분류하고 차별화 하는데 따른 항변 차원이지 결코 과학이 갖는 삶의 편의적 효율성을 전혀 무시하는 것은 아니다.

현재 후기산업사회의 도시환경과 유기적 관계를 맺고 있는 생활양식이 바로 우리의 삶과 현실에 대한 단초가 된 지 오래이기에 우리는 후기산업사회의 소비주의를 움직일 수 없는 하나의 현실로 수용하지 않을 수 없다. 따라서 핀천은 기계론적 세계관을 완전히 폐기할 수 없고 지배체제와 중심문화의 현재의 힘을 무시할 수 없는 상황에서 기계적 세계관의 성격에 중세적 자연관을, 중심문화에 민속의식이나 풍습 등의 주변문화를, 서구 제국주의 지배체제에 다른 주변화된 목소리들을 조화시키고 접합시켜 점진적으로 현재의 엔트로피적 위기를 극복하는 방법을 모색하려 한다. 그는 17세기 이전의 과학의 목표가 자연과 더불어 조화를 이루고 살면서 자연의 질서를 이해할 수 있는 지혜를 얻는 것이었으므로 17세기 자연관을 십분 살리고 기계적 세계관의 순기능과 우주의 개연성의 요인들을 두루 수용하면 상보적인 조화의 세계가 가능하다고 믿는다.

핀천의 의도는 현재세계를 『중력의 무지개』에 등장하는 츠벨크핀더 오락공원과 같은 세계를 만들어 보자는 데 있다. 이 공원은 어린이와 부모들을 전쟁의 혼란으로부터 보호하기 위해 건설한 '치외법권 지역'이다. 이곳은 기술주의와 산업주의가 유발할 수 있는 위험성으로부터의 안전을 보장할 수 있는 저당 담보물과 같은 역할을 한다. 또한 이곳은 산업화에 따른 비인간화와 물체화의 속성을 치유하기 위한 목적으로 산업현장 근무자들에게 잠깐 동안의 방문과 체류를 권유하는 지역이기도 하다. 이들 산업현장 근로자들은 민속의식과 자연의식의 재충전을 통해 기술지상주의에 따른 삶의 편의와 효율성이 초래하기 쉬운 몰개성적 속성을 치유할 수 있다.

핀천이 제시하는 생태학적 패러다임은 현재 과학이 지닌 순기능 측면에서 지지를 받고, 17세기 자연관이 지닌 주술과 마성이 숨 쉬는 신비성도 가세되는 가운데 모든 생명의 일체성, 다양한 현상들의 상호 의존성, 그것들의 변화와 변형의 순환성 모두를 수용한다. 생태학적 상상력은 생물권 전체의 운행과 활동에 대한 일종의 정신적 자각으로서 인간의 정신이 전체적 맥락에서 볼 때 우주의 섭리와 질서에 깊이 관련되어 있다는 것을 의식하는 것이다. 이 새로운 패러다임의 원리는 전체와 부분이 조화되고 획일적인 구조보다 다양하고 창조적인 과정을 일차적으로 중시하고, 모든 생물권을 유기적으로 폭넓게 인식할 수 있는 관찰자의 역할을 강조한다. 이는 대자연을 기본적인 삶의 현실로 환원하여, 과거의 현재성과 현재의 과거성을 수용하려는 그리스식 접근 방식에다 우주를 구체적인 운동의 실체와는 거리가 먼 불가사의한 신비성의 그물로 보려는 동양적 사고의 결합물이다. 핀천은 이 새로운 유형에 의해 지배문화든 주변문화든, 선택된 자든 탈락된 자든, 제국주의자든 주변화 된 타자든 모두가 자연의 생태계 현상들의 상호 연결성과 상호 의존성의 큰 틀 하에서 공생, 공존하면서 조화로운 삶을 이루어야 함을 강조한다.

핀천이 강조하는 생태학적 조화의 세계는 인식의 대전환을 통해 가능하고, 그런 인식 전환은 사회 구성원들 개개인의 마음의 대전환 없이는 불가능하다. 이 점에 있어서 핀천의 생각은『마음의 생태학』에서 인간의 마음의 중요성을 강조하는 베이츤의 견해와 일치하고 있다. 핀천은 베이츤처럼 지금까지 선택된 자들의 독선과 횡포나 제국주의자들의 지배 이데올로기는 모두 그들의 독선적인 마음에서 비롯되었다고 믿는다. 현재의 엔트로피적 혼돈의 위기에서 비롯되는 파편화 되고 이질화 된 마음이 생태계를 계속 파괴하는 악순환적인 잘못된 행위를 반복함으로써 생물권 전역의 종말을 재촉한다는 것이다. 마음이 타락할 때 지구의 생태계가 파괴되므로 마음이 곧 자연환경의 파수꾼이자 도덕윤리인 것이다. 그러기 위해서 핀천은 지금까지 분리되어 온 마음과 자연, 신성과 인성, 고정된 시각과 태도 등에 대한 인식의 대전환이 시급하고 그런 인식의 전환은 끝없는 회의와 자기성찰의 의지가 담긴 자기 반성적 태도를 통해 가능하다고 생각한다. 결과적으로 핀천의 생태학적 세계관에는 현재의 묵시록적 상황 속에서 올바른 자기성찰과 인식의 대전환이 이루어질 때 진정한 생태학적 조화가 가능하다.

어떻게 보면 핀천의 생태학적 인식이 심층생태학자들의 생태학적 의식에 비하면 매우 온건한 호소 차원에 불과하다고 비판할 수 있다. 그가 과학주의나 기계적 세계관이나 서구제국주의를 근원적으로 부정하기보다는 이러한 지배문화의 독선과 횡포에 의해 야기된 우주의 무질서나 혼돈을 사회 구성원들 개개인이 공존의식을 통해 극복해 보자는 견해를 밝히는 단계에 머물러 있기 때문에 그의 생태학적 세계관이 근본적으로 인간중심주의라는 비판을 받을 수 있다. 하지만 지금까지 앞서 논의한 문학생태학의 관점에서 보면 핀천의 견해는 심층생태학자들의 생태의식보다 한층 더 미래지향적임을 알 수 있다. 자연/반자연, 도시/전원, 지배체제/주변화 된 체제, 그리고 서구제국주의/식민주의, 과학주의/반과학주의 등으로 대별되는 이분법적 인식기준으로는 생태학적 세계관이 내포하는 '우주의 살림집'의 유기적 관계망을 결코 복원할 수 없다고 논자는 생각한다. 핀천의 견해에서 보듯, 논자는 인간이 생태계의 파괴나 환경 훼손, 그리고 중심문화의 지배이데올로기에 의해 인간세계의 생명 위기가 초래되었음을 인식하는 가운데 우주의 살림집 속에 내포된 자연의 야생적 속성을 복원하는 일이 무엇보다 필요하고 이를 위해서는 인식의 대전환에 따른 마음의 생태학이 무엇보다 필요하다고 판단한다.

제3부 ●●●

생태학적 상상력과 사회적 선택

I

미국인의 자연관 형성과 의식구조

1˚

초기 식민지 시대에 미국인의 자연에 대한 인식의 저변에는 황야(wilderness)와 낙원(paradise)이라는 양립 불가능한 대립적인 개념이 자리잡고 있었다. 이러한 결과는 유럽문명을 등지고 신대륙에 정착한 청교도들과 다른 이주자 그룹들이 저마다 상반된 자연관을 배태시킨 것에서 비롯되었다. 이들이 제각기 다른 꿈을 품고 신대륙에 이주해 왔다는 점에서 자신들 앞에 펼쳐지고 있는 강과 숲을 풍요로운 낙원과 황량한 황야로 파악한 이들의 자연관의 차이에는 절박한 생존투쟁과 고질적인 사고관행이 묻어 있다고 하겠다.

사실 1607년 버지니아에 제임스타운을 세운 존 스미스 일행이나 1620년과 1630년에 플리머스와 매사추세츠 만에 정착한 청교도들은 신대륙에서 삶의 터전을 마련하는 과정에서 자연에 서로 다른 의미를 부여하였다. 전자의 스미스 일행들은 자신들이 정착한 지역의 자연을 자신들의 삶의 터전에 대한 홍보수단으로 활용하였던 것이다. 이들은 신대륙의 식물군과 동물군에 대한 자세한 관찰과 소개보다 광활한 처녀지에 대한 낭만적인 미사여구를 통해 전쟁, 전염병, 기근 등으로 지쳐있는 유럽인들을 아메리카 대륙으로 이주시키기 위한 수단으로 자신들의 자연환경을 낙원으로 묘사하였던 것이다. 반면 후자의 청교도들은 스미스 일행과는 다르게 자연을 황야로 여기고서 신대륙의 자연을 물질적, 육체적 안녕조차 보장되지 않는 절망 그 자체일 뿐 아니라 종교적 신앙을 지키기 위한 단순한 피난처로 묘사하였다. 뉴잉글랜드에 정착한 청교도들은 모세가 유대민족을 이끌고 황야를 헤매다가 가나안에서 새로운 삶을 시작하는 것에 신대륙에서 황야를 개척하여 새로운 소명을 찾는 것을 비유하였던 것이다. 아울러 이들은 자연을 자신들의 삶과 대립적인 영역으로 설정하고 정복과 착취의 대상으로 삼았다.

역사적으로 볼 때 초기 미국인들의 자연에 대한 관념은 뉴잉글랜드의 청교도들을 중심으로 발전한 황야의 개념이 주류를 이룬 반면, 버지니아의 제임스타운에 정착한 개척자들이 생각하였던 낙원으로서의 자연에 대한 시각은 상대적으로 소홀하게 취급되었다. 그러나 18세기 말에 이르면서 자연을 악의 온상으로서 무질서와 혼란에 방기된 황야로 파악했던 청교도적 자연관은 자취를 감추고, 대신 자연을 신성의 발현 혹은 미덕의 상징으로 보는 관념이 새롭게 힘을 얻기 시작하였다. 따라서 신대륙 처녀지의 광활한 자연은 이제 더 이상 초기 청교도들이 바라보았던 맹수들과 야만인이 우글거리는 사악한 황야나, 자신들의 삶의 꿈을 방해하는 장애물로 인식되지 않았다. 이들은 자연을 미국사회에서 단순한 지리적 공간이 아니라, 국민적 정체성의 근간이면서도 공동체 귀속감의 뿌리로 여겼던 것이다.

또한 이들은 야성적인 광활한 땅의 주인이자 장엄한 대자연의 나라라는 자부심을 토대로 신생국가에 국민일체 의식을 형성할 수 있었다. 다시 말해서 국가주의 의식의 확산과 함께 미국이라는 신생 공화국이 구세계인 유럽과의 근원적인 차이를 자연 대 문명의 대립으로 치환시켜 미국인의 일체감을 구축하였던 것이다. 자연에 대한 이런 인식전환이 일어나게 된 것은 독립과 더불어 유럽에 부재하는 장엄한 대자연을 공화주의 정치이념의 기반으로 연관시킬 정치적 필요성에서 비롯되었다고 볼 수 있다. 신생 독립국 정치 지도자들은 청교도들이 지녔던 자연에 대한 고질적인 사고관행을 접어두고 유럽으로부터 독립하려는 신대륙을 오히려 문명과 대립하여 싸우는 숭엄한 자연의 의미로 설정하여 유럽의 구체제를 상대로 신생국의 도덕적 우월성을 강조하고자 하였다.

제퍼슨은 1801년 제3대 대통령 취임 연설에서 신생 독립국의 방향성이 유럽의 낡은 역사와 제도의 굴레를 벗고 자연과 성약을 맺은 나라임을 밝히면서 미국의 정체성을 '자연의 나라'라고 천명하였다. 이러한 미국의 정체성은 독립 선언서의 첫 구절에서 "자연과 하나님의 율법"을 강조하면서 광활한 대자연의 나라로서 신생국의 방향성을 분명히 명문화 하고 있는 것에서 드러나고 있다. 이는 미국이라는 독립 국가가 이제 더 이상 성서에 바탕을 둔 신앙 공동체에 안주하지 않고, 자연법에 토대를 둔 민주 공화주의로 새로운 정체성을 모색하고 있음을 말해 주고 있다. 다시 말해서 자연이 미국인들에게 근원적인 귀속감을 제공하고 생명으로서 이들의 일상의 삶을 포용하는 생태적 환경(milieu)으로 자리 잡게 되었다고 볼 수 있다. 이들에게 자연은 단순히 거기에 존재하는 지리적 풍경이 아니라, 인간과 동등한 천부적 권리를 지니며 하나의 살아있는 인격체처럼 대화를 나눌 수 있고 생기를 불어 넣는 물활적 존재이자 여러 가지 의미망이 뒤얽힌 언술의 장과 다름없다고 하겠다.

이러한 미국인의 자연관에 대한 변화는 일명 도금시대(1865-1900)로 통하는 산업화 시대에 접어들면서 한층 탄력을 얻게 되었다. 개척지와 문명화 대상으로서의 황야와 광활한 야생지가 급격히 사라지고 자연훼손이 본격화되면서부터 미국인들 사이에서 자신들의 삶의 터전인 자연에 대한 새로운 자각과 더불어 생태학적 사유가 태동하게 되었다고 볼 수 있다. 문화 이론가 다니엘 패인은 정착지 인근의 자연이 문명화로 인해 더 이상 황야라고 보기 어렵게 되면서, 오히려 자연에 대한 긍정적인 인식이 싹틀 수 있었다고 말한다. 게다가 이러한 자연관의 변모는 미국인들 개개인들로 하여금 자연 생태계의 급격한 파괴를 초래한 기술문명에 대한 반성과 함께 사라져가는 자연에 대한 윤리적 책임감을 촉발시키는 계기가 되었던 것이다. 인구증가와 산업화로 인해 삼림이 날로 황폐화되고 있는 뉴잉글랜드의 숲을 되살리고자 부단히 노력한 쏘로우의 고민이 이러한 역사적 정황을 그대로 반영하고 있다.

　당시의 문인들은 삶을 변화시키는 힘과 당대 사회의 가치체계가 투영된 이념태를 자연 속에서 발견하였다. 이들은 자연을 인간의 삶을 위한 물리적 배경으로 도외시해 온 근대의 인간중심적 시각에서 벗어나 개인의 자아의식과 집단적 상상력의 원천으로 여겼던 것이다. 조나단 에드워즈는 장엄한 대자연의 아름다움을 신성의 발현으로 여기면서 자연을 통해 신앙의 깊이를 확인하고자 했고, 윌리엄 버드는 애팔래치아 산맥의 풍요롭고 장엄한 자연을 신의 섭리로 성찰하기도 하였다. 인디언들의 진정한 친구였던 쿠퍼, 초절주의를 선도한 에머슨, 생태주의자인 쏘로우 등은 자연의 초연함과 숭고함을 인간의 고결성과 결부시키면서 인간의 순수성을 회복하려고 하였다. 존 그린은 사회적 진보를 자연의 진보의 일부라고 여기고 삶의 변화를 자연과 관련지었고, 그리고 헉슬리는 인간과 자연과의 심층적 관계성에 주목하였다. 이들은 저마다 보편적인 자연관에 입각하여 자연도 인간과 동등한 천부적 권리를 지니고 있다고 인식하면서 장엄하고 신비스러운 중엄미를 지닌 자연 속에서 인간의 진실성을 이끌어 내고자 하였다.

사실 오늘날 문화 이론가들은 서부 개척지와 변방에 대한 문화적 의미를 탐구하면서 자연과의 만남이 미국적 체험의 핵심이라는 것에 이의를 제기하지 않는다. 청교도주의 이론가 밀러는 「자연과 국민적 자아」라는 글을 통해 미국정신의 원동력이 자연에서 비롯된 것임을 강조하면서 자연의 경이와 풍요를 인간적 덕성과 동일시하고, 자연경관의 아름다움을 국가의 건강성과 연관시켜 생각한다. 또한 프레더릭 잭슨 터너는 미국의 독특한 사회적 관습과 미국적 성격 정립에 프런티어 체험이 결정적 역할을 했다고 주장하고 있다. 콜로드니는 변방의 자연을 서로 다른 관습과 언어가 충돌하고 상호 침투하는 문화 접촉의 장소, 곧 다양성과 잡종성으로 생동하는 유동적인 공간으로 재구성하고 있다. 뉴욕 허드슨 강변의 아름다운 자연 풍경을 화폭에 담고 있는 토마스 코울은 문명에 길들여지지 않은 야생성이야말로 미국적 풍경의 예외적 특징임을 강조한다.

문화 이론가들은 자연을 하나의 거대한 유기체이자 미국적 가치와 심성 형성의 중요한 토대로 인식하면서 자연을 삶의 본원적 장소, 인간 실존의 근원적 터전이라는 시각을 견지하고 있다. 이들은 오히려 변경지역 너머로 신대륙 이주민들을 유혹한 추동력이 바로 광활한 황야였음을 강조하면서 미국인의 자아형성의 결정적 요소가 추상적인 이념들이라기보다는 미국인들의 의식 속에 내재하고 있는 대륙이라는 장엄한 대자연의 '장소의 정령'(spirit of the place)이라고 말한다. 그리고 이들은 유럽에서는 찾아볼 수 없는 미국적 풍경의 가장 인상적인 처녀림, 습지, 황무지 등의 야생지에 주목하면서 자연이 지닌 경제적 가치 너머 심미적, 미학적 가치에 대한 새로운 인식을 갖게 되었다.

2[*]

　미국의 자연관 못지않게 신대륙으로 건너온 최초의 미국인들의 정체성을 두고 논란이 상당히 제기되고 있다. 신대륙에 이주하는 사람들 중에는 종교적, 정치적, 그리고 경제적으로 자유로운 인간이 되고 싶은 열망에 의해 신세계를 찾은 무리들도 있었겠지만 단순히 생존 자체를 위해 그곳으로 건너간 부류도 많았다고 볼 수 있다. 1782년에 「한 아메리카 농부의 편지」의 저자 끄레브꾀르가 미국에 대한 인상을 "여기에는 귀족가문도 없고, 왕도 없으며, 지배자도 없으며, 권력의 행사자도 없고, 그리고 명령하는 고용주도 없다"고 기록하였는데, 그의 견해를 로렌스는 미국에 대한 너무 감상적이고 표피적인 기록물에 불과하다고 평가절하 하였다. 로렌스는 1620년경 청교도들이 종교적 자유를 찾아 신대륙으로 건너갔다는 주장 자체를 문제 삼으면서 미국의 건국신화가 종교의 자유에서 출발한다는 공식적인 견해 자체에 석연찮은 의문을 표시하고 있다. 그는 그 당시에 영국이 미국보다 예배의 자유가 훨씬 더 보장되었고 또한 이민자들의 구성원 대부분도 도망노예와 다를 바 없었으므로 그들에게서 정신적인 자유추구를 찾기 어렵다고 보았다. 그가 "도대체 나는 여기에서처럼 개인이 참담하게 자기 동포들을 겁내는 나라를 본 적이 없다"고 말한 대목은 당시의 이주민들 사이에 벌어진 물질적 삶에 대한 치열한 반목과 살벌한 생존의식을 설명해 주고 있다. 신대륙으로 이민간 사람들의 진정한 동기 속에는 유럽의 통치와 계급구조, 낡은 권위와 질서에 대한 보다 근원적인 반발이 숨어 있었기 때문에, 그들의 건국 신화에는 순수한 의미에서의 종교적인 자유를 향한 이주로 보기 어려운 점이 많다고 볼 수 있다.

　초기의 백인 정착자들은 뉴잉글랜드 보스턴 지역을 중심으로 주변의 대지를 조금씩 개척하고 본국으로부터 독립을 쟁취하는 과정에서 다른 유색인종들을 무참히 짓밟았다. 아메리카라는 대륙에서 이주민들은 이상적이고 민주적인 나라를 세우기 위해서 현실적으로 인디언들과 다른 유색인종들을 불가피하게 도구화 하였기에 처음부터 목표는 잘못된 방향으로 나아가고 있었다. 새로운 낙원을 세우기 위해 메이플라워호를 승선했다고 공언한 사람들이 이미 자신들의 삶의 터전을 잡고 마야문명을 이룩한 인디언들과 그리고 인간적인 삶을 영위할 고귀한 권리를 타고난 흑인들을 각각 멸종시키고 노예화하는 두 가지 원죄를 품에 안고 있었던 것이다. 이들 꿈꾸는 사람들은 자신들의 이상을 실현하는 과정에서 너무나 많은 장애물과 제약들이 가로놓여 있었던 까닭에 그들의 순수한 낙원건설의 꿈이 어쩔 수 없이 비인간적인 악몽으로 변하는 이율배반적인 아이러니를 겪게 되었다고도 볼 수 있다. 레슬리 피들러는 미국정신의 심층부에는 인종관계의 꿈과 악몽이 나란히 존재하고 있다는 사실을 주장하면서 미국인의 심리와 의식의 가장 깊은 곳에 영향을 미치는 요소로 인종적 악몽을 들었다. 그의 견해에 따르면 미국서부와 미국남부의 전설을 이루고 있는 이러한 인종적 갈등이 민주국가를 세우려는 미국의 이상적인 비전에 그 시작부터 어두운 악몽의 그림자를 드리우고 있다는 것이다.

신대륙 이주민들의 낙원상실에 대한 반향은 크게 두 가지 형태로 나타났다. 하나는 이주자들이 처음에 품었던 순수하게 이루어질 수 있는 이상세계의 가능성을 언제나 찾으려는 자유추구의 노력이 계속되고 있는 점이다. 설령 이들은 자신들의 무릉도원이 실제로 이루어질 수 없는 신기루 같은 환영일지언정 이를 끝까지 포기하지 않고 상상 속에서든 현실 속에서든 끊임없이 제3, 4의 낙원, 즉 제3, 4의 아담을 찾아 이주의 길을 떠났다. 이런 정신적인 자유추구의 패턴이 현실 속에서는 서부를 향해 끊임없이 개척해 나가는 프런티어 정신으로 나타나고 있었고, 19세기 후반 프런티어가 소멸하였을 때는 상상 속에서 미국인들의 정신적 이념으로 자리 잡았다. 다른 하나는 이주자들이 제2의 아담을 동경하고 신대륙으로 건너와 그곳의 험난한 현실을 접하고서 그들의 이상을 쉽게 포기하고 세속적인 욕망에 쉽게 동화된 점이다. 이들에게 있어서 실질적으로는 자신들의 공동체 속에서의 정치적이고 경제적인 성공이 최대의 열망이었으나 그들은 저마다 표면상으로는 자신들의 이기적인 꿈을 잃어버린 아담복원으로 치장하고 있었다. 이들의 마음속에 자라잡고 있는 것은 순수한 의미에서의 아메리칸 아담이 아니라 세속화된 아메리칸 드림인 것이다. 낙원건설에 대한 숭고한 아담적 이상이 적응과정에서 상상 속에서만 머물고 세속화된 미국의 꿈으로 변질되었다고 볼 수 있으나 어쩌면 로렌스의 지적처럼 이상적 사회에 대한 그들의 염원이 처음부터 존재하지 않고 세속적인 야망만이 그들의 삶의 궁극적인 목표였는지 모른다.

신대륙 이주민들이 품었던 미국의 아담과 미국의 꿈의 이러한 이원화된 패턴들은 미국의 역사 속에서 항상 끄레브꾀르가 관찰한 목가주의와 벤자민 프랭클린이 실제로 실천한 실용주의 사이의 충돌로 나타났다. 전자의 입장은 개척정신에 살아있는 낭만적이고 신비로운 아담적 존재를 강조한 반면에 후자의 입장은 현실적이고 물질적인 미국의 꿈에 부합되는 것이다. 이들의 입장 차이는 개인의 의식의 마찰로 그치지 않고 미국의 정신사에서 줄곧 목가주의와 산업주의, 이상주의와 실용주의 그리고 자연과 문명의 숙명적인 충돌로 이어졌다. 다시 말해서 미국의 삶의 체제는 처음부터 이상주의와 실용주의, 목가주의와 테크놀로지, 인본주의와 산업주의, 낙관주의와 비관주의, 자연과 문명, 개인과 사회, 순진성과 경험 그리고 유색인과 백인의 숙명적인 대립과 충돌에 의해 형성되어 왔다고 볼 수 있다.

더 나아가 이들의 충돌은 단순한 구호에 그치지 않고 미국의 사회체제의 이원화로 이어졌다. 제퍼슨이 중농주의에 입각한 지방분권주의를 주장하였고, 반면에 해밀턴은 중상주의에 바탕을 둔 중앙연방주의를 강하게 고수하였는데, 이들의 대립된 이념이 미국사회에서 남부와 북부, 진보와 보수, 그리고 민주당과 공화당이라는 양극체제로 굳어졌다. 그동안 미국인들이 언제나 상상 속에서는 낭만주의를 사실주의보다, 신화를 역사보다, 그리고 추상성을 실재보다 더 중시하였고 현실 속에서는 이와는 정반대로 실용주의 노선을 선택하였듯이 이들의 이러한 이율배반적 속성은 오늘날의 현실 정치에서도 부분적으로나마 그대로 반영되고 있다. 오늘날 끊임없이 비판의 대상이 되고 있는 미국의 꿈속에 내재된 물질주의적이고 이기적인 세속성은 어쩌면 원래의 목가적인 꿈을 스스로 배반하고 기계문명 속으로 물들어 버린 그들이 짊어져야 할 어쩔 수 없는 원죄적인 고충인지도 모른다.

여기서 미국인의 정신적 토대에 대한 평자들의 견해를 살펴보자. 미국의 역사학자인 터너는 팽창하는 프런티어에 내포된 출생과 신분 등의 수평화에서 미국인의 민주주의 정신의 토대를 찾고 있다. 반면에 비어드는 미국 국민의식의 바탕을 종교적, 민주적 정신보다는 경제적 기회주의에 의해 결정되었다고 생각한다. 비어드는 미국헌법이 동산, 부동산, 흑인노예, 공채를 많이 소유했던 귀족집단들의 경제적 이해관계에 의해 결정되었다고 판단하기 때문이다. 그러나 에드워즈와 호턴은 이러한 두 견해가 매우 극단적이라고 지적한다. 이들은 터너가 프런티어적 환경에서 생겨난 목가적 이상주의를 지나치게 강조한 나머지 미국의 동부 연안에서 시작된 도시화, 산업화의 영향력을 배제한다고 여기며, 반면에 비어드는 인간행위를 지나치게 경제적인 이해관계에 따라 파악하여 이상주의나 목가주의를 무시하는 경향을 노출한다고 비판한다. 대신 이들은 정신적 이상주의와 물질적 기회주의가 복합체로 상호작용하여 미국의 국민의식을 형성한다고 판단하였다.

그런데 라이오넬 트릴링은 에드워즈와 호턴의 견해에 한편으로는 동의를 하면서도 이들과는 다소 다른 입장을 밝히고 있다. 그의 견해에 따르면 산업주의와 목가주의가 상호보완적인 것이 아니라 이들이 항상 갈등의 형태로 존재하면서 변증법적으로 작용하여 미국특유의 문화를 형성하고 있다는 것이다. 사실 미국인의 의식의 전반적인 특징을 놓고 볼 때 라이오넬 트릴링의 진단이 적절할지 모른다. 로렌스가 미국문화의 모순적 속성을 미국인의 의식의 표리부동성에서 비롯된다고 생각하는데, 이는 라이오넬 트릴링의 견해와 일정한 유사점을 지니고 있다. 로렌스는 일반적으로 미국인의 표리부동성은 고상한 정신주의와 실용적인 경험주의 사이의 고질적인 갈등에서 비롯된다고 여기고 그 갈등의 동인으로 디오니소스적 순수성이나 아폴로적인 폭력성을 들고 있다.

이러한 상충현상은 상상 속에서의 도덕적 충실과 현실 속에서의 세속적 열정이 함께 충돌하는 데에서 생겨났다. 토크빌은 「미국의 민주주의」에서 이러한 미국정신의 상호모순성의 원인을 미국인의 일반적인 삶에 입각하여 설명하면서 미국인들이 제각기 이상과 실재 사이의 불균형, 사상과 경험 사이의 부조화, 몹시 미세하고 명료하거나 아니면 아주 일반적이고 애매모호한 사상 사이를 극단적으로 오가는 경향이 있다는 점에 주목하였다. 토크빌이 진단하는 이러한 부조화에 대한 근본적인 원인은 신대륙에서 노출되고 있는 전통과 관습의 부재에서 발견된다. 귀족사회에서는 대대로 이어지는 관습과 제도의 통합된 체계가 존재하여 개인과 사회, 부분과 전체 사이에는 균열이 없었다. 그런데 신생국가에서는 이들 사이에 조정역할을 담당할 사회 내에 매개 장치가 없어 부조화의 간극이 수없이 노출되었다. 미국인들 개개인들은 거의 습관적으로 자기 자신의 미묘한 개인적인 문제에 집중할 뿐 사회 전체를 아우르는 통합의 문제에는 무관심하였고, 그 결과 사회의 거대한 구조와 당당한 개인 간에 부조화의 간격이 커져 이들 사이에 메울 수 없는 텅 빈 공간만 남게 되었다. 그 공백이 때로는 상충과 모순의 공간이 되고 때로는 애매모호한 공간이 되었다. 개인을 중시하는 자유의식이 한편으로는 미국인들에게 민주주의 정신을 심어주었지만 다른 한편으로는 도덕과 정치에 엄청난 혼란과 근원적 불안정을 야기시켰다는 것이었다. 토크빌은 이로 인해 이것 아니면 저것 식의 이분법이 미국인의 의식 내에 자리 잡게 되었던 만큼 이 같은 흑백논리를 치유하기 위해 미국인들이 사상과 경험에 있어서 양극성을 조절하고 융합시키는 전통적인 의식습관과 이에 상응하는 민주적인 가치체계를 마련해야 한다는 점을 강조하였다. 리차드 체이스는 미국소설의 특성을 논하는 과정에서 "미국소설이 통일성이나 조화보다는 모순과 상충에 의해 형성된 미국문화를 그려내고 있다"라고 지적하였다. 그의 이 같은 견해는 미국작가들이 자신들의 소설에서 미국정신의 모순성과 딜레마에 대한 해결책을 명료하게 제시하지 않고 애매모호하고 우회적으로 처리하는 이유를 모순과 상충으로 가득 차 있는 미국인들의 국민정신에서 찾은 것이다. 이러한 맥락에서 살펴 볼 때 쿠퍼, 멜빌, 호손 그리고 마크 트웨인 같은 작가들이 우선적으로 미국인의 의식 속에 내재해 있는 바로 그러한 종류의 악몽을 추적한 대표적인 소설가들로 분류될 수 있고, 또한 드라이저, 피츠제랄드, 샐린저, 조셉 헬러, 그리고 토머스 핀천 등도 배제시킬 수 없다. 이들이 저마다 미국사회의 모순성에 심한 정신적 갈등을 겪으면서 그러한 모순과 상충의 정신적 악몽에 대한 통찰력 있는 진단과 바람직한 대안을 제시하고 있기 때문이다.

II

퍼머컬처 공동체의 의미와 사례

1˙

생태학적 상상력과 사회적 선택의 기본 논지는 자연 생태계에 복합적으로 작용하고 있는 마음의 생태학과 사회적 선택의 상관적 비전에 대한 성찰에 토대를 두고 있다. 생태학적 상상력이 자연을 통한 삶의 본질과 대면하려는 열망이라는 점에서 우리가 접하는 자연 생태계의 공간은 어떻게 사유하느냐에 따라서 원시적인 야생지도 얼마든지 황량하게 변할 수도 있고, 반대로 도시의 삭막한 풍경도 얼마든지 심층화 된 생태적 공간이 될 수 있다. 인간 개개인의 일상적인 삶의 방식이 자연에 대한 깊은 외경심에 의해 자연의 본성을 회복하려고 노력할 때 우리의 삶의 공간은 야생성이 충만한 자연의 장소로 얼마든지 새롭게 자리매김 될 수 있다. 우리는 고요와 고독의 자세로 자연의 본성을 자각할 때 일상 속에서 신뢰와 사랑의 미덕으로 타자의 시선에 귀 기울이는 진정한 의미에서 자아실현을 이룰 수 있다.

사실 생태학적 상상력과 사회적 선택과 관련하여 생태학적 낭만주의에서 비롯되는 자아실현의 과정이라고 볼 수 있는 생태의식의 사회적 유용성의 구체적인 실천사례인 퍼머컬처(Permaculture)의 의미와 사례에 대한 성찰이 우리에게는 무엇보다도 중요하다. 자연의 본질을 일상생활 속에서 실천하는 정신이야말로 생태의식의 함양에 필요한 바람직한 자세라는 점에서 퍼머컬처의 정신은 생태학적 상상력의 사회적 유용성의 기본적인 토대가 된다고 하겠다. 퍼머컬처는 1978년 호주의 생태학자 빌 몰리슨(Bill Mollison)과 데이비드 홈그렌(David Holmgren)이 시작한 운동인데, 이는 영원한 농업(Permanent agriculture)과 영원한 문화(Permanent culture)를 거주지에서 직접적으로 추구하는 생태학적 정신을 의미한다. 몰리슨이 퍼머컬처를 지속 가능한 인간 환경을 창조하기 위한 계획 시스템이라고 정의하고 있듯이, 퍼머컬처 개념은 생태학적인 거주지의 설계를 생태적인 식량생산 시스템과 결부시킨 이 공동체의 기본정신을 대변하고 있다. 이는 이상적인 생태마을을 구축하기 위한 기본적인 철학인 셈이다. 또한, 퍼머컬처는 인간 거주지와 기후, 식물, 동물, 토양, 그리고 물과의 공존적 조화를 추구하는 일종의 유기적인 생명 공동체의 기본윤리를 이행하고 있다. 미국의 대표적인 에코빌리지로 통하고 있는 이타카(Ithaca), 스코틀랜드 인버네스에 위치해 있는 핀드혼(Findhorn), 인도의 데칸고원 남동쪽 벵골만에 위치해 있는 오로빌(Auroville), 호주의 계획적인 생태 공동체 크리스털 워터스(Crystal Waters), 독일의 생태마을 제그(Zegg), 그리고 미국의 사막도시 애리조나에 자리 잡은 아르코산티(Arcosanti) 등의 퍼머컬처 공동체들은 생명체와 생명체를 서로 연결하는 유기적인 관계성에 초점을 맞추어 자연과 문명의 만남을 시도하고 있다.

2[*]

현재 미국에서는 일명 에코빌리지(Ecovillage)로 통하고 있는 생태마을에 대한 대중적인 관심이 높아가고 있다. 우선 그 모범적인 사례로 이타카 에코빌리지를 꼽을 수 있다. 우드랜즈(Woodlands)가 경관생태학의 조건에 바탕을 둔 최적의 생태도시라고 말할 수 있다면, 이타카는 생태환경의 조건을 인간의 삶에 접목한 대표적인 에코빌리지의 사례라고 말할 수 있다. 자연과 문명이 조화를 이룬 가장 성공적인 생태마을로 평가되고 있는 이타카 에코빌리지 공동체는 1997년에 '프로그'(Frog) 마을을 처음 30가구 규모로 건설하였고, 그리고 2003년에는 '송'(Song) 마을을 추가로 완공하였다. 미국 뉴욕 주 이타카시에서 2.5km 정도 떨어진 곳에 위치해 있는 이 생태마을은 미국 주택건설협회에서 수여하는 '혁신주택상'을 받았는가 하면, 1998년에 '세계주거지상' 최종 후보에 선정되기도 하였다.

이타카 생태마을은 물질주의적 가치관과 생활방식을 과감히 버리고 거주인들이 부분적으로나마 코하우징 생활을 영위하는 '지속 가능한 삶'의 공동체이다. 이들의 소득이나 생활수준은 평균적으로는 중산층이지만 하류층과 상류층 출신들도 다수 포함되어 있다. 이들의 직업은 보육사, 환경전문가, 농부, 그래픽 아티스트, 친환경 건축가, 자연요법 치료사, 컴퓨터 프로그래머, 그리고 작가에 이르기까지 아주 다채롭다. 특히 이들 중에는 레즈비언이나 게이 커플도 포함되어 있다. 종교 또한 기독교에서부터 불교에 이르기까지 매우 다양하다. 종교와 인종을 불문하고, 이들은 달걀로 부활절을 축하하고, 전통 감자요리를 만들어 유대교 명절인 하누카를 즐기고, 추수감사절에는 칠면조 요리를 선보이고, 심지어 불교 관련 행사에 참여하여 대지의 영혼을 기리는 제식까지도 수행한다.

이 공동체는 건축재료 및 설계방법의 지속 가능한 이용과 함께 인간적 유대관계와 문화적 다양성을 중시하면서 공동체 내에서 사회적, 생태적, 문화적, 그리고 정신적 공존을 추구한다. 이타카 에코빌리지의 최대 장점은, 일반적으로 도시에서 멀리 떨어진 곳에 자리한 다른 생태마을과 달리, 도시의 경계지역에 위치해 있으면서도 빼어난 자연경관을 본래의 상태 그대로 거주자들의 생활공간으로 활용하고 있는 점이다. 생태학적 삶과 생태보존이라는 두 가지 목표가 뉴욕 주 경계지역에서 실천되고 있는 것이다. 이는 대도시가 교외로 무질서하게 확산되는 것을 막아주는 효과적인 대안역할을 하면서도, 문명에 찌든 현대도시를 생태도시로 바꾸어가는 순기능적 역할을 수행한다고 말할 수 있다.

에코빌리지 거주자들은 자연과 함께 하는 농업지향적인 삶에 바탕을 두고서 '퍼머컬처'의 정신을 추구하고 있다. 이타카 에코빌리지는 토지이용과 유기농법, 공동체 생활, 친환경 건축, 에너지 절약 분야에서 생태학적 삶이 살아 숨 쉬는 최고의 대안이 되고 있다. 에코빌리지는 코하우징(Cohousing, 일명 협동주거)의 형태로 만들어지게 되므로 에코빌리지의 정신에 공감하는 거주자들은 자신들이 직접적으로 단체를 조직하고 건축가와 설계사를 선정하여 다양한 디자인과 실내공간을 갖춘 주거단지를 계획하게 된다. 대지의 80% 이상이 자연 생태지역으로 설계되고, 거주자들은 소비를 줄이고, 자연원료를 이웃과 함께 사용하며, 재생 에너지의 사용과 자연재료의 이용을 생활화 하고 있다. 빗물 재생 시스템을 도입하여 효율적인 수자원의 관리도 실행하고, 태양전지로 불을 밝히고, 한겨울에도 태양열을 받을 수 있도록 창문을 크게 만들되 동시에 열의 손실을 막는 특수공법을 도입하고 있다.

무엇보다도 이타카 생태마을의 최고의 가치는 생태적 삶의 지속성을 위해 사랑과 신뢰를 바탕으로 하여 이웃과의 인간적 유대관계를 추구하고 있는 점이다. 이곳의 거주자들은 개성이 다양한 사람들임에도 불구하고 먹거리를 직접 키우고, 교대로 저녁식사를 준비하고, 자녀들을 위한 공동의 교육프로그램을 개발하여 이를 실천한다. 또한, 이들은 마을사람의 생일날에 모여 파티를 열고, 마을 연못에 둥지를 튼 오리 때문에 수영을 중단해야 할 것인지를 놓고 주민회관에 모여 결정한다. 이들은 사랑과 신뢰감으로 지속 가능성의 문화를 만들어가고 있는 것이다. 여기서 머물지 않고, 이들은 전세계적으로 에코빌리지의 거주자와 개발자로 구성된 '글로벌에코빌리지네트워크'를 구축하여 사랑과 신뢰의 정신을 서로 공유한다.

이타카 에코빌리지의 기본적인 개념을 처음 구상한 사람은 1990년에 열린 '살기 좋은 세상을 위한 글로벌 워크'에 6개국에서 모여든 150여 명의 참가자들이었다. 이들은 환경에 대한 경각심을 일깨운다는 취지로 LA에서 뉴욕까지 도보로 횡단하면서 물질주의, 소비주의가 만연된 사회를 벗어나 새로운 삶의 방식을 추구하는 의미에서 생태마을을 세우기로 합의하였던 것이다. 이들 중 리즈 워커는 1968년 덴마크에서 시작된 코하우징 공동체인 보포엘레스카베르(Bofoellesskaber)를 모델로 삼아 토지이용과 유기농법, 공동체 생활, 친환경 건축, 그리고 에너지 절약에서 '지속 가능한 삶'의 대안을 찾았다. 그녀는 이 생태마을의 공동 이사장으로 취임하여 처음에 땅을 사들일 자금 38만 달러를 모으기 위해 낮은 이자로 빌려줄 후원자들을 찾아다녔는가 하면, 입주를 희망한 경관건축가나 생물학자 등을 포함하여 전문가 집단과 더불어 사전 계획을 철저히 세웠던 것이다. 그녀는 이 공동체를 처음 계획하여 실행하기 전에는 지역 시민단체에서 봉사활동을 한 것이 사회경험의 전부이고 경제력도 그렇게 넉넉하지 않았다. "나는 그 어떤 태양전지 기술이나 유기농 지식보다 우리가 이룩한 문화가 훨씬 더 중요하다는 사실을 깨달았다"고 말하고 있듯이, 워커는 협동심과 사랑과 신뢰감이 충만한 공동체의 문화를 만드는 것이 무엇보다도 중요하다고 강조한다. 지속 가능한 미래에 대한 꿈을 구체적인 현실로 실천하고 있는 그녀의 이러한 노력은 사람이 자연과 공존하면서 조화를 이뤄나갈 수 있다는 성공적인 모델을 제시하고 있는 것이다.

이타카 에코빌리지 건축의 기본개념은 공동체가 인간만이 아닌 생태계의 모든 성원들이 살아가는 터전이라는 대원칙에 따라, '그린 디자인'의 원칙을 철저히 지키고 있다. 이들의 공동체 생활의 공간은 공동시설이 갖추어진 일종의 커뮤니티 센터인 커먼 하우스이다. 일주일에 몇 번씩 함께 식사하는 장소로 활용되기도 하는 커먼 하우스는 평소에는 아이들의 놀이 공간이나 세탁소 등으로 활용되고 있다. 커먼 하우스의 설계의 핵심은 주민들이 더 자주 편하게 어울리는데 목적을 두고 있다. 거주민들은 공동체의 설계부터 건축과 관리에 이르기까지 전 과정에 참여하면서 이웃끼리 공동 부지에서 교류를 나눈다. 커먼 하우스에는 공용시설로 대식당, 응접실, 손님방, 아이들의 놀이 공간, 공동 세탁소 등이 마련되어 있어 개인용 주택의 크기가 최소화 될 수 있다. 이들은 음식물 쓰레기를 잘게 부숴 짚과 낙엽을 덮어 퇴비를 만들고, 나머지 쓰레기들의 경우, 종이, 플라스틱, 금속, 유리 등 소재별로 분류해 재활용품 집하장에 내놓는다. 커먼 하우스에 있는 재활용 방에는 필요 없는 옷이나 신발, 장난감들이 보관되어 있어 필요한 사람이 가져간다. 특히 거주인들은 한 달에 하루를 '슬로 데이'(Slow Day)로 지정하고 컴퓨터나 전화의 전원을 다 꺼놓고 가족이나 친구와 함께 자연을 즐기고 있다. 그리고 이들은 음식, 옷, 집, 에너지, 쓰레기 처리 등에 이르기까지 인간 생활에 필요한 자원을 생산하는데 소요되는 토지 면적을 헥타르로 나타낸 생태발자국(Ecological Footprint)의 지수를 극도로 경계한다. 이들은 가옥을 조밀하게 짓고, 주차장을 외곽지역에 설치하고, 주택 사이에는 오솔길과 푸른 잔디밭을 가꾸어 이같은 생태발자국을 줄이고 있다. 주민들 중 75% 정도가 공동체 안에서 파트타임으로 일하고 있기에 자동차를 쓸 일이 별로 없는 데다 외출할 일이 있으면 자전거를 타거나 카풀을 이용한다.

이 공동체의 구성원들은 흔히 작은 마을에서 볼 수 있는 거주인들 간의 강한 응집력과 도시인들이 갖춘 세련됨을 함께 겸비하고서 철저하게 사생활을 보장받으면서 동시에 구성원들끼리 강한 유대감과 소속감을 느끼고 싶어 한다. 이들은 필요하면 언제라도 사생활을 유지할 수 있을 뿐만 아니라, 이웃들과의 교류도 마음껏 누릴 수 있다. 물론 이들은 "개인 정원에 농약을 뿌리지 않으면 좋겠습니다"거나, "밤 9시부터 오전 7시까지는 목소리를 낮추면 좋겠습니다" 등의 공동체 생활의 규칙을 두고 있다. 하지만 이들은 대화를 통한 만장일치를 기본적인 생활원칙으로 삼고 있다. 에코빌리지 사람들은 공동체를 건설하는 과정에서 첨예한 의견대립을 겪었지만 만장일치의 원칙에 입각하여 서로의 의견을 합리적으로 조율하고 있다. 이 공동체에서는 사람들 사이의 인간적인 교류가 특별한 행사가 아닌 일상생활로 통하고 있다.

코하우징 공동체가 추구하고 있는 '지속 가능한 삶'은 기본적으로 인간을 위한 새로운 삶의 방식에 바탕을 두고 있다. 여기에는 생명체에 대한 사랑과 신뢰가 핵심 가치로 자리잡고 있다. 이곳의 거주인들은 모두가 한 마음으로 건강한 생태계를 복구하려는 실천의식을 갖추고 있다. 이들은 "땅이 모두의 집이고, 우리는 그 땅에 함께 삶을 영위하고 있다"고 생각하면서, 사람들뿐만 아니라 자연과 그곳에 사는 모든 영혼들과 연결되어 있다고 여긴다. 지속 가능한 공동체를 위한 이타카 생태마을의 주요 특징으로 앞서 '커먼 하우스,' '그린 디자인의 원칙,' 그리고 '슬로 데이' 등이 언급되었다. 또한 이들 못지않게 이타카 생태마을을 운영하는 핵심 시스템으로 '공동체 지원 농업 체제'(Community Supported Agriculture), '교육프로그램,' 그리고 지역 발행 화폐인 '아워화'(Hour)를 꼽을 수 있다.

첫째로 이타카 생태마을의 대표적인 협동 농장 사례로 웨스트 헤이븐 농장과 케스트렐의 퍼치 베리 농장을 제시할 수 있다. 북동부유기농협회의 인증을 받은 10에이커 규모의 웨스트 헤이븐 농장은 회원들이 운영비용의 전액을 분담하고 있다. 이들은 공동체 지원 농업 체제 하에서 5월 말부터 11월 초까지 매 주마다 싱싱한 토마토와 양상추와 깍지 완두 등 각종 채소와, 향긋한 허브와 아름다운 꽃을 생산하여 이를 각처에 공급하는 일을 맡고 있다. 또한 5에이커 정도 되는 케스트렐의 퍼치 베리 농장에서는 딸기와 로즈베리와 블랙베리가 공동으로 재배되고 있다. 거주인들은 이들 과일들을 자유롭게 따 먹거나 이용할 수 있다. 게다가 마을 전체 주민들이 직접 참여하여 진흙과 모래주머니를 벽돌처럼 잘 다져 지하토방을 만들고 그곳에 채소를 보관하여 겨울철에도 신선한 채소를 먹을 수 있다.

둘째로 이타카 에코빌리지 사람들은 그 지역 화폐인 아워화를 발행하여 활발하게 활용하고 있다. 아워화는 이타카 에코빌리지가 직접 발행한 화폐로서 그 지역사회의 노동조건과 삶의 조건을 최대한도로 고려한 새로운 통화 시스템이다. 실제로 거주민들은 지역농장에서 아워화의 가치를 실감하고 있다. 거주들은 아워화로 집세, 영화관, 볼링장, 식료품 등의 값을 지불하는 한편, 이 화폐로 각종 상품 및 일손을 살 수 있다. 이들은 거주인들끼리 평균 노동임금을 시간당 10불로 정하여 1아워의 화폐 가치를 10불의 가치로 유통하고 있다. 자동차 및 오토바이 수리일, 목수일, 배관일, 지붕 얹기, 전기 작업, 간호일, 척추교정, 보육일, 음식 등에 따라 아워화의 가치도 다양하게 변할 수 있다.

아워화가 저소득층의 수입을 부양하는 역할을 하므로 이타카의 생태마을 사람들에게는 최저임금이 없다. 이곳 유기농장이 시간당 10달러의 값어치가 있는 1아워를 지불하므로 세계에서 가장 높은 노동임금을 지불하고 있는 셈이다. 적정한 임금을 기준으로 최고의 서비스가 제공되고, 변호사, 치과의사, 마사지 치료사는 시간 당 몇 아워를 더 받을 수 있다. 거주인들은 점진적으로 1인당 아워화의 공급량을 늘려간다. 아워화를 처음 받는 사람은 1-2아워를 지급 받고, 또한 이들은 8개월 마다 한번 씩 가입을 연장하고, 그 대가로 10아워를 지급 받는다. 물론 거주인들은 아워화를 빌려 쓰거나 차용할 수 있다. 이곳의 신용협동조합이 납품업자, 상공회의소, 그리고 각종 사업체와 거주인들을 연결시키면서 아워화를 실질적으로 유통시키는 중심 역할을 수행한다.

아타카 화폐는 이타카 지역 내에서 거주인들끼리 서로 고용하는 일을 돕는다. 달러가 거주인들을 기업과 은행에 점점 의존하도록 만드는데 반해, 아워화는 지역 내 거래를 활성화 하고 생태 및 사회정의에 대한 거주민들의 이익 조건에 더 부합하는 거래행위를 수행한다. 외부의 호화물품을 구입하는데 악용되는 달러와는 달리, 이곳 거주인들은 지역 사람들을 중심으로 아워화를 교환하면서 수백만 달러어치의 풀뿌리 토산품인 지역상품을 유통하기도 한다. 거주민들은 자기들이 즐기는 일을 해서 얻은 소득을 자랑스럽게 생각하면서 그들 자신들의 공동체 생활에서 서로 달러를 갖기 위해 다투거나, 그것의 보유 정도에 따라 부자와 빈자로 구분되는 자본주의적 가치가 아니라 동료 이타카인을 연결시키는 진정한 매개체로 여긴다. 이 화폐의 이용이 활발하면 활발할수록 거주인 간의 인간적인 관계가 두터워지게 되므로 아워화의 도입으로 이곳 거주민들의 우호적인 관계가 자리잡게 된 것이다. 그 밖에 화폐 이용명부는 전화번호부와 같은 역할을 수행하게 된다.

셋째로 이들은 자신들의 지속 가능한 삶의 값진 경험을 미국사회뿐만 아니라 전 세계로 전파하기 위해 환경보호와 공동체 생활에 대한 공동 교육프로그램을 매우 중요시 하고 있다. 이들은 투어에서 워크숍에 이르기까지 다양한 프로그램을 마련하여 방문객이나 거주인들을 꾸준히 교육하고 있다. 특히 이들은 이타카대학 소재 환경학부와 제휴를 맺고서 '지속 가능 학문 정규 교과 과정'을 만들어 자신들이 직접 강사로 참여하여 공동체 건설 과정에서 경험한 살아 있는 생생한 지식을 전파하고 있다. 현재 세계 각지에서 생태론 자들이 찾아와 이곳의 운영방식을 학습하고 있는데, 그 숫자가 년 5천여 명 정도에 이르고 있다. 이타카 에코빌리지 사람들은 지역을 구분하지 않고 그곳을 찾는 방문객뿐만 아니라 세계 각국의 생태 공동체들과 네트워크를 결성하고 있다. 특히 이들은 일반인들에게 널리 알려져 있는 스코틀랜드의 핀드혼, 인도의 오로빌, 오스트레일리아의 크리스털 워터스, 독일의 제그 등과 함께 국제 생태마을 네트워크(Global Eco Village Network)를 체결하여 활발하게 교류하고 있다. 아울러 이들은 이곳을 찾는 학생들이나 방문객들을 위해 생태마을 연구센터를 건립하려는 계획을 세우고 있다.

이처럼 이타카 생태마을 거주인들이 지속 가능한 삶을 실천할 수 있는 것은 거주인들의 영혼이 생태계를 중심으로 유기적으로 연결되어 있다고 믿고 있기 때문이다. 거주인들이 사생활을 보장받으면서 구성원들 간의 유대감과 소속감을 갖출 수 있는 것도 거주인들이 저마다 느끼는 생태계에 내재해 있는 생명체에 대한 사랑과 신뢰 때문인 것이다.

3.

핀드혼 생태마을은 영국 최북단 스코틀랜드 인버네스(Inverness)에서 26 마일 떨어진 곳에 위치해 있다. 핀드혼 생태마을은 1962년에 호텔 지배인이 었던 피터 캐디와 그의 부인 에일린, 직장 동료 도로시 매클린 등이 러브

(Love) 공동체를 만들어 자갈밭을 일구는 것으로 시작되었다. 이 공동체는 처음에 이동식 트레일러에 살면서 영적인 삶을 중심으로 출발하였지만 1972년부터 일반적인 생태마을 공동체로 변신하였다. 지금은 450여 명의 주민들이 인간과 자연의 동반자적 공생, 공존을 추구하는 세계적인 생태마을로 성장했다. 이곳은 영성을 드높이는 대안적 생활양식과, 지속 가능한 공동체 마을에 대한 지원과 공동체 간의 정보교환을 돕는 역할을 하면서 세계의 생태마을 네트워크의 중심역할을 하고 있다.

핀드혼 생태마을에는 자연과 영혼의 대화를 나누는 명상의 장소가 많다. 이 공동체의 설립을 이끌었던 피터 캐디를 기리기 위한 묵상의 장소인 노천 성소(Open Air Sanctuary), 에일린이 자신의 영적 경험을 구성원들과 함께 공유하는 곳인 파크 성소(The Park Sanctuary), 자연과 대화하는 장소인 자연 성소(Nature Sanctuary), 그리고 영적 전통을 경험하는 영성 교육장인 민턴 하우스(Minton House) 등이 대표적인 곳이다. 이들은 매일 아침과 저녁, 매주 수요일 오전 9시에 전체 거주인들이 함께 모여 명상을 수행한다. 이들은 명상 못지않게 고된 노동을 통해 마음을 수련한다. 이들은 각자 1주일에 35시간을 일하면서 노동을 통해 자연 속에 존재하는 영성과, 자기 자신을 둘러싸고 있는 모든 것과, 그리고 자신의 일을 사랑하는 법을 깨우친다. 또한 농장은 핀드혼 거주인들에게 음식물을 공급하는 곳일 뿐만 아니라 체험학습의 현장이기도 하다. 이들의 노동임금은 대략 한 달에 320파운드 정도로 그렇게 높지 않다. 이곳 농장에서는 멜론, 호박, 시금치, 콩, 배추, 후추 등 흔히 우리의 농촌에서 볼 수 있는 20여 가지의 작물들이 유기농법으로 재배되고 있다. 채식주의자들이기도 한 이들은 농약을 금지하고 해충을 죽이지 않고 양쪽 문을 열어 바람에 날려 보내기도 하고, 농약 살포를 일절 금지하는 등 현장에서 생명존중 사상을 실제로 실천하고 있다.

핀드혼 마을사람들은 어떤 특정한 종교적인 교의나 이념을 표방하고 있지 않고, 사람과 사람, 그리고 사람과 자연의 관계에서 영성적, 정신적, 정서적 풍요를 매우 중시하고 있다. 이러한 이들의 가치는 다양한 영성수행 교육 프로그램을 통해 구현되고 있다. 대표적인 예로 일주일간 실시되는 단기 교육프로그램인 '체험1'과 1단계를 마친 사람이 참여할 수 있는 '체험2'를 들 수 있다. 교육프로그램의 구체적인 내용을 살펴보면 명상, 공동체 생활, 인격 함양, 정신계발, 갈등해소, 리더십, 그리고 원예에 이르기까지 매우 다양하다. 이들은 삶의 방향을 전환시키는 단순하면서도 강력한 체험 프로그램으로 대부분 구성되어 있지만, 이 이외에도 정신분석, 동양철학, 동양종교의 명상법을 결합시킨 개인 및 집단 심리치료와 13주간의 협동농장체험 학습프로그램도 있다. 핀드혼에서의 체험교육은 거주인들 개개인의 삶과 세계를 변화시키는 힘이 되고 있다. 앞서 언급한 바처럼, 대표적인 예로 일주일간 실시되는 단기 교육프로그램인 '체험1'과 1단계를 마친 사람이 참여할 수 있는 '체험2'를 들 수 있다. 이 공동체에서는 영성체험과 실천을 위한 프로그램이 진행된다. 영성체험 프로그램의 구체적인 예를 살펴보면 노동과 봉사의 가치를 교육하는 커뮤니티 게스트에서의 삶, 사회활동을 통한 영성교육 프로그램, 미국 워싱턴 주 소재 태평양 루터대학(Pacific Lutheran)과 연계한 12주 및 14주 공동체 생활 프로그램 등이 있다. 이들의 기본적인 목표는 학문적 이론과 실천적 경험을 조화시켜 마음과 영혼을 순화시키는데 있다.

핀드혼의 영성수행 교육프로그램에서 특별하게 주목을 끄는 것은 튜닝(tuning)이다. 이 튜닝은 주민들끼리 서로의 영혼을 소통시키는 방법으로서 일을 시작할 때 다함께 둥그렇게 원을 그리면서 손을 맞잡는 의식이다. 이 고요한 의식은 자연의 내면의 소리와 교감하는 기도를 한 후 사람들이 자연스럽게 옆 사람의 손을 꼭 쥐면 옆 사람은 자기 옆 사람의 손을 꼭 쥐고 마지막 사람까지 신호가 간 후에야 모두 함께 손을 푸는 일종의 '파도타기 손잡기'이다. 또한 이들은 식사를 할 때나 일을 할 때나 춤을 출 때도 모두 손을 잡는다. 이들은 손잡기를 통해서 서로의 마음과 소통하고 자연과의 조화를 느끼고 있다. 조용한 분위기에서 부르는 노래와 춤은 사람들 간의 몸과 마음을 하나로 묶는 영성의 조율 역할을 한다.

세계 각국에서 1만 명 이상의 사람이 참여하고 있어 이 교육프로그램은 덴마크어, 브라질어, 프랑스어, 스페인어, 일본어 등 다국적 언어로 진행되고 있다. 핀드혼 생태마을의 교육의 목표는 인간 개개인이 일상에서 경험하는 영적인 삶의 힘이 인간세계 전체를 변화시키는 동력이 된다는 것에 근본적인 바탕을 두고 있다. 핀드혼 재단(Findhorn Foundation)이 이들의 영적인 삶의 변화를 실제로 이끌고 있다. 이 재단은 같이 살고 같이 일하면서 전세계인의 지속 가능한 미래를 지향하기 위한 국제적인 센터 역할을 하고 있다. 핀드혼 마을사람들은 자신들의 생태마을이 생태적, 문화적, 정신적으로 지속 가능한 인간 정주지의 진정한 실천 장소로 여기고서, 자신들의 일상적인 삶의 경험모델이 농촌과 도시를 막론하고 전세계적으로 모든 형태의 인간 거주지에 확산되기를 기대하고 있다.

핀드혼 주민들의 공동체 삶을 결속시키고 지탱해주는 원동력은 자연 속에 내재하는 영성에 대한 믿음이다. 모든 거주민들이 "우리의 일은 영혼을 가꾸는 농사꾼이 되는 것"이라고 믿고 있는 것처럼, 핀드혼 마을사람들의 공동의 목표는 인간과 자연이 상호 존중하며 교감하는 것이다. 핀드혼 마을 사람들은 모든 생명은 하나라고 여기면서 식물과 대화하고 자연의 정령을 만나면서 생명의 본질을 그들에게 묻고 그들의 조언대로 실천한다. 이들은 식물과 흙, 불, 물, 바람 등 자연이 삶의 동반자이자 조력자로서 인간과 지속적으로 협력한다고 여기고 있다. 이 에덴동산은 인간이 자연을 지배하고 군림하는 기존 세계관으로는 미래가 없다는 문명 비판적 메시지를 던진다.

핀드혼 생태마을은 "자연이 주는 혜택 이상을 자연으로부터 가져다 쓰지 않는다"는 것에 정신적 바탕을 두고 자갈과 모래뿐이었던 황무지를 아름답고 푸른 농장으로 일궈낸 인간과 자연의 동반자적 공생을 추구하는 세계적 공동체이다. 핀드혼 생태마을은 영성을 드높이고 대안적 삶을 찾는 곳이면서도 지속 가능한 공동체적 삶의 정보교환을 돕는 전지구적 생태마을 네트워크의 중심역할을 하고 있으며, 1980년대 초부터 자연과의 공생을 위해 주거 공간, 식사, 에너지원 등을 모두 자연 친화적인 것으로 바꾸는 프로젝트를 의욕적으로 추진하였다. 이 생태마을 프로젝트의 네 가지 중점 실천 강령을 살펴보면 첫째, 환경 친화적인 주거 건물을 세우고, 둘째, 재활용 가능한 에너지 공급 체계를 갖추고, 셋째, 지역 단위로 유기 농산물의 생산체제와 여건을 조성하고, 넷째, 정주인들의 다양한 문화적 욕구와 건강을 충족시키는 가족 공동체를 실현하는 것 등이다.

핀드혼 생태마을의 주택은 인근지역에서 구입한 독성 없는 자연재료인 돌과 밀짚 같은 친환경 건축자재로 지어져 있다. 일부 주택은 주변 위스키 공장에서 버려진 오크통을 재활용하기도 했다. 거의 모든 주택은, 유럽전통의 목조건축에다 자연산 페인트, 석재, 목재 등을 건축자재로 사용하고, 햇빛을 많이 받는 남향에 위치해 있으며, 그리고 열효율을 극대화하기 위해 지붕에 잔디를 올렸다. 또한 일부 건축물들은 외부로 빠져나가는 열 손실을 최대한 줄이고 보온효과를 높이기 위해 3중 유리창을 설치하고, 땅에 반 정도 묻힌 상태에서 천장에 톱 라이트(Top Light)를 만들어 자연광을 활용하고 있다.

핀드혼 마을 사람들은 자연 에너지를 최대한 활용하고 있다. 마을 변두리에 설치되어 있는 75㎾의 전력 생산능력이 있는 무공해 풍력 발전기(Moya)는 마을 전체 전력 소비의 20%를 충당하고 있다. 이들은 일부이지만 땔감나무도 사용한다. 이 마을에서 배출되는 생활 오폐수는 리빙 머신(Living Machine)으로 처리된다. 오폐수는 리빙 머신이 설치된 그린 하우스에서 향기를 뿜어내는 개구리밥이나 물벼룩 물달팽이와 같은 수생 동식물, 미생물, 박테리아, 자연석 등을 담아놓은 탱크를 차례로 통과하면서 자연 정화된다. 이 중수는 정원을 가꾸는 용수로 재활용된다. 또한 마을 사람들은 음식물 쓰레기 등과 같은 폐기물을 거의 전량 퇴비로 만들어 농사에 활용하고 있다.

핀드혼 마을 사람들은 비닐하우스에서 콩, 배추, 시금치, 멜론, 호박, 후추 등 20여 가지의 작물을 유기농법으로 재배하면서 바이오 다이나믹 농법을 이용하여 무농약, 자연농업을 실험한다. 특히 마을 사람들은 비닐하우스 안에 금송화를 재배하여 주변의 공기를 자체적으로 정화하기도 하고, 해충을 죽이지 않고 양쪽 문을 열어 바람에 날려 보내며 생명존중사상을 현장에서 실천한다. 또한 핀드혼 주민들은 공동식당을 운영하면서 직접 음식을 준비하고, 식사를 함께 하면서 정겨운 시간을 보낸다. 이들은 대부분 채식주의자들이기에 공동식당에서 제공하는 계란 외에 육류를 일절 먹지 않는다.

핀드혼 생태마을의 성공은 이곳 사람들이 자연의 동반자로서 식물과 물, 흙, 바람과 협력하면서 노동의 숭고성을 체득한 결과이다. 이들은 자기 자신과 자신을 둘러싸고 있는 모든 것, 그리고 자신이 하고 있는 일을 사랑하려고 애쓴다. 이들은 한 달에 320파운드를 받는다. 노동의 대가는 크지 않지만 이들은 모두가 노동을 신성한 삶의 가치로 여기고 있다. 이들은 노동의 숭고한 가치를 공동체 구성들 간에 이어가기 위해 마을 안에서 자체적으로 지역화폐를 통용한다. 이들은 목수가 일을 하거나, 이발소에서 머리를 다음들 때 지역화폐로 지불한다. 거주민들은 1주일에 35시간을 일하고, 작업장별로 주당 2~3시간 단합의 시간도 갖는다.

핀드혼은 지속 가능한 생태 공동체의 전형을 보여준다. 핀드혼 생태마을은 분기마다 열리는 임원회의에 의해 운영된다. 10명으로 구성된 임원회의는 의사결정을 하기까지 모든 사람의 의견을 존중하는 절차를 거친다. 의사결정은 만장일치가 원칙이지만 위원회와 산하 분과체제가 조직되어 의견조정의 절차를 밟는다. 임원회의 아래에 행정위원회가 조직되어 조정자들을 두고 이들이 분과를 이끌어간다.

그 밖의 주요 특징을 살펴보면 이곳 마을에는 젊은이들을 위한 연극, 음악회, 재즈 페스티벌 등 다양한 문화행사가 자주 개최되어 마을 청소년들이 여가를 즐기기 위해 도시로 나가기보다는 도시인들이 오히려 핀드혼을 방문하고 있다. 또한 직접 농사를 짓고, 자연을 손수 돌보면서 생명의 본질을 그들에게 직접 묻고 그들의 조언대로 실천하고 있는 핀드혼 마을 사람들의 정신은 핀드혼 거주인들이 직접 운영하는 생태건축회사와 출판사를 통해 전지구적으로 확산되고 있다.

4.

크리스털 워터스는 1988년 세워진 세계 최초의 계획적인 생태 공동체이다. 이 마을은 호주 퀸즈랜드주 브리즈번에서 북쪽으로 100km 떨어진 메리강 언덕의 구릉지 숲 속에 자리잡고 있다. 크리스털 워터스에는 259ha 부지에 크고 작은 연못과 저수지들이 널려 있다. 이 공동체는 1985년 맥스 린데거를 중심으로 하여 환경 운동가들이 계획적으로 마을 설계에 착수했으며, 87년 지역신문에 참가자 모집광고를 게재하고 거주인들을 공모하여 문을 열었다. 처음 광고를 보고 참여한 가정은 6가구였으나 그 후 세계 각국에서 자연과 더불어 사는 삶을 꿈꾸던 사람들이 매년 꾸준히 찾아와 이 지역은 이제

82가구 200여명의 주민이 사는 이상적인 규모의 공동체로 자리잡았다.

이 공동체의 전체 부지 가운데 14%는 개인 사유지이고, 80%는 공유지이며, 그리고 나머지 6%는 방문객 시설과 공동시설로 배치되어 있다. 전 세계인들 가운데 마을 규약에 동의하고 마을에 주택을 구입하면 누구나 국적을 불문하고 크리스털 워터스에 정주할 수 있다. 이곳의 정주인들은 낮에는 차로 10여분 거리에 있는 멜라니 등 인근 도시로 출근하는 프로그래머, 의사, 교수, 그리고 교육 강사에서, 이곳 공동체에 필요한 일을 직업으로 하는 사람들인 건강 치료사, 요가 강사, 수목 전문가에 이르기까지 매우 다양하다. 이들은 주말에는 공동식사를 하거나 주민 생일잔치 등 크고 작은 이벤트를 준비해 공동체로서의 유대감을 위해 함께 결속한다.

크리스털 워터스의 생활 시스템은 생태계 파괴의 악순환을 초래하는 기존의 생활패턴을 전면 수정하고 있다. 크리스털 워터스는 매일 쓰레기를 내다버리면 그 쓰레기가 다시 자연 생태계와 인간의 생존을 위협하는 파괴자가 되는 일직선형적 악순환 패턴을 획기적으로 순환 시스템으로 변화시키고 있다. 이들은 하수와 음식물 쓰레기들을 한 곳에 모아 지렁이와 박테리아로 분해한 뒤 모래를 거쳐 3차례 정화하고, 남은 찌꺼기와 물도 버리지 않고 과일과 야채밭에 뿌리고, 과일과 야채를 먹은 사람에게서 나오는 분뇨를 다시 화장실에서 정화하여 이를 또 재활용하는 리사이클 시스템을 생활화 하고 있다. 빗물은 식수로, 계곡물은 샤워나 세탁, 세차용으로 쓰며, 음식물 쓰레기는 거름 탱크에서 썩혀 퇴비로 사용되고, 합성세제는 전혀 사용하지 않으며, 집에서 나온 생활수를 하수도 정원을 거쳐 자연 정화하여 저수지에 저장하고, 정수된 하수가 모이는 저수지는 너무 깨끗해 주민들의 수영장으로 쓰인다.

또한 크리스털 워터스는 주민들이 기거하는 집, 저수지, 도로, 정원, 초지, 용수 공급 등을 철저하게 퍼머컬처의 순환 원리에 적용하고 있다. 이곳의 건축물의 재료들은 모두 주변 자연과 조화를 이룰 수 있도록 설계하고 재활용이 가능한 흙과 나무를 쓰되, 부득이한 경우 전체 건축 재료의 5%이내에서만 콘크리트를 사용한다. 대표적인 예로 흙과 나무로 지은 집, 양철로 지은 집, 캠핑카를 세워 놓은 집, 흙으로 지은 원형 집, 지붕 꼭대기에 유리창을 설치하여 빛이 집안으로 잘 들어오는 집, 지붕에서 식물을 키우는 옥상녹화가 잘 된, 소위 하늘정원의 집 등을 들 수 있다. 이들은 여름날 시원한 바람이 잘 통하고, 겨울날 집안의 따뜻한 공기를 보온할 수 있게 태양열을 최대한 집안으로 끌어들이는 구조로 설계되어 있다. 이러한 건축물들이 자연 그대로를 철저히 강조하고 있지만 집 모양이나 구조 시설물들은 현대적으로 설계되었다.

크리스털 워터스는 개발 한계에 이른 지구의 지속 가능한 미래를 현실생활 속에서 실천하는 대표적인 대안 공동체로서 인간에게 대안적 미래가 단지 꿈이 아니라 현실에서도 가능하다는 것을 보여준다. 퍼머컬처 정신은 단순히 자연으로 복귀하자는 의미가 아니다. 이 정신은 모든 것을 한 곳으로 집중하여 한 곳으로 뽑아내는 현대산업사회의 일직선형적 시스템과는 달리, 자연과 인간이 서로 순환하도록 모든 것을 계획하고 배치하는 적극적인 실천운동이다. 또한 이 실천운동은 무공해 농법과 자급자족적인 공동체로서의 삶을 강조하면서 자연과 인간의 공생을 실현하고자 하는 일종의 생명운동이다. 이 생명운동은 자연과 인간, 인간과 인간이 더불어 사는 공동체적 삶을 모토로 하는 농업과 문화의 영속성을 위한 계획프로그램을 통해 자연과 공존하면서 생태계 안정성과 공동체 질서를 지속 가능하게 만드는 데 기여한다.

크리스털 워터스에는 여러 장, 단기 환경 프로그램이 상시적으로 진행되고 있다. 마을의 커뮤니티 센터이자 공동식당인 키친건물 내에서 건강과 생활에 필요한 토론학습, 생태교육, 요가, 건강치료 등 다양한 프로그램이 운영된다. 마을 주민들은 자체 내규를 만들어 키친에서 매주 두 차례 정기모임을 갖고 매년 대표를 뽑고 대표중심으로 마을을 운영하고 있다. 이 공동체 사람들은 자연에 순응하면서 조화롭게 하는 자연인의 방식을 따르면서 숲 속에서 무언가를 배우고 외우는 것보다 원시림인 유칼립투스 나무들을 헤치면서 자연과의 철저한 동화를 실행하고 있는 것이다.

5[*]

인도의 데칸고원 남동쪽 벵골만 끝자락에 위치해 있는 오로빌 생태마을은 처음에는 7명의 사람이 모여 시작하였지만 지금은 한국, 프랑스, 독일, 미국 등 세계 36개국에서 이주해 온 2,000여 명의 세계인들이 모여살고 있는 이상적인 공동체로 발전했다. 오로빌 생태마을이 문화와 종교와 인종의 차이를 뛰어넘어 인류의 공영을 추구한다는 점에서 1966년 유네스코가 오로빌의 출발을 지지하는 결의문을 채택하기도 하였다. 또한 이 생태마을은 1968년 2월28일에 처음 착공할 당시에 124개국 대표들이 그들의 나라에서 흙을 직접 가지고 이곳에 참석하여 화제를 뿌리기도 하였다. 현재 오로빌 생태마을은 유엔, 유럽연합, 경제협력개발기구, 미국, 독일, 캐나다, 벨기에, 프랑스 등으로부터 매년 400만 달러 정도의 국제기금을 지원받고 있다.

오로빌 마을은 명상의 성소로 통하고 있는 마티르 만디르를 중심으로 직경 5km의 원형구조를 이루고 있는데, 중심부에는 주거구역, 문화구역, 산업구역, 국제구역이 마티르 만디르를 향해 은하수 모양으로 바라보고 있고, 그 주변을 푸른 숲이 에워싸고 있다. 인종과 국적이 다른 사람들이 인종적, 도덕적, 사회적, 문화적 차이를 극복하고 조화롭게 살아가는 오로빌리언들의 이상처럼, 특히 국제구역에는 티벳 센터나 아메리칸 센터 등과 같은 세계인들을 위한 패밀리언 센터가 설치되어 있다. 오로빌의 건축물이 모두가 하나같이 자연과의 조화를 추구하고 있는 것은 이들이 세계인과의 공존의 의미를 자연과의 조화 속에서 찾고 있기 때문이다.

소프트웨어 회사를 만든 뒤 98년 미국의 SCM에 회사지분을 팔아 100만 달러를 오로빌에 기부한 컴퓨터 전문가, 행정과 재정의 책임을 맡고 있는 벨기에 사업가, 장학금을 받고 미국 매사추세츠주의 노스필드 마운틴 허먼이라는 사립고교를 졸업한 퀼라팔래얌 마을 출신의 인도청년, 황토벽돌 기술자, 그리고 창의적인 화가와 음악가 등 다양한 사람들이 이 생태 공동체를 가꾸어 가고 있다. 이 원형 마을에서는 대체의학, 토양과 수자원교육, 유기농법과 환경 친화적인 산업기술, 재활용 에너지, 명상교육 등 다양한 실험교육이 이루어지고 있다. 학교는 초, 중, 고등학교가 있고, 학급당 학생 수는 15명 안팎이고 정해진 교과과정은 없다. 물론 학비는 전액 무료다.

학생들은 직업 현장에서 일을 배울 기회를 갖게 되지만 졸업 후 진로는 스스로 선택한다. 학생들 중 일부는 폰디세리주에 있는 사립학교에 진학하거나, 스탠퍼드대와 하버드대에 장학금을 받고 입학하기도 한다. 하지만 오로빌에서 태어난 아이들은 오로빌을 떠나지 않고 80%가 오로빌에 뿌리를 내리고 거주한다고 한다. 오로빌에서는 직업선택의 자유가 철저히 보장되지만 월급으로 최소 생활비만 지급된다. 학교, 공장, 농장 어디에도 장(長)이나 대표가 없고 모두 동등한 자격에서 문제를 해결하고, 모든 문제를 만장일치로 결정한다. 이들은 성(姓)을 사용하지 않고 이름만 쓴다. 이들에게는 공동체의 각종 행사에 모두가 참석해야 하는 공동체 규정이 없다. 누구에게도 어떤 일이든 강요되지 않고 자기가 원하는 일을 하도록 한다. 이들 중에 기술이나 지식이 부족하면 구성원들이 일을 가르쳐 줄 뿐이다.

오로빌은 모든 신념과 종교 그리고 국적을 초월하여 살아가는 다문화 공동체이다. 오로빌의 정신적 토대는 인도의 사상가 스리 오로빈도와 마더 (Mother)로 불리는 그의 정신적 동반자 미라 알파사이다. 스리 오로빈도는 인간의 적은 인간의 내부에 있으며, 자기 성찰에 정진하면 인간의 의식도 신성을 향해 나아갈 수 있다고 믿고서 이 정신을 이 공동체에서 구현하고자 하였다. 그리고 마더는 첫 정착지의 척박한 땅을 오로빌의 터로 지정하고 황무지를 손으로 파헤쳐 씨를 뿌리고 오로빌을 푸른 숲으로 바꾸고자 하였다.

오로빌리언들은 의·식·주의 기초가 되는 육체노동을 이 공동체의 기본정신으로 생각하고서 하루에 다섯 시간을 노동하고 있다. 이들은 섬유공장이나 공장에서 직접 노동을 하여 만든 각종 수공예품을 인도를 비롯하여 세계 여러 나라로 수출하며, 자신들이 벌어들인 이익금의 30%를 공동체에 기부한다. 오로빌리언들은 사회적, 도덕적, 문화적, 인종적 차이의 편견과 선입관을 극복하려고 부단히 노력한다. 이들은 도덕적, 사회적 인습의 굴레로부터 자유로워질 때 자신의 이기적인 에고와 물질적인 욕망과 세속화된 명예욕으로부터 벗어날 수 있다는 것이다. 이들은 육체적인 노동에 전념할 때 물질적인 소유개념에 사로잡혀 있는 자신이 진정으로 해방될 수 있다고 믿고 있다.

또한 이들은 명상을 중시한다. 오로빌리언들에게는 명상은 의식이 강해지고 신성에 더 가까이 접근하는 수단이 되고 있다. 그러나 이들은 명상을 결코 강요하지 않는다. 이들은 전체가 모여 함께 명상할 기회를 갖지만 참석여부를 개인의 자유의사에 맡긴다. 오로빌리언들은 흔들리는 생각을 결코 붙잡지도 않고 잡다한 상념을 정리하지 않고 생각이 흐르는 것에 그저 내맡기고 가만히 지켜보기만 한다. 이들에게는 지켜보는 것이 고양된 의식으로 통한다. 그리고 오로빌리언들은 아무에게도 가르치지 않고 자신의 안에 있는 것을 발현하도록 도와주기만 한다.

누구나 특별한 자격이 요구되지 않고 국적, 연령, 인종, 성별에 따른 차별을 불문하고 오로빌리언이 될 수 있다. 누구든 오로빌에서 3개월을 거주한 뒤 인터뷰를 통해 정주인의 여부가 결정되는데, 2년을 거주하면 오로빌리언이 될 자격이 부여된다. 정식 정주인이 되기까지는 신입 거주인들은 뉴커머 콤플렉스에서 임시로 머물게 되는데, 문제는 그곳의 정주공간이 제한되어 있어 신입자들이 빈자리가 있을 때까지는 기다려야 하는 어려움이 있다. 때로는 거주 희망자들 중에 2년이 지나도 거주공간을 구하지 못할 경우 새로 땅을 사서 오로빌 재단에 기부하고 거주허가를 얻는 경우도 있다.

6

제그 생태마을이 70년대 초부터 생태적 삶과 문화의 실험을 위해 구성되었지만 이 공동체가 공식적으로 출범한 해는 1991년이다. 독일어로 '사회문화실험센터'(Zentrum fur Experimentelle Gesellschafts Gestaltung)의 의미를 내포하고 있는 이 생태마을은 독일 베를린 남서쪽에서 80km 정도 떨어진 휴양도시 벨치히시 인근에 위치해 있다. 울창한 나무와 이름 모를 야생초들이 만발한 이곳은 15ha 정도의 면적에 100 여명의 주민이 현재 거주하고 있다. 특히 제그 공동체는 분단의 아픈 역사를 안고 있다. 베를린 장벽이 무너지기 이전에 이 지역은 동독의 국가정보원 특수교육기지로 활용되던 곳이었으나 이 공동체 입안자들이 통독 후 저렴한 가격으로 매입하였다.

제그 공동체에는 세계 각국에서 모여든 개성이 아주 다양한 사람들이 진정으로 자유로운 삶을 추구하고 있다. 제그 공동체의 정신은 프랑스를 시작으로 하여 유럽 전역으로 확산되었던 '68 혁명'의 정신에 기본적인 바탕을 두고 있다. 당시 기성사회의 획일화된 체제에 도전하여 자유를 갈구하던 젊은이들이 자신들 방식으로 유토피아를 꿈꾸며 삶을 이끌어가면서 이 운동을 실천하였다. 제그 공동체는 유한회사 형태로 운영되며, 구성원들은 미국의 이타카, 스코틀랜드의 핀드혼, 호주의 크리스털 워터스와 마찬가지로 목수, 교수, 변호사, 기계공, 음악가, 프로그래머, 그리고 요가강사 등에 이르기까지 매우 다양하다. 직장이 대부분 제그 구역 밖에 있지만 이들은 공동체 안에서 거주하면서 일상생활을 영위한다.

제그에는 유치원 이외에는 학교가 없다. 아이들은 대부분 근처의 다른 공동체의 자유학교(대안학교)에 다니고 있지만 일부는 입학을 거부하고 인근 마을의 정규학교에 다니고 있다. 유치원생들의 경우 제그 공동체에 거주하고 있는 학부모들이 직접 참여하여 아이들의 교육을 돌본다. 물론 이들은 방학 중에는 정체성을 달리 하는 주변의 다른 공동체들과 자녀교육을 포함하여 생활과 문화 등 전반에 걸쳐 상호 간에 긴밀하게 교류를 나눈다. 그리고 27년이라는 역사 속에서 이들은 수많은 시행착오를 겪으면서도 공동체 안에서 일어나는 갈등 문제를 공동체 회의에서 해결하고 있다. 이들은 작은 규모의 캠프를 자주 운영하고 있지만 큰 규모의 워크캠프(Work Camp)를 일 년에 네 번 열고 있다. 거주인들은 겨울에는 자신들끼리 원활한 대화를 통해 내부결속과 공동체의 비전을 다지고, 여름에는 캠프를 통해 외부 사람들과 영감을 주고받으면서 자신들의 내면과 삶의 경험들을 교류한다. 이들 중에는 다른 공동체와의 교류를 통해 결혼도 하며, 이를 계기로 공동체를 옮겨가는 것도 자유롭게 허용된다.

제그 공동체의 주요 특징 중 하나는 공동체의 한복판에 위치한 '캠퍼스'라고 부르는 원형공간이다. 공동체의 주요 시설물인 식당, 맥주바, 어린이집, 수영장, 캠핑장에 의해 에워싸여 있는 지름 30m 정도의 이 원형공간에서 구성원들은 특정 종교나 이념에서 벗어나 사랑과 삶과 문화와 자연에 대해 깊이 명상하면서 자유롭게 토론한다. 공동체 자체에서 기획한 캠프 프로그램으로는 자연과의 친교, 명상, 육체노동, 그리고 구성원들 간의 관계형성에 관한 내용들이 대부분이다. 이들의 영감교육의 핵심은 거주인과 방문자가 동시에 삶의 변화를 경험하게 되는 명상체험이다. 정주인들은 방문자들의 입장에서 자신들의 삶을 반추하고, 방문자들은 정주인들의 입장에서 삶의 소중한 경험을 체득한다. 이곳에서는 내부인이 외부인이 되고, 반대로 외부인이 내부인이 되는 안과 밖이 교차되는 내재적인 삶이 실천되고 있다.

제그 공동체에서 거주인들이 자신들의 삶에 끊임없이 의문을 던지면서 찾고 싶어하는 삶의 원형은 자연인으로서의 인간이다. 이들은 명상을 통해 자연과 소통할 때 자연인으로서의 인간으로 회귀가 가능하다고 믿고 있다. 이들은 삶에 대한 고정된 방식과 답을 따르지 않고 인간이 만든 제도와 관습의 경계를 뛰어넘어 인간 본래의 자연스런 삶의 모습으로 다가가려 한다. 이들은 지금까지 인간이 만든 모든 제도가 이성의 소산물이라 여기고 영성을 통해 자연의 본모습으로 다가가려 한다. 이들이 갈망하는 영성의 힘은 의식을 공유하고 소통하는 매개체로서 오로지 명상을 통해 가능하다.

특히, 제그 공동체가 다른 공동체와 구별되는 가장 주목할 만한 특징은 사랑에 대한 구성원들의 인식이다. 제그 공동체에서는 남녀 간의 관계나 세대 간의 관계에서 구성원들의 자유의사를 가장 중요시 한다. 이 공동체 내에서는 거주인들 끼리 이성 간의 자유로운 동거와 이별을 열어 두고 있다. 여기에서는 사랑이 개인의 진정한 자유이면서도 동시에 사회 변화의 핵심 주체이다. 이들은 사랑이 결코 남성과 여성 두 사람만의 관계라고 여기지 않는다. 자연히 이들은 사랑의 올바른 답으로 일반적으로 통용되고 있는 제도적 사랑을 반대한다. 이들에게는 제도적인 사랑이 아닌 자연인으로서의 인간의 근원적 가치, 다시 말해서 인간에 대한 사랑만이 존재할 뿐이다. 제그 공동체의 정주인들에게는 상호 간에 영성적인 신뢰가 구축되면 사랑에 대한 경계확장은 언제나 열려 있다. 이들은 개인 간의 자유로운 사랑을 통해 인간이 진정으로 하나가 될 수 있다고 여기고 있다. 지금 이 순간도 제그 공동체의 거주인들은 내적인 마음의 안정이 외적인 삶의 평화를 가져온다고 믿고서 끊임없이 자신들의 삶에 의문을 던지면서 살아가고 있다.

7˚

미국의 사막 위의 낙원으로 불리는 아르코산티는 애리조나 주 중심도시인 피닉스 북쪽으로부터 70마일 떨어진 사막 고지대에 위치한 친환경 생태도시이다. 인근에 로키산맥의 지류가 흐르고 현무암으로 이루어진 이곳은 비교적 서늘한 기후조건을 갖추고 있다. 또한 아르코산티는 주업이 종(鐘) 제조라고 불릴 정도로 한국의 사찰에서 볼 수 있는 풍경(風磬)을 제작하여 관광객에게 팔아 재원을 마련하고 있는 곳이기도 하다. 한국전에 참전한 파올로의 친구가 한국의 절 처마 끝에 달린 풍경을 보고 감화를 받아, 후에 종산업을 파올로에게 권했고, 파올로는 이 제안을 받아들여 아르코산티의 주업으로 이를 선택했다고 전해진다.

아르코산티 생태도시는 이탈리아 출신 생태 건축학자인 파올로 솔레리가 1950년대에 처음 구상하여 1970년에 착공을 하였으며, 특히 이곳은 38년이 지난 지금까지 공정률이 4~5%에 불과할 정도로 미래지향적이다. 파올로가 추구하는 이 생태도시의 기본개념은 아콜로지(arcology)인데, 아콜로지는 건축학(architecture)과 생태학(ecology)의 합성어로서 환경계획 도시의 의미를 내포하고 있다. 아콜로지 워크샵 프로그램을 통해 세계 각지에서 찾아온 많은 건축가들의 노력으로 이 미래의 생태도시는 점차 자리를 잡아가고 있지만 아르코산티는 최종적으로 완공되기까지는 앞으로 몇 세기가 더 걸릴지 모른다. 대략 7,000명이 거주할 수 있는 고밀도의 복합도시를 목표로 삼고 있는 아르코산티에는 워크샵 참가 건축가들과 그곳의 주민들을 포함하여 약 2,000명이 거주할 수 있는 거주공간의 기반시설이 착공되었다고 한다. 이 도시의 첫 설계자가 파올로임에는 부인할 수 없지만 그의 개념에 뜻을 같이 하는 전 세계의 모든 건축가들이 이 도시를 함께 만들어 가고 있다고 해도 과언은 아닐 것이다.

아르코산티는 아콜로지의 생태건축학 개념을 철저히 지켜가고 있다. 그런데 아르코산티는 지금까지 논의했던 다른 생태도시와 특별히 구분되는 몇 가지 특징을 지니고 있다. 대부분의 생태도시가 자연 친화적인 건축재료나 재활용 건축설비 기술을 중시하지만 모듈로 고안된 콘크리트 기성재들의 결합으로 이루어지고 있는 것이 아콜로지의 주요 특징이다. 우선 아콜로지는 도시형 복합기능의 대형공간 개념에서 출발하고 있다. 이 대형공간은 일종의 커뮤니티 개념으로서 일, 삶, 놀이가 하나의 공간 속에서 동시 다발적으로 이루어질 수 있도록 다양한 기능의 공간들이 상호 긴밀하게 연결된 복합 공동체를 이룬다. 밀도 높은 다용도 복합 공간 자체가 교육, 삶, 문화, 일, 건강, 레저 등을 모두 융합하는 복합 네트워크의 기본적인 시스템이 되고 있다. 가령 이들의 거주공간은 함께 모여 살 수 있는 하나의 공간 속에 주거지와 카페 같은 휴식공간과 갤러리와 같은 문화 공간이 함께 설계된 주상복합형이다. 인간의 공동체적 삶이 다기능 효율 공간을 통해 가능하다는 점에서 파올로는 고밀도의 집적된 도시 구조물을 인간의 정주 환경으로 제안하고 있다.

아콜로지 신봉자들은 거주공간의 최소화가 지속 가능한 도시적 삶과 사막의 자연환경 보호를 가능케 한다고 믿는다. 이들은 복합적이고 서로 긴밀하게 연관된 압축공간과 다용도 구조물로 이루어진 고밀도의 수직적 도시를 추구한다. 미국의 한적한 소도시나 한국의 전원주택에서 흔히 볼 수 있는 수평으로 흩어지고 확장된 도시 개념을 거부한다. 수평적으로 확장된 도시가 오히려 자연환경을 잠식하여 더 큰 환경 위기를 초래한다는 것이다.

아르코산티 생태도시의 기본개념은 미국 상류층 가정의 교외지역 주택에서 볼 수 있는 넓은 마당과 아늑한 뒤뜰을 자랑하는 주거형태를 탈피하고, 자동차 없는 도시를 추구하는 것에서 출발한다. 아콜로지 개념에 따르면, 호화주택이 수평적으로 산재하고 주택과 주택 사이에 멀고 먼 공간의 틈새가 벌어지면 도로가 생겨나기 마련이고 그렇게 되면 자연훼손이 불가피하다는 것이다. 주택과 주택 사이의 틈새를 줄이게 되면 도로가 없어지게 되고, 도로가 없으면 자동차가 없어지게 마련이고, 자동차가 없으면 도로건설도 없고 환경훼손도 없게 된다는 것이다. 사실, 아르코산티로 들어가면 각 장소의 모든 공간이 수직구조로 이루어져 있기에 자동차는 별 필요치 않다. 아르코산티 거주인들은 차 없이 걸어 다니는 환경 친화적 삶을 누리면서 태양열 에너지를 이용하고 유기농법으로 시금치, 당근 등을 재배하며 거의 모든 것을 자급자족하면서 소박하게 살아가고 있다. 물가도 싸고 공간 사용료가 대부분 무료이기에 주민들은 모두가 돈을 어디에 다 써야할지 고민할 정도라고 한다.

파올로의 아콜로지 개념은 지속 가능한 도시적 삶과 문화의 영속적인 추구에 바탕을 두고 있다. 아콜로지의 기본정신은 도시를 떠난 현대인의 삶은 상상할 수 없다. 물론 그것의 전제는 다양한 문화 프로그램을 통한 도시적 삶의 지속성에서 출발한다. 사람이 거주하기 위해 수평적으로 확장하여 문어발식으로 점유하고 있는 90%이상의 대지를 자연 속으로 환원할 때 농경과 대지의 보존이 지속 가능하다는 것이다. 다시 말해서 도시인들이 거주지를 최소화 할 때 광활한 자연과 도시적 삶이 동시에 공존할 수 있다는 것이다.

요즘 우리 주변에서 논의되고 있는 이상적인 생태도시의 조건으로는 지역의 전통과 문화 활용의 지혜, 재생 에너지의 상용화에 기초한 친환경 에너지 체계 구축, 교통수요를 최소화하는 보행자 중심의 도시 설계, 생태통로와 소생물권 조성, 투수성 높은 도로를 통한 생물 다양성 증대 등이다. 이들이 환경적 관점에서 해당지역의 특수한 자연적, 사회적 조건들이 우선적으로 고려된 것이기도 하지만 우리는 여기서 아르코산티가 추구하고 있는 아콜로지의 지속 가능한 도시적 삶과 광활한 자연의 공존의 지혜를 생각해 볼 필요가 있다.

III

사회적 웰빙으로서의 로하스의 의미와 사례

1*

웰빙은 건강에 좋은 음식을 먹고 운동이나 여행을 통해 정신적으로나 육체적으로 행복한 삶을 추구하는 삶의 방식이다. 웰빙을 추구하는 현대인의 부류로는 대표적으로 웰루킹(Well-looking)족과 슬로비족(Slow But Better Working)을 들 수 있다. 웰루킹족들은 자신의 장점과 개성을 최대한 잘 살리기 위해 자기관리에 철저한 삶을 영위한다. 이들은 외모와 건강과 미용을 위해 운동과 웰빙식품을 선호한다. 특히 웰루킹족은 자극과 향이 없는 화장품, 천연소재 상품, 자연식품, 천연재료로 만든 의류 등을 찾는다. 그리고 슬로비족들은 빠르게 변모하고 있는 현대인의 생활습관 속에서도 풍요로우면서도 천천히 여유를 갖고 더 나은 생활을 영위하려는 사람들이다. 이들의 느리게 살기 운동은 슬로우 푸드 운동과도 연계된다. 이들은 고추장, 된장, 간장 등 오래 묵을수록 진한 맛을 내는 전통음식을 선호한다.

21세기 삶의 방식은 사회적 웰빙과 깊은 연관을 맺고 있고, 이같은 미래형 지속가능한 웰빙이 로하스이다. 로하스(LOHAS)는 Lifestyles Of Health and Sustainability의 약자인데, 이는 건강한 삶의 지속성을 추구하는 생활방식으로서 개인의 웰빙을 사회적 의미로 확장한 것이다. 로하스는 환경과 자원의 지속 가능성을 생각하고 개인의 정신적, 육체적 건강뿐만 아니라 환경까지 생각하는 친환경적인 소비 형태를 보이며, 후대에게 물려줄 소비기반의 지속 가능성까지 고려한다. 2000년에 미국의 내추럴마케팅연구소가 처음으로 이용어를 사용하였다. 웰빙이 개인의 육체적, 정신적 건강을 통해 행복한 삶을 추구하는 삶의 방식이라면, 로하스는 개인을 뛰어 넘어 후세대의 건강한 삶을 위해 환경의 지속 가능성을 고려하는 사회적 웰빙인 것이다. 로하스는 웰빙보다 선구적인 개념으로 받아 들여 지며, 일종의 21세기 현대인의 노블레스 오블리제(Noblesse Oblige)로 정의할 수 있다.

2

웰빙과 마찬가지로 로하스는 새로운 삶의 트랜드로서 건강한 삶과 삶의 질을 최우선으로 삼고 있다. 그러나 이들은 미래에 대한 생각과 가치 비중에 있어 차이를 드러낸다. 웰빙이 극히 개인적인 차원에 머물고 있다면, 로하스는 개인에서 사회적 차원으로 확장된다. 웰빙이 개인을 중심으로 잘 먹고 잘 살기를 추구하는 삶의 방식이라면, 로하스는 이웃과 사회, 나아가 환경과 후세까지 생각하면서 환경의 지속 가능성을 고려하므로 사회적이다. 그것의 구체적인 실천방안으로 로하스는 환경의 지속 가능성을 우선적으로 배려하여 상품소비에 대한 책임을 자각한다. 이들의 견해에 따르면, 현재의 경제성장에 따른 개발능력으로 인한 지구의 환경자원의 지나친 소비는 종극에는 환경파괴와 자원고갈을 초래하기 마련이므로 지구의 소비적 한계가 분명하다는 것이다. 따라서 현대인들은 저마다 지구 공동체의 구성원으로서 환경 소비윤리를 당연히 지녀야 한다는 것이다. 다시 말해서 현대인들은 저마다 환경에 대한 노블레스 오블리제의 의무를 지녀야 한다는 것이다.

그것의 실천방안으로서 로하스는 개인의 정신적, 육체적 건강 외에도 환경까지 생각하는 친환경적인 소비 형태를 보일 뿐만 아니라, 후대에게 물려줄 소비기반의 지속 가능성까지 고려한다. 이러한 생활방식을 추구하는 로하스족은 건강, 환경, 자기 발전과 지속 가능한 삶에 가치를 둔다. 가령 웰빙족이 개인의 모발건강을 위하여 유기농 샴푸를 이용한다면, 로하스족은 수질과 토양오염을 염려하여 유기농 샴푸를 적극 소비한다. 웰빙족이 개인의 건강을 위하여 금연한다면, 로하스족은 이웃과 직장 동료들의 건강을 함께 생각하면서 담배를 끊는다. 그리고 웰빙족이 개인의 건강한 삶을 위하여 유기농 식품을 찾는다면, 로하스족은 화학비료와 살충제 남용으로 인한 토양과 환경오염까지를 염려하면서 유기농 식품을 먹는다. 이들이 환경규제 강화나 캠페인 등에 개인적인 관점에서 적극적으로 참여한다는 점에서 미래의 기업의 경영목표도 친환경적인 자연 친화적인 방향으로 나아갈 수밖에 없다.

로하스와 생태주의는 기본적으로 환경의 지속 가능성과 이를 위한 구체적인 실천에 중요한 가치를 두고 있다. 그러나 로하스와 생태주의는 실천방식에 있어 근본적인 차이를 드러낸다. 로하스는 개인의 정신적, 육체적 건강뿐만 아니라, 후대에 물려줄 환경의 지속 가능성을 중시하지만, 결코 이념 지향적이거나 목표 실현을 위해 공동체 지향적이지 않다. 생태주의가 자연 친화주의와 근원주의를 참여운동이나 공동체 정신을 통해 지속적으로 추구하려는 반면, 로하스는 자연의 지속 가능성을 줄곧 개인적인 차원에서 실천하려 한다.

　로하스가 개인이 중심이 된 사회적 웰빙을 실천하려는 것이라면, 생태주의는 사회참여 운동을 통해 자연의 근원으로 회귀하려는 것이다. 생태주의는 자연의식의 실천을 통해 환경보전을 추구한다는 점에서 로하스보다 환경의식에 대한 성과가 조직적이면서도 체계적으로 유지될 수 있다. 하지만 생태주의는 대중성을 확보하는데 한계성을 드러낼 수 있다. 그러나 로하스는 개인적인 차원에서 친환경 주거공간 및 주거시설과, 친환경 상품소비 및 환경의 지속성을 실현하려 한다는 점에서 환경의식에 대한 성과가 제한적일 수 있다. 하지만 로하스는 개개인들이 환경의 지속성을 위해 부담 없이 동참할 수 있다는 점에서 거시적인 차원에서 보면 미래 지향적인 대중성을 확보할 수 있다. 로하스는 친환경 상품의 소비와 그것의 지속 가능성을 중시하고 있으므로 생태주의에 지역상품의 생산, 발전, 개발영역을 접목할 수 있으므로 로하스는 환경 친화적인 기업의 생태도시 건설에 참여를 유도할 수 있을 뿐 아니라 생태도시의 규모와 범위를 확장할 수 있다.

3

　로하스는 개인만을 위한 웰빙과 환경 자체만을 위한 생태주의를 뛰어 넘어, 현대인들 개개인이 환경과 더불어 살면서 상생적인 삶을 영위할 수 있는 인간과 환경과 기업 모두에게 유익할 수 있는 미래 지향적인 생활문화이다. 로하스는 인체에 전혀 해를 끼치지 않는 환경 친화적인 건강식품으로서의 지속 가능성의 여부와도 깊은 관련성을 맺고 있다. 이런 점에서 로하스는 개개인이 환경 친화적인 생활과 상품소비의 지속적인 실천에 주요 목표를 두고 있는 사회적인 웰빙 철학이다. 이러한 환경 친화적인 웰빙 생활문화를 일상적인 생활 속에서 찾아본다면 아마도 유기 농산물, 토속식품, 자연수산물, 황토집, 야생화단지, 태양열 같은 자연 에너지 등일 것이다.

여기서 로하스를 남해라는 지역에 실제로 적용하여 살펴보자. 이미 남해는 태양에너지를 제외한 유기 농산물, 토속식품, 자연수산물, 황토집, 야생화단지 등에서처럼 로하스 생활문화를 일상화 할 수 있는 기본적인 조건을 충분히 갖추고 있다. 사실, 남해의 천혜의 자연조건을 고려한다면 위에서 언급한 로하스의 생태조건은 극히 도식화 된 조건에 불과하다. 남해의 각 마을은 뒤에는 크고 작은 산과 앞에는 논밭과 아늑하고 광활한 바다가 펼쳐져 있는 대표적인 배산임수형 촌락구조를 형성하고 있다. 만일 남해가 이러한 천혜의 자연조건에 살충제 살포를 금지하는 조례를 제정, 공포하고 유기농을 일상화하고, 환경 친화적인 도랑과 습지에 참게와 민물장어가 서식할 수 있는 생태조건을 복원하고, 야생화 단지를 가꾸고, 황토집을 세우고, 마늘처럼 비자나무와 유자나무 같은 특작물을 재배하여 다양한 가공식품을 개발하여 글로벌 판매망을 구축한다면 로하스 도시의 최적 조건을 갖출 수 있다.

아마도 논자가 이런 말을 하게 되면 일부는 현실을 모르는 이상이라고 말할지 모른다. 이들은 한결같이 유기농은 생산성이 떨어지고, 참게와 민물장어는 서식지로서의 한계가 있고, 황토집은 막대한 재원이 필요하고, 비자나무와 유자나무는 농가 소득원으로서는 이미 실패로 끝났다고 말할 것이다. 과거 산업사회의 경제논리에 비추어 본다면 이들의 논거가 결코 틀린 말이 아니지만 로하스의 경제논리에 따라 다시 한 번 생각해 본다면 이들도 사고의 일대전환이 일어날 것으로 생각된다. 남해유자 가공식품이 소비자들로부터 주목받지 못하는 이유가 뭘까? 남해가 생태섬으로서의 이미지가 전국적인 소비자들에게 차별화되어 각인되지 않았기 때문이다. 남해마늘이나 남해

유자 가공식품이 사회적인 웰빙식품으로 소비자들에게 또렷하게 각인되어 결코 흔들리지 않는 고귀한 가치를 높이려면 로하스 도시 선언과 같은 차원 높은 정책이 필요한 것이다.

먼저 유기농의 경제논리를 한번 살펴보자. 다른 지역에서는 처음에 유기 농이 수질오염을 줄여보자는 목적에서 시작되었다. 지역에 따라 실패한 지역 도 있겠지만 성공한 지역의 예를 보면 유기농은 농작물의 생산성을 높이고, 맛도 좋고 건강에도 좋은 먹거리를 얻게 되는 일석이조의 효과를 얻게 되었 다. 인구 5만 명 규모의 섬 지역인 남해가 선언적으로 살충제의 살포를 금지 하는 조례를 제정하여 전국에 공포하게 되면 남해는 생태섬으로서의 삶의 지향점을 대내외적으로 공언하게 되는 것이다. 남해는 다른 지역에 비해 생 태섬으로서의 브랜드 효과를 집중화시켜 극대화 할 수 있는 지정학적인 이 점을 충분히 갖추고 있다. 남해가 그렇게 크지도 않고 그렇게 작지도 않은 적정한 크기의 섬이기 때문이다. 마늘을 포함하여 남해에서 생산되는 쌀, 시 금치, 당근, 파 등 모든 채소류와, 유자를 포함한 과일과, 바다의 자연산 어류 등이 건강식품으로서의 가치를 지니면서 소비적인 차원에서의 전국적인 관 심의 대상이 될 것이다.

또한 수해를 영구적으로 방지하기 위해 개울가에 설치해 두었던 제방이 나 강둑을 생물이 서식할 있는 환경으로 바꾼다면 무차별 농약살포로 인해 우리 곁을 잠시 떠났던 참게와 민물장어가 개울가에 다시 찾아 올 것이다. 여기에다 현재 환경 오염물질로 추정되는 건축 재료로 이루어진 각 축사들 을 환경 영향평가에 의해 장소를 합목적적인 곳으로 옮겨 흙푸대 집으로 개 축하고, 지붕에 야생화를 가꾸고(독일 킬도시의 사례 참고), 토속적인 재료에 다 포스트모던적 인테리어로 지은 토담집이나 황토집에다 마을 길목마다 야 생화를 심고, 해변을 따라 자전거도로와 걷기 코스를 만든다면 사람들의 관심이 남해로 옮겨 갈 것이다. 참게나 민물장어가 주된 소득원이라기보다는 야생화나 걷기코스와 같은 생태섬을 홍보하는 매개체가 될 것이고 토담집이나 황토집이 정주지나 관광객의 안식처로서의 새로운 가치를 자리매김할 수 있을 것이다. 앞으로 흙푸대집 테마체험도 새로운 관광 상품이 될 수 있고, 각 마을의 다랭이 논에 보리나 약초를 포함하여 토산품을 재배하여 상품화하면, 이들도 주요 소득원이 될 수 있다.

바로 여기에서 로하스의 삶의 철학이 시작된다. 앞서 언급한 것처럼 로하스는 개인의 건강과 환경의 지속 가능성을 고려한다는 점에서 개개인이 환경 친화적인 식품을 소비해야 하는 사회적 의무를 지니고 있기에 환경 친화적인 기업도 우리와 함께 할 수 있다. 현재 업계에서는 자연으로 회귀하고자 하는 소비자 욕구에 맞추어 식품과 화장품과 의류 등에 로하스 개념을 도입하려고 노력하고 있다. 게다가 이들은 자연에 가까워지려는 현대인들의 강한 욕구에 부응하여 유기농 농산물을 비롯하여 환경 친화적 관광 상품, 대체 의약품 등에 이르기까지 그 영역을 확장하고 있다. 또한 기업들은 신웰빙족인 로하스족을 미래의 주요 고객의 대상으로 삼아 유기농 브랜드 관련 제품이나 마케팅을 통해 신속하게 새로운 시장을 공략하고 있다. 친환경적인 요소를 지속적으로 개발하고 이를 소비하는 것을 전제로 생각해 보면 로하스는 친환경 상품시장의 규모를 확대하고 새로운 시장을 형성할 수 있는 기본적인 토대가 될 수 있다.

사람들은 누구나 남해에 가면 참게와 민물장어 잡이나, 바다에서 자연산 도다리와 도미 잡이나, 갯벌 체험도 할 수 있고, 한가롭게 해변을 걸으면서 건강을 다지면서 자신을 재충전할 수 있는 장소로 남해를 제일 먼저 떠올릴 것이다. 산과 들과 바다를 유기농산물에다 야생화를 포함하여 각종 특작물 체험장과 산책과 걷기코스의 안락한 쉼터로 만든다면 남해에 고향을 떠났던 사람들이 마치 연어처럼 영원한 정주지를 찾아 귀향할 것이고, 아울러 관광객들도 안식처를 찾아 몰려올 것이다. 이들은 단지 관광객으로 머물지 않고 모두가 남해에서 생산되는 특산물의 미래지향적인 소비자가 될 것이다. 남해가 마늘이나 유자와 비자를 활용하여 건강음료수, 건강식품, 항암약품을 개발하면 여기서 생산되는 식품이나 약품은 남해의 귀중한 소득원이 될 것이다. 따라서 지금 남해에는 천혜의 자연을 지속 가능한 자원으로 활용할 수 있는 느림보 지혜와 확고한 신념이 필요한 때이다.

4˙

1970년대 이후 미국, 유럽, 그리고 호주 등에서 친환경 건축을 위한 대안 중 하나로 흙건축이 본격적으로 논의되기 시작하였다. 우리나라의 경우 1990년대 이후 환경주의자들이 웰빙에 각별한 관심을 갖게 되면서부터 황토를 활용한 흙건축, 다시 말해서 우리 조상의 전통가옥이 중요하게 인식되기 시작하였다. 활성화 단계에서 황토건축이 일반건축보다 비용이 비싸다는 오해를 받아 흙건축은 잠시 주춤하기도 했지만 최근에 로하스의 대두와 함께 새롭게 조명받고 있다. 전문가들의 견해에 따르면, 흙건축은 큰 비용이 소요되지 않는다고 한다. 일반건축의 가공 및 합성재료에 비해서, 흙 재료와 시공법이 주변에서 쉽게 확보 가능하고 습득할 수 있어 일반 대중들이 저렴한 재료비와 간단한 기술로 자신들이 원하는 공간을 마음껏 창출할 수 있다는 것이다.

사실 흙건축은 환경적, 경제적, 사회적, 문화적인 측면과 관련하여 상당한 정도의 잠재적인 이용가치를 갖추고 있다. 우선 인체에 해로운 오염물질을 방출하는 회색도시의 구조물인 벽돌, 시멘트, 철근, 플라스틱, 스티로폼, 페인트 등과 같은 가공재료와 합성재료와는 달리, 흙집은 인간의 일상적인 생활 속에서 정서적 안정과 치유성을 지니고 있다. 특히 흙건축은 혼자보다는 여럿이 하는 작업이기에 구성원들뿐만 아니라 지역민이 건축체험을 통해 공동체 정신을 공유하면서 사회적 소통을 이룰 수 있다. 그러므로 흙건축은 파편화 되고 있는 현대인을 함께 묶어주는 유대의 끈이 될 수 있다는 점에서 우리에게 반드시 필요한 사회적 웰빙 요소임에 틀림없다.

인간이 흙에서 나와 흙으로 돌아가는 대지의 존재이고, 또한 인체를 구성하는 원소들이 모두 흙에서 나온 것들이라는 점에서 흙은 인간 친화적인 자연재료임에 틀림없다. 게다가 흙은 가공과 운반에 소비되는 내재된 에너지가 없으므로 자연으로 회귀할 수 있는 지속 가능한 환경 친화적인 건축소재이기도 하다. 흙에는 해독능력이 있으며, 열을 가할 때 원적외선을 방사하는 능력이 있고, 쌓아올린 벽체에는 숨을 쉴 수 있는 여백의 공간이 있기 때문에 치유효과가 있고 환원이 가능하다. 또한 시멘트와 철근이 직선 디자인에 적합한 재료인데 반해, 흙은 곡선과 곡면의 디자인이 가능한 소재이다. 이는 흙이 조소성이 풍부하여 예술적 표현이 가능한 재료이면서도 정서적 안정을 주는 환경 친화적인 디자인 소재이면서도 직선 건축이 주는 긴장을 풀어주는 부드러운 둥근 원의 건축이 가능한 소재라는 뜻이다. 그래서 전문가들 사이에서는 부드러운 선이 현대인의 불안한 정서를 안정시켜주는 치유효과가 있다는 주장이 끊임없이 제기되기도 한다. 또한 흙은 축열 용량이 큰 소재로서 냉난방 비용이 적게 든다는 점에서 에너지 절약형 건축소재이기도 하다. 그러므로 흙건축은 환경 친화적인 자원이용과 환경오염을 최소화 하는 생활 방식과 밀접한 연관성을 맺고 있기에 건강한 삶과 환경의 지속성을 핵심 이념으로 하는 로하스 생활철학에 기본 토대임을 알 수 있다.

흙건축은 다른 로하스적 요소와 복합적으로 아우러질 때 시너지 효과를 크게 발휘할 수 있다. 예로써 앞서 언급한 것처럼 흙건축이 정서적 안정과 건강치유 효과를 지니고 있으므로 주변지역에 비파나무 단지와 야생화 단지를 조성할 때 그것의 부가가치는 극대화 될 수 있다. 비파나무는 서식지가 남해안 일대이고 잎에서 발산하는 성분이 아토피 치료에 탁월한 효능이 있을 뿐만 아니라 열매 또한 간 치료에 효능이 있는 것으로 알려져 있다. 여기에 무농약 유기농법과 함께 흙집창고, 흙집공장, 흙집축사, 걷기코스, 갯벌체험, 산행코스 등이 조성된다면 건강휴양지로서의 흙집단지의 가치는 시너지 효과를 더하게 될 것이다. 물론 여기서 빼 놓을 수 없는 전략이 흙건축 스토리텔링이다. 로하스 잡지나 로하스 인터넷을 통해 지속적으로 흙건축의 진척 과정을 감성적인 이야기로 접근해 간다면 전국적으로 로하스 흙건축 단지는 지명도를 얻게 될 것이고, 아울러 명상센터, 아토피치유센터, 산소찜질방 등의 부속상품도 기대할 수 있을 것이다.

특히 흙건축이 자리잡게 되면 남해는 황토집이나 흙건축으로 장기 임대 사업을 계획해 볼 수 있다. 현대 도시인들 거의 모두가 전원 속에서 살기를 갈망하면서도 결단을 내리지 못하는 주된 이유는 전원주택에 대한 투자가 자신의 세대에 단절될 수 있다는 우려 때문이다. 이들은 후속세대와의 지속성을 염두에 두기에 전원주택이 시종 대도시로부터 일일 생활권 거리에 있기를 원한다. 남해가 과감하게 쾌적한 흙건축복합단지를 조성하여 장기 임대 사업을 시도한다면 이들은 주저하지 않고 천혜의 자연환경과 더불어 아우러져 있는 남해흙건축복합단지를 자신들의 휴양지로 선택할 것이다.

논자는 남해에 지금 흙건축을 시작해야 할 때라고 생각한다. 물론 개인이 주도하여도 좋고 행정단위 차원에서 시작하여도 좋다. 하지만 남해, 부산, 서울을 중심으로 흙건축동호회가 결성되어 흙건축학교를 시작하는 것이 바람직하다고 여긴다. 가령 10명이 동호회를 결성하여 흙건축학교를 시작하게 되면 졸업생이 배출되고 그 졸업생들이 흙건축에 일정한 역할을 할 것이다. 또한 이들은 흙건축동호회를 중심으로 하여 흙건축 스토리텔링을 활성화 할 수 있을 것이다. 물론 우리는 흙건축학교의 기본정신 정립 없이는 그것과 관련된 모든 활동이 일회성 전시적 효과나 이벤트적 성격의 해프닝으로 끝날 수 있음을 깊이 유념해야 할 것이다. 남해에 흙건축학교의 개교를 가정한다면 그 기본정신은 귀향 희망자, 집 없는 자, 폐가 정비, 흙집복합단지 조성 등에 무료 봉사하는 것에 근본적인 토대를 두어야 한다. 전문가의 견해에 따르면, 흙집 한 채를 짓는데 재원이 그렇게 많이 소요되지 않는다고 한다. 흙건축학교의 기본정신과 원칙에 토대를 두고 동호회가 발족된다면 흙건축학교의 운영과 예산확충과 관련하여 여러 가지 순 기능적인 해법이 도출될 수 있을 것이다.

　무엇보다도 여기서 우리는 200년 간의 장기적인 계획 하에서 미국 애리조나 사막지대에 건설 중에 있는 아르코산티의 아르콜로지 복합생태주거단지의 교훈을 상기해 볼 필요가 있다. 아르코산티는 한국의 농촌마을이나 교외 주거단지 곳곳에 산발적으로 흩어져 있는 전원주택이 환경오염을 유발하는 반생태적 주거공간임을 주장하면서, 밀집형 복합생태주거단지가 가장 환경 친화적인 주거단지임을 강조하고 있다. 따라서 우리도 아르코산티처럼 밀집형 로하스주거단지를 건설하고 다른 공간에 비파나무나 야생화와 같은 건강 치유식물을 합목적적으로 조성한다면 흙집주거단지는 시너지 효과를 극대화할 수 있을 것이다.

여기서 남해스토리텔링과 도시마케팅에 대해 논의해 보고자 한다. 원래 스토리텔링은 문학용어로서 말 그대로 '이야기를 들려주는 것,' 혹은 '구전'을 말한다. 미국영어교사위원회는 스토리텔링을 "음성과 행위를 통해 청자들에게 이야기를 전달하는 것"이라고 정의한다. 여기에는 이야기를 말하는 사람과 이야기를 듣고 상상력을 발휘하는 청자 간의 쌍방향 소통과정이 중시된다. 이는 셜리 레인즈가 "청자가 화자의 이야기에 참여하는 이벤트이다"는 설명을 통해 압축적으로 전달된다. 좀 더 구체적으로 살펴보면 스토리텔링은 이야기(story)+말하기(tell)+현재적 상호작용(-ing)의 합성어로 이루어진 말이다. 스토리텔링은 '사건이나 사실에 대한 이야기 나누기'가 아니라, '개인적이고 주관적인 의미에 대한 이야기 나누기'이다. 사건과 사물에 대한 물리적 속성이나 사실에 대한 보도가 아닌 사물이나 인물이 가져다주는 개인적 의미로서의 특별한 이야기와 기억의 창조이다. 그러므로 스토리텔링에는 이야기라는 내용물인 콘텐츠가 있어야 하고, 말하는 방법이 좋아야 하며, 현재적 의미에서 누군가와 효과적으로 상호작용하여야 한다는 의미가 담겨있다.

요즘 상품에 감성을 부여해 소비자에게 전달하는 스토리텔링 마케팅의 중요성이 새롭게 부각되고 있다. 이는 감성적 요소가 스며있는 스토리텔링이 상품마케팅에 유용하게 활용될 수 있다는 것이다. 감성마케팅이 상품 브랜드에 스토리를 넣어 사람들의 관심과 흥미를 유발시킬 뿐만 아니라 판매를 촉진시킴으로써 스토리텔링은 소비자의 마음 점유율을 높이는 수단으로 활용되고 있는 것이다. 하버드대학교 심리학 교수 하워드 가드너는 사람들이 논리적으로 생각할 때에는 이성을 지배하는 좌뇌가 작동하지만 최종 의사결정을 할 때에는 감성을 지배하는 우뇌가 작동을 한다고 말한다. 이는 브랜드에 담긴 스토리 제품이 품질이나 디자인이 뛰어난 상품보다 소비자에게 가치 있는 것으로 인지될 수 있다는 뜻이기도 하다. 또한 이는 차별화된 이야기가 있는 상품이 소비자에게 뭔가 다른 브랜드로 인식될 수 있다는 의미이기도 하다. 이런 점에서 우리는 "불과 몇 십 년 후에 정보화시대가 지나면 소비자에게 꿈과 감성을 제공하는 꿈의 사회가 도래할 것이다"라고 주장하는 미래학자 롤프 옌센의 미래비전을 의미 있게 음미해야 할 것이다.

우리가 밥을 먹으러 식당에 갈 때도 그 식당의 주인과 음식에 얽힌 사연, 에피소드 등을 떠올릴 정도로 우리의 삶은 온통 스토리로 가득 차 있다. 이는 우리 생활이 그 만큼 스토리의 지배를 받고 있다는 반증이기도 하다. 아울러 발전하는 도시에는 특별한 스토리가 있기 마련이므로 지역의 특수한 이야기와 기억이 지역의 발전에 필수적인 요건이 된다는 뜻이기도 하다. 스토리를 이용한 커뮤니케이션이 도시인의 마음의 문을 열어 새로운 아이디어를 보다 쉽게 받아들일 수 있게 하기 때문이다. 비통계적이고 비과학적으로 들리는 스토리텔링이 마케팅에 유용한 수단으로 여겨지는 이유는 인간의 감성적 속성에 대한 고려 때문이다.

도시스토리텔링은 말 그대로 스토리를 통해 도시의 상황과 문제점, 해결 방법 등을 자연스럽게 찾아내도록 하는 이야기 전달 방법이므로 일목요연한, 분석적인 설명, 구체적인 도표와 숫자는 사람들의 거부감을 불러일으킬 수 있다. 도시스토리텔링은 구성원 개개인의 마음속에 쉽게 들어가 그들의 사고방식을 바꾸어 결국에는 그들이 몸담은 도시를 재창조시키는 역할, 도시의 구성원들에게 자신과 조직을 다른 시각으로 보고 새로운 시각과 새로운 모습에 맞추어 의사결정을 내려 행동을 변화시킬 수 있다.

이런 점에서 도시스토리텔링은 사회적 패러다임의 변화에 따른 기존의 개발의 폐해와 한계를 극복할 수 있는 바람직한 도시 표현방법인 것이다. 도시스토리텔링은 어떤 사건에 대한 진실이나 사실성을 객관적으로 보도하거나 전달하고자 하는 것이 목적이라기보다는 그 지역의 역사, 문화, 자연, 환경 등 모든 소재를 활용하여 그 지역만의 강점을 가진 지역특화 가능성을 모색하는 것이다. 도시스토리텔링은 특별한 지역에 얽힌 이야기들을 유기적으로 결합시키는 것이라는 점에서 단순한 정보 제공이 아니라, 방문객들로 하여금 직접 체험을 유도하기 위한 전략이다. 여기에는 다변화 하고 있는 관광 수요에 대응하기 위해 감성에 어필할 수 있는 살아있는 이야기로 꾸며진 새로운 개념의 네오투어리즘이 포함될 수 있다.

현재 미국월가를 움직이는 사람은 미국에 거주하는 인도인이 아니라 인도에 거주하는 인도인이다. 이는 디지털 시대에 장소로서의 공간의 가치에 대해 의미 있는 메시지를 던져주고 있다. 이제 장소로서의 공간은 거리의 의미가 아니다. 대도시에서 멀리 떨어진 지역의 거리가 중요한 것이 아니라 그 지역의 특별한 이야기와 남다른 기억과 결코 잊지 못할 추억이 중요한 것이다. 후기산업사회의 대중들은 로하스 전문잡지나 최첨단 디지털 매체인 인터넷을 통해 특별한 장소의 이야기를 쌍방향으로 소통하면서 이를 남다르게 경험하여 잊지못할 자기만의 기억과 추억으로 간직하고자 한다.

IV

어미너티 도시의 의미와 사례

1*

어미너티(Amenity)는 역사적으로 영국의 농촌과 도시의 지속 가능한 발전계획에서 비롯된 개념으로서 현재 전세계적으로 공중위생뿐만 아니라, 역사와 문화와 자연환경의 보존이념과 관련하여 지역사회에서의 환경의 질을 표현하는 복합개념으로 원용되고 있다. 이 개념은 구체적인 내용에 따라 세 가지 계보를 가지고 있다. 첫 번째는 산업혁명 때 공업도시에 발생한 공해, 전염병, 과밀거주 등과 관련된 각종 환경 및 위생문제이다. 당시 노동자 계층을 중심으로 한 사회개량주의자들이 이를 집중적으로 제기하여 공중위생법과 주거법이 제정되는 계기가 되었다. 두 번째는 중산층이 주축이 된 귀중한 역사적 건조물이나 빼어난 자연경관과 개방공간의 보존을 위한 활동과 입법 운동이다. 세 번째는 유토피아주의자의 이상적인 미래도시 건설운동으로서 전원도시, 중산층을 위한 교외 주택지, 근로자 계층의 주거환경 정비,

그리고 커뮤니티 운동 등과 연관이 있다.

현재 어미너티가 도시환경의 쾌적성과 사람이 느끼는 좋은 감정 사이에 일정하게 작용하는 상관성의 지수로 재현되고 있다는 점에서, 이는 사람 중심의 아늑한 도시환경을 형성하는 기반임에 틀림없다. 또한 어미너티는 지역의 역사와 문화와 자연환경과 같은 유무형의 자원과 깊은 연관성을 형성하고 있어 다양한 문화를 흡수하는 토양인 것이 분명하다. 역사적으로 대부분의 한국도시의 성장과정을 살펴보면 이벤트 중심의 전시행정이나 지역특색에 부적절한 도시발전계획이 사람이 쾌적하게 생활하는 것을 방해하는 요소들이 많았다. 그러나 뒤늦게나마 지자체들이 저마다 도시발전계획에 어미너티의 개념을 도입하고 있고, 일부 지자체들이 실제로 '어미너티'라는 슬로건을 내세울 정도로 지역의 고유한 특색과 색깔을 최대한 살리려는 발상의 전환을 모색하고 있는 것은 이들이 도시발전에 사람의 중요성을 새삼스럽게 깨달은 것으로 볼 수 있다.

어미너티의 가장 중요한 기본적인 요건은 공간과 장소의 개념이다. 공간은 사람에 따라 제각기 다른 느낌을 전달한다. 똑같은 공간도 사람에 따라 보고 느끼는 감정과 생각이 서로 다르기 때문이다. 세상에 유구한 전통이 흐르고 있어도 지역의 역사와 문화는 서로 결코 동일하지 않고, 산이 아무리 높이 솟아 있어도 산세와 풍광은 제각기 다르다. 어느 지역을 가든 그곳에는 햇빛과 바람과 같은 그 자체로서의 소중한 심미적 가치를 지니는 아름다운 이야기가 있고, 탄생 이야기를 포함하여 상징과 은유로 가득 찬 다양한 이념과 생각의 차이들이 꿈틀거린다. 이러한 이야기들이 나이 든 사람에게는 그곳을 걸을 때 코끝이 저미는 감동을 주는 장소로 다가올 수 있지만 젊은이들에게는 그곳은 그저 걷는 공간으로 다가올 수 있다. 물론 그 반대의 경우도 얼마든지 성립할 수 있다. 그러므로 어떤 지역이든 그 지역이 누구에게나 감동을 주려면 공간이 아닌 장소가 되어야 한다. 공간이 3차원적인 물리적 실체라면, 장소는 그 공간이 사람의 인지체계에 들어와 어떤 이미지를 각인하는 4차원의 실체이다.

사람들이 공간을 자기만의 장소로 느끼려면 물리적으로 보이는 공간적 실체 이외에 옛 선인들이 살아온 과거의 자취와 흔적이 담긴 역사와 문화와 자연의 이야기가 담겨져야 한다. 어떤 곳이든 이야기가 있는 곳은 사람의 가장 좋은 정주 장소인 셈이다. 게다가 공간 속에 독특한 주제의 이야기거리가 있다면 그곳은 사람들에게 흥밋거리를 제공하는 최고의 대상이 되는 것이다. 이는 공간이 문화와 역사와 자연과 접목되어 그곳을 여행하는 사람들에게 감동을 줄 수 있는 특별하고 차별화 된 장소가 된다는 뜻이기도 하다. 어미너티가 사람이 중심이 되는 장소성을 추구한다는 것은 사람이 살아가는 데 필요한 쾌적한 환경을 포괄하는 의미 이상을 내포하고 있다. 어미너티는 고유한 장소로서 그 지역의 정체성과 깊은 관련성을 맺고 있다고 하겠다.

현재 일부 도시들이 어미너티 전략을 추구하고 있으나 맞춤형 테마체험 관광이나 그린투어테마파크 등과 같은 관광객 유치 차원에 머물고 있다. 물론 어미너티는 지역의 경쟁력과 연결될 수 있다. 다른 지역에서 미처 발견하지 못한 자연과 문화와 역사적 유산 등이 어미너티 자원으로 발굴되면 얼마든지 지역 경쟁력의 동인이 될 수 있다. 어미너티의 부가가치는 지역의 역사와 문화와 자연환경이 지닌 독특한 차별성에서 출발한다. 사람들과 함께 더불어 살아온 정서적 느낌과 자취와 흔적의 스토리들이 삭막한 도시생활에 시달리는 사람들에게 삶의 여유를 제공할 수 있다는 점에서 어미너티는 귀중한 지역의 보고임에 틀림없다. 그러나 진정한 의미에서 어미너티의 부가가치는 지역 특산품이나 먹거리나 볼거리의 활성화가 아니라, 어미너티의 일상화 기반인 어미너티 정주지 건설을 통해 창출될 수 있다. 아늑한 어미너티 정주지 건설이야말로 그 지역의 꿈의 보고가 될 수 있는 것이다.

2[*]

미국은 생태환경을 보존하려는 노력이 다른 어떤 국가보다 앞서 있는 국가이다. 이미 언급했듯이 미국이라는 나라는 천혜의 자연환경을 국민적인 자부심으로 여기고 생활공간 자체를 야생지로 보존하려는 인식이 국민들의 의식 속에 깊이 뿌리 박혀 있다. 자신들의 주거환경을 생태환경 내로 귀속시키려는 미국인들의 이러한 노력은 현재 에코빌리지의 실현을 통해 구체화 되고 있다. 에코빌리지는 지속 가능한 개발을 기본적인 개념으로 삼고 있는 자연과 문명이 조화를 이룬 가장 모범적인 생태도시 공동체인데, 그것의 대표적인 예로 텍사스의 우드랜즈(Woodslands)를 꼽을 수 있다.

우선 우드랜즈는 생태학적 토지이용과 건축공법 못지않게 사회적이고, 경제적인 지속성을 갖춘 미국의 생태 공동체의 모델로서 좋은 사례를 제공한다. 우드랜즈는 텍사스의 중심도시인 휴스턴에서 50km 떨어진 곳에 위치해 있다. 이곳의 면적은 27,000에이커 정도이고, 우리나라 분당보다 규모가 작다. 이 공동체는 1970년대 초에 계획을 착수하여 1980년대에 본격적으로 개발을 시작하였음에도 불구하고 아직도 중심 상업지구를 건설 중이다. 우드랜즈 개발팀이 "울창한 숲이 가장 큰 친화지역이다"고 단정하고 있듯이, 우드랜즈는 전체적으로 숲의 도시라는 느낌을 전달한다. 우드랜즈의 구체적인 설계도를 살펴보면 그로간의 풍차(Glogan's Mill), 퓨마의 냇가(Panther's Greek), 코크란의 십자로(Cochran's Crossing), 인디언의 샘물가(Indian's Springs), 앨런 다리(Alrun Bridge), 그리고 은빛의 능선(Stering Ridge) 등처럼 이 공동체는 6개 마을로 구성되어 있다. 또한, 이 빌리지는 서로 다른 개념의 주거지 형태로서 6개의 마을을 다시 소택지로 나누어 일반단독 주택지, 공동주택지, 전원주택지, 노인주거지를 형성하고 있다. 전체면적에서 녹색지역 오픈 공간이 25%에 달하고, 40여 개가 넘는 공원과 수변공간, 산책로, 소풍장소, 그리고 수중 조각품이 설치되어 있다.

사실 우드랜즈의 토지이용과 건축은 경관생태학의 기본개념인 소단위의 기능을 최대한으로 활용하고 있다. 우드랜즈의 토지이용 계획을 살펴보면, 1) 대지와 토양의 수(水) 순환시스템에 주는 영향을 최소화 하고, 2) 기존의 숲과, 자연적인 배수로와, 식생과, 야생동물의 서식지와, 그리고 이동통로를 보존하고, 3) 거주자의 건강한 삶에 위해적인 위험요소를 피하면서 개발비용을 최대한 절감한다" 등으로 요약할 수 있다. 우드랜즈를 조각한 미국의 조경건축가 이안 매하그(Ian MaHarg)는 이 공동체의 개발과 관련하여 "대지가 지니고 있는 기존의 자연환경을 최대한 고려하여 그 조화를 최우선적인 계획 목표로 삼았다"고 말한다. 이 지역은 건축과정에서 지하수의 보존, 지하수변의 유지, 그리고 토양의 수분 침투성을 중시한 토지의 수로 시스템을 우선적으로 고려하고 배치하였다.

무엇보다도 이 빌리지의 오픈 공간 내에 거주인들의 공용공간으로서 생태보존 지역을 설정한 점은 특이하다. 주택이 호수의 주변이나 호수의 지류를 이루는 수변공간을 따라 건축되어 있기에 거주인들은 주택의 뒷마당이나 앞마당의 호숫가를 여유롭게 조망할 수 있다. 주요 도로와 간선도로가 만나는 지점은 하천 유입지역에서 멀리 떨어지도록 설계하고, 투수성이 떨어지는 토양의 대지는 도로와 건축물을 집중적으로 배치한 반면, 투수성이 높은 지역은 가능한 오픈 페이스로 보존하였다. 자연적으로 도로와 교차로 인근지역은 지대가 높게 되고, 수로나 생태 서식지와 가까운 지역은 지대가 낮게 조성되었다. 물론 자연 지형과 하천의 흐름을 최대한 활용하게 되므로 도로 자체는 일자형 도로가 아닌 구불구불한 도로로 이루어지게 된다.

무엇보다도 우드랜즈가 바람직한 에코빌리지로서 자리잡을 수 있었던 주된 요인은 사업자인 미첼의 생태도시에 대한 깊은 철학을 들 수 있다. 그는 생태학자들이 지향하고 있는 기본 강령에 충실하면서 먼저 토지를 점유하고 미래지향적인 생태도시의 계획을 입안하여 사회, 경제적으로 기반시설을 충분히 갖춘 생태 공동체를 건설하였다. 미첼에너지주식회사의 사장이기도 한 사업자는 이윤을 추구하는 개발업자이지만 마스터 플랜에 따라 단계적으로 에코빌리지를 개발하였다. 그는 계획된 커뮤니티의 장단점을 기반으로 생태적으로 최대한 보존이 가능한 최적의 주거지를 조성함과 동시에 커뮤니티 내에서 경제활동도 가능하도록 하였다. 미첼은 거주목표 계층의 욕구를 정확하게 인식하였던 것이다. 그는 보다 나은 주거환경 때문에 교외에 거주하면서도 교육, 문화, 경제 활동을 찾아 다시 도심 속으로 이동하는 상류층과 중산층의 이중적인 생활 패턴을 주목하고서 우드랜즈에 자립도시의 개념을 도입하여 이를 원스톱으로 해결하는 주거모델을 개발한 것이었다. 거주인들이 경제적 자립을 위해 이 커뮤니티 내에 상거래를 원활히 영위하도록 하고, 이들 스스로 자체적인 고용창출이 용이하도록 하였다. 게다가 다수의 여가 및 리조트 시설이 설치되고, 각종 쇼핑몰과 음식점, 호텔, 사립학교 및 공립학교, 그리고 대학교 등이 설립되어 거주민들의 자립적인 사회활동과 교육욕구를 충족시키고 문화적 갈증의 해소도 가능하도록 하였다.

물론 우리지역은 우드랜즈의 사례를 적용하기에는 해결해야 할 요소가 많다. 서울의 중산층 이상의 거주인들을 유입하기 위해서는 경제적이고, 교육적이고, 문화적인 인프라를 자연환경과 함께 구축하는 것이 필요한데, 이는 쉽게 해결될 수 있는 문제가 아님에는 틀림없다. 하지만 우리가 합심하여 첨단 특화산업을 유치하여 이를 천혜의 자연환경과 함께 아우르게 된다면 우드랜즈 모델의 정착이 결코 불가능한 것만도 아니다.

3

　지금 세계 각국은 지속가능한 개발을 위한 다양한 생태순환정책을 시도하고 있다. 이는 환경보전과 개발을 조화시켜 후손들이 아름다운 자연환경 속에서 인간다운 삶을 마음껏 누릴 수 있게 하기 위한 노력의 일환으로 볼 수 있다. 하지만 전세계적으로 보면 사람과 자연이 조화롭게 공생할 수 있는 유기적인 생태순환도시의 체계를 갖춘 사례가 그다지 많은 편은 아니다. 대표적인 예를 든다면 브라질의 꾸리찌바, 미국의 데이비스 오스틴, 네덜란드의 그로닝겐, 독일의 함부르크, 덴마크의 스투르스템 정도이다. 따라서 우리는 꾸리찌바를 포함하여 이러한 몇몇 도시들의 생태순환계획을 꼼꼼히 살펴볼 필요가 있다.

　꾸리찌바는 브릭스(BRICS) 네 나라 가운데 하나인 브라질 남단에 위치한 인구 180만 명의 대도시이다. 꾸리찌바는 1840년대에 시로 승격됐지만 1960년대를 전후로 하여 뒤늦게 산업도시로 급성장한 후발도시이다. 그리하여 꾸리지바는 산업화 과정에서 이주민들이 변두리 외곽지역에 무허가 판잣집을 짓고 살게 되는 사회적 문제와 그곳에 범죄가 준동하는 치안부재 현상을 드러내었다. 그러나 1970년대 초부터 자이메 레르네르(Jaime Lerner) 시장이 강력한 리더십을 발휘하여 시의 비전을 새롭게 설정하고 생태순환도시를 위한 계획적인 행정을 추진한 결과, 지금 꾸리찌바는 아름답고 쾌적하며 인간답게 살 수 있는 창의적인 도시로 발전하였다.

우선 꾸리찌바의 생태순환 계획 중에서 가장 주목할 만한 요소는 자원 재활용과 자연보호와 그리고 녹색교환 프로그램과의 유기적인 연계성이다. 꾸리찌바는 오염된 도시를 깨끗하게 만드는 근본적인 해결책으로 청소와 쓰레기 수거를 잘하는 것보다 쓰레기가 많이 발생하지 않도록 분리수거와 재활용을 철저히 시행하는 것이 더 중요하고 진단하였다. 이러한 판단은 시당국이 시행한 환경교육, 환경캠페인, 환경이벤트 행사에 그대로 반영되었다. 시당국은 어린이와 성인들을 대상으로 "쓰레기는 쓰레기가 아니다"라고 재활용 활성화를 위한 환경교육을 철저히 실시하였다. 더군다나 이러한 환경교육은 "종이 50kg이 나무 한 그루와 같다. 우리 모두 재활용에 참가하자"는 슬로건에서 보듯 시민참여 프로그램으로 구체적으로 연계되었다.

　또한 시당국은 쓰레기 수거 및 재활용 프로그램을 운영하면서 녹색교환 프로그램을 도입하였다. 녹색교환 프로그램은 빈민지역의 주민들이 생활 쓰레기를 수거해오면, 인근의 농민들로부터 사들인 고구마, 오렌지, 우유, 달걀 등과 같은 식료품 쿠폰으로 맞교환 해주는 시스템이다. 게다가 꾸리찌바는 재활용을 권장하는 동시에 이를 촉진하기 위한 다양한 인센티브 제도도 병행했다. 꾸리찌바는 '나뭇잎 가족'이라는 이벤트 행사의 일종으로서, 시민들이 재활용품을 가져오면 이들에게 묘목을 나눠주면서 자원 재활용 운동을 자연보호 캠페인과 연계시켰다. 시당국이 재생산업에 대한 세제 혜택과 함께 재활용 센터를 만들어 빈민이나 장애인들에 대한 고용 및 복지정책을 연계시키는 시책을 펼쳤다. 대표적인 예로 빈민촌에서 운영하고 있는 환경 탁아소와 재활용품 장난감을 만들어 파는 환경프로그램을 들 수 있다.

　이렇게 꾸리찌바시가 높은 재활용률을 보여주는 자원 절약형 도시로 거듭 태어날 수 있었던 것은 시당국이 재활용으로 절약된 비용을 위생과 레저, 문화 등 삶의 질을 높이는 프로젝트를 통해 시민들에게 다시 환원해 주었기 때문이다. 자원 재활용의 실천이 시당국과 시민, 농민, 빈민으로 순환하면서 환경보존뿐만 아니라 순환경제로 이어지는 부가가치를 창출하게 된 것이다.

그리고 꾸리찌바의 대표적인 생태순환 계획으로 녹지 확충을 들 수 있다. 꾸리찌바는 숲속의 도시로 발전시키기 위해 '꾸리찌바도시기본계획'을 수립하여 시가지를 최대한 공원으로 가꾸는 계획을 구체적으로 시행했다. 우선 시당국은 인간과 자연이 공생하는 생태도시를 위해 유엔이 정한 12평방미터보다 훨씬 많은 시민 1인 당 녹지면적을 52평방미터정도까지 확보하려고 노력하였다. 또한 꾸리찌바는 녹지대 배가 운동을 전개하면서 공해가 발생하고 있는 공단지역의 경우 전체면적의 40%를 녹지대로 활용하였을 뿐 아니라, 도심 외곽 지역의 모든 간선 도로에 5m씩 식재공간을 확보하였다.

또한 시당국은 주거지의 건폐율을 50% 이하로 축소하는 한편, 토양의 수분 흡수력을 위해 비건폐 공간을 자연 상태로 남겨두는 토지이용법을 마련했다. 특히 꾸리찌바는 총면적의 상당한 지역을 저밀도 건물지구로 정하고, 전 도로망에 가로수를 식재하도록 했다. 아울러 수목 등록제를 실시해 무허가 벌목시 2배 이상의 식재를 요구하는 엄격한 녹지 보호시책을 펼쳤다. 그리고 이러한 녹지대 확충계획은 홍수통제와 배수처리와 연계되었다. 자연적인 하수처리를 위해 시당국이 수용한 하천과 호수 주변 지역의 토지는 녹화사업을 통해 점차 녹지대로 변모되는 부수적인 효과도 거두었다.

꾸리찌바 시가 모범적인 생태순환도시로 거듭 태어난 데는 지속가능한 환경을 생각한 시의 꾸준하고 강력한 정책과 이에 적극적으로 참여하는 시민의 힘이 절대적이었다. 꾸리찌바는 공원 경찰제를 시행하여 녹지대를 철저히 관리하였던 것이다. 일종의 'Everything Clean' 계획으로서 시당국이 공원청소를 위해 빈민층 자녀들을 고용한 것이 청소년 비행문제와 무직자를 위한 고용효과를 동시에 거두게 되었다. 이는 '공원친구협회'와 '보이스카웃 자전거감시단'을 결성해 시민들이 직접 참여하여 공원을 관리하고 보호하는 프로그램이다.

사실 꾸리찌바 생태순환도시 계획의 성과물들은 단순한 환경정책 성공 사례 이상의 의미를 내포하고 있다. 환경의 지속성뿐만 아니라 사회, 경제의 지속성을 올바르게 추구하려는 시당국의 생태순환도시 비전이 오늘의 꾸리찌바를 만들게 된 것이다.

4

세계적으로 유명한 생태도시는 저마다 그 도시만이 지니는 특별한 정체성을 지니고 있다. 네덜란드 그로닝겐시는 압축형 도시의 입지조건을 자전거도시로 합목적적으로 연계하여 세계적으로 인정받는 생태순환도시를 만든 대표적인 사례에 해당된다. 그로닝겐은 암스테르담으로부터 약 200km 떨어진 네덜란드의 북동부에 위치해 있는 규모 면에서 네덜란드에서 7 번째로 큰 도시이다. 도시 전체 인구는 18만 명이고, 이 시에서 경제활동을 하고 있는 실제 인구는 약 10만 명 정도이며, 반경 약 30km 이내에 살면서 그로닝겐에 경제적으로 의존하는 인구는 대략 23만 명이다. 이 도시에 대학캠퍼스가 여러 개 정주하고 있어 고용의 주 원천으로는 약 3만 명을 넘는 많은 학생들을 상대로 하는 서비스업과 전자공학과 정보통신업과 농업활동을 들 수 있다. 특히 이 도시는 청년인구가 많아 평균 연령이 33세 정도이며, 교외에서 도심으로 오는데 소요되는 시간이 불과 20분에 지나지 않을 정도로 상대적으로 통행거리가 짧은 압축도시이다.

1987년 그로닝겐시 의회는 자전거를 타는데 문제가 되지 않는 젊은 청년

도시와 압축형 도시구조라는 두 가지 정체성을 최대한 활용하여 자전거 교통을 위한 특별계획을 입안하여 10년 동안 이를 지속적으로 추진하였다. 그로닝겐시는 자전거도로의 통행구조를 주거지 및 도심지 간에 직통의 방사상 연결도로와 도심지 간의 접속도로의 구축으로 특징화 하여 추진하였다. 도심이 크게 4개 지구로 나뉘어졌고, 각 지구의 경계에서는 대중교통과 자전거 이용자와 보행자 이외에 자동차의 진입이 제한되었다. 차량 운전자들이 한 구역에서 다른 구역으로 직접 통과하는 것이 금지되었고, 자동차로 다른 구역으로 갈 경우 도심 순환도로를 이용해서 우회하도록 한 반면, 자전거는 도심의 구역에 관계없이 어디든 자유롭게 이동할 수 있게 하였다.

또한 그로닝겐시는 도심 중앙에 자동차 운행을 줄이기 위한 차 없는 거리를 지정하여 허가받은 일부차량을 제외하고는 차량통행을 제한하기도 하였다. 도심에서 점진적으로 자동차 교통이 없는 지역이 확대되고, 도시거리는 재편성되었다. 그리고 그로닝겐시는 자전거 전용도로, 도로 표지, 자전거 스탠드와 쉘터와 같은 시설을 완벽하게 갖추었다. 자전거 이용자들을 배려하기 위해 곳곳에 자전거 이정표를 설치하여 길을 알려주었고, 자전거 도난방지뿐만 아니라 고장수리도 겸하는 자전거 전용시설도 설치하였다.

게다가 자전거와 대중교통을 이용하는 사람들의 불편을 해소하기 위해 중앙역과 도심 곳곳에는 대규모의 자전거 주차시설이 갖추어졌고, 빠른 배차 간격과 같은 대중교통을 이용하는 사람들을 위한 배려도 잊지 않았다. 계단이 있는 주차시설에는 자전거를 쉽게 오르내릴 수 있도록 레일 등이 설치되었고, 기차 등 대중교통에 자전거를 실을 수 있는 것은 물론이고 교차로에서 자동차보다 자전거 전용신호를 우선하도록 하였으며, 자동차와 보행자가 신호대기하고 있는 사이에 자전거는 원하는 방향 어디로든 운행할 수 있도록 하였다. 시 의회의 의견대로 버스에 의해 야기된 불편을 줄이기 위해 버스교통체계를 개선하여 모든 도심가로에 자전거 통행을 허용하여 자전거 이용 분위기를 조성했다. 대다수의 도로는 자동차 통행을 금지했을 뿐만 아니라 가로주차도 제한하였고, 도시 외부의 접근로를 따라 환승시설이 설치되었는가 하면, 버스 정류장이 도심에서 교외로 이전되었다. 그리하여 도로 쾌적성은 소음과 오염의 감소로 인해 현저하게 개선되었다.

새로 건설되는 주택단지는 옛 주택단지와 인접하도록 설계하고, 사업장은 대중교통이나 자전거도로의 접근이 용이한 곳에 허가하여 주거지와 도심을 적절히 연계하였으며, 자전거가 빨리 달릴 수 있게 도심에는 자동차 주차제한과 자동차 진입 금지구역을 확대하였다. 시당국은 정책적으로 자동차 운행자에게는 불편함을 주고, 자전거 이용자에게는 편리함을 주는 도심 교통환경의 기본원칙을 적극 실천하였던 것이다. 이러한 통행제한 조치로 도심에서 자동차가 떠나고, 자동차가 사라지게 되자 주차장터에 나무가 식재되는 등 보행자 중심지역이 확대되었다. 결국 전체 주민통행의 57 퍼센트가 자전거에 의해 이루어지게 되어 자전거가 지배적인 교통수단이 되었던 것이다. 현재 그로닝겐은 서유럽에서 가장 높은 수준의 자전거 전용도로를 보유하고 있고 시민의 50 퍼센트 이상, 학생들의 80 퍼센트가 등하교시 자전거를 이용하는 등 자전거 천국도시로 변모되어 있다.

그로닝겐의 사례는 몇 가지 중요한 시사점을 주고 있다. 자전거 도시정책이 도시의 산업기반시설과 유기적으로 연결되어 단순히 교통 프로그램이나 환경 프로그램이 아니라 경제 프로그램으로 구조화 되었다. 자전거 이용이 자동차보다 경제적으로 훨씬 저렴할 뿐만 아니라 고용기회를 증대시키고 다른 사업영역을 계속 확대하게 하였다. 시의회는 자전거 도시계획의 시행 초기에 상점으로의 접근성이 낮아지고 매출액이 떨어질 것을 염려했던 소매업자들과 상당수의 시민이 반대하여 엄청난 어려움에 봉착했지만, 적극적인 추진의지로 이를 극복하였던 것이다. 자전거 도시정책이 실제로 집행된 처음 2년 동안은 경제적인 손실을 입었으나, 이 계획이 지속적으로 추진되면서 부가가치가 증명되어 이 사업은 탄력을 얻게 되었다. 도시의 순환이 원활하게 이루어지면서 방문객 수가 급속하게 늘어나게 되어 그로닝겐시의 소비는 다른 도시보다 더 원활해 졌으며, 생태순환도시라는 도시의 이미지 효과도 얻게 되었다.

5※

샌프란시스코에서 동북 방향으로 50마일 정도 떨어진 세크라멘트 인근에 위치해 있는 데이비스 시는 전체 인구 5만 명 정도의 소규모 도시이다. 데이비스 시는 5만 명 중에서 약 절반이 대학생이고, 전체의 취업자 수 중 약 40%가 대학에 직장을 두고 있을 정도로 대학과 밀접한 연관을 맺고 있는 대학도시이기도 하다. 당시에 총면적 약 135km² 중 11.3km² 정도가 시가지일 정도로 도시의 시가화 현상이 가속화 되고 있었는데, 데이비스 시는 이를 지역 발전의 중요한 계기로 활용하였다. 데이비스 시는 젊은이로 이루어진 도시의 인구분포와 대학도시로서의 산업기반의 정체성을 도시의 지정학적 요소와 결합하는 도시발전 계획을 치밀하게 입안하여 이를 실천한 결과 오늘날 세계적인 생태순환도시로 발전되었던 것이다.

데이비스 시는 70년대 초반의 오일쇼크 이전부터 환경 친화적인 도시계획과, 이에 수반되는 도시정체성의 변화와 관련되는 다양한 환경정책을 수립하여 추진했다. 당시에 작성된 종합계획 중 대표적인 정책으로는 시가지 비대화 방지를 위한 녹지대 구축이었다. 당시 데이비스 시가 안고 있었던 도시의 가장 큰 구조적인 문제는 시가지의 비대화로 인한 농지의 급격한 감소였다. 도시개발과 더불어 도심부의 급격한 확장으로 농지의 손실이 가속화 되자 데이비스 시는 농지보존을 위한 획기적인 도시발전 청사진을 입안하였다. 데이비스 시는 농지의 중요성에 대한 종합적인 환경교육과 함께 완충 녹지대로서의 오픈 스페이스 정책을 펼쳤다.

사실 데이비스 시의 오픈 스페이스 사업은 일종의 그린벨트 프로젝트로서 주변의 공지 및 녹지의 정비와 보전에 목적을 두면서도 넓은 완충지를 이끌어 내기 위한 환경 친화정책이었다. 도심부와 주변부의 농업지대를 보호하기 위해 구축하게 된 폭 10~15m 정도의 완충지는 표면적으로는 농약 살포, 흙먼지, 소음 등으로 인한 주민들의 고충을 완화하는 농업완충지 역할을 수행하였다. 하지만 이 같은 농업완충지는 장소정체성과 깊이 연관되어 야생동식물의 서식지역, 사람이 자연과 친숙할 수 있는 장소, 지역사회 참여와 환경교육의 장소로서의 합목적적인 복합기능을 창출하게 되었던 것이다.

게다가 이 정책은 정주인 개개인이 농지와 완충지의 중요성에 대한 인식을 새롭게 함과 동시에 농지보호에도 적극적으로 동참하게 만드는 성과를 얻었다. 정주인들은 저마다 토지 신탁기금을 조성하여 야생동식물의 서식지를 매입하는 운동을 발전적으로 전개하고, 일주일에 한번 씩 시내의 광장에 모여 농부들과 함께 하는 자리도 마련하였다. 정주인들은 노천시장에 모여 농부들이 직접 가꾼 꽃과 신선한 야채와 과일 등 산지직송의 물품들을 직접 교류하였다. 또한 데이비스 시는 세계 최대의 슈퍼체인인 월마트의 입점을 거부하는 등 주민의 입장을 적극적으로 수용하여 지역경제의 외지 의존도를 낮추면서 소규모 자영업자들을 보호하고 공동체의 결속을 강화하는 정책을 펼쳤다. 데이비스 시의 경제활동은 대기업보다는 지역중심의 소규모 자영업을 중심으로 활발하게 전개되었는가 하면, 농업완충지가 이에 대한 매개역할을 충실히 수행하였다. 오픈 스페이스를 통해 도시인들과 농민들은 서로 현지 직송 농산물과 특산물을 거래하면서 상호간에 공생, 공존하는 활발한 소통구조를 창출할 수 있었던 것이다.

그리고 데이비스 시는 시의 상징이 자전거일 정도로 적극적으로 싸이클링 정책을 펼쳐나갔다. 시내의 도로 길이 161km 중에서 약 60km에 자전거 전용차선이 만들어졌으며, 도로와 단절된 곳에도 약 32km의 자전거도로가 정비되었다. 데이비스 시는 자전거의 충돌을 피할 수 있도록 비탈길 등에 좌회전의 원을 그리는 것과 같은 원활한 자전거 교통정책을 추진하였다. 물론 데이비스 시는 도심부와 상점 앞과 대학 캠퍼스에 자전거 주차설비를 완벽하게 설치하여 자전거 주차에 전혀 어려움이 없도록 철저하게 자전거 중심의 정책을 펼쳤다.

이제 데이비스 시에는 약 40,000대 이상의 자전거 보유대수로 인해 출퇴근 시간이 매우 복잡하게 되어 다른 도시에서 보기 드문 자전거 교통경찰 제도가 도입되어 시행되고 있다. 자전거 교통경찰은 도시를 순회하며 자전거 교통지도를 전담하고 야간등 없이 달리는 자전거와 시속 24km 이상으로 속도를 위반하는 자전거는 엄중하게 벌금을 부과한다. 아울러 자전거 교통경찰은 자전거 도난 방지와 도난 자전거의 수색에도 힘을 쏟고 있으며, 또한 버려진 자전거를 재생하는 리사이클 운동에도 적극 참여하고 있다. 현재 자전거 마크는 공무원이나 경찰의 명패, 대학노트와 펜 등 문구류에도 크게 인쇄되어 데이비스 시의 대표적인 상징 엠블렘으로 상용화 되고 있다.

데이비스 시는 녹지가 가장 아름답고 숲이 최고로 울창한 도시로 여러 번 선정될 정도로 전세계적으로 중요한 생태도시의 하나로 자리매김되고 있다. 도시가 급성장하면서 시내교통의 혼잡이 야기되자 주민의 90%가 자전거 우선정책을 요구하는 청원서를 제출했던 것에서 보듯, 이러한 성과는 주민들의 활발한 시정참여에서 비롯되었다고 말할 수 있다. 데이비스 시에서는 각종 자원봉사자 위원회를 통해 주민들이 도시발전 계획 및 정책결정 과정에 깊게 참여하였던 것이다. 어떻게 보면 진정으로 살고 싶은 정주도시는 시민들의 활발한 시정참여에서 비롯된다고 볼 수 있다.

6[*]

우리는 언제나 그림 같이 아름다운 도시를 꿈꾼다. 우리가 이렇게 아름다운 도시를 꿈꾸는 이유는, 도시 경쟁력, 도시 성장동력, 관광객 유치 등과 같은 상업적 홍보구호에서 풍기는 산업주의적 정취와는 결코 무관한, 그 도시에 살고 있는 정주인들의 거주공간에 대한 자부심 추구의 발로와 결부되어 있다. 물론 이러한 자부심은 정주인들의 개개인의 마음이 배려되지 않고서는 쉽게 이루어질 수 없는 가치이기에 현실에서 구현되기에 결코 쉽지 않을 것임에 틀림없다. 현재 독일 프라이부르크는 이러한 가치를 정주인들과 함께 이루어가고 있는 대표적인 생태순환도시로 알려지고 있다.

세계적으로 유명한 프라이부르크 대학을 중심으로 형성된 대학도시로도 손꼽히는 프라이부르크는 독일의 남부에서도 거의 왼쪽 끝에 위치해 있는 인구가 20만 명 정도이고, 규모가 그렇게 크지 않은 도시다. 그러나 프라이부르크는 1992년 독일의 151개 지자체 가운데 최고의 환경도시로 선정된 이후로 독일의 환경수도라고 불릴 만큼 환경 분야에서 세계적인 명성을 얻고 있다. 이러한 결과는 공무원들과 환경단체들의 창조적이고 지혜로운 활동과 함께 주민들의 적극적인 참여를 통해 가능하였다고 볼 수 있다.

프라이부르크 시는 시민들이 함께 가꾸어 가는 조화로운 도시로 유명하다. 우선 프라이부르크에서 시민들의 적극적인 참여에 의해 가꾸어지고 있는 대표적인 거주지역으로 리즈펠드(Risefeld)지구를 들 수 있다. 약 12,000여명이 거주하고 있는 프라이부르크에서 가장 큰 신규 주거지이기도 한 이 지역이 녹지 비율을 높게 유지하고 있는 것은 지속 가능한 생태도시를 지향하는 도시 정책적인 측면 이외에도 시민들의 역할과 참여가 무엇보다 중요하게 작용하고 있다. 이 지구에서는 주민들 개인에게 나무 가꾸기의 역할이 할당되고 있는데, 이 제도가 조화로운 생태도시를 가꾸어가는데 큰 촉매작용을 한 것이다. 건물과 건물사이나 도로변에 위치한 나무의 실제 소유는 시에 있지만 나무 한 그루 한 그루의 관리의 권한은 개인이 갖고 있다. 이 도시는 정책적으로 그 나무의 관리자의 이름을 금속판에 새겨 정주인들 개개인들로 하여금 생태환경에 대한 적극적인 참여와 실질적인 책임을 유도하였다. 게다가 리즈펠드 지역은 건물의 높이를 5층 이내로 제한하여 조화로운 도시의 경관을 지속적으로 추구하고 있으며, 어느 건물이 임대용이고 어느 건물이 개인 소유용인지는 쉽게 구분이 되지 않을 정도로 임대 아파트와 개인 아파트를 적절히 배치하여 사회 계층 간의 조화도 함께 꾀하고 있다. 프라이부르크에서는 이러한 과정이 강제적인 시정책에 의해 이루어지기보다는 정주인들이 함께 참여하여 만들어내는 합의적 수용으로 추진되고 있다. 이는 프라이부르크 시를 가치 있고 생기 있게 움직이는 동인이면서도 아울러 정주인들이 자신들의 거주지를 자랑스럽게 생각하게 만드는 요인이 되고 있다.

또한 프라이부르크는 전통의 가치와 생태적 가치가 공존하는 도시이기도 하다. 이러한 공존적 가치는 역사의 흔적과 기억이 묻어 있는 도심 속 수로인 베히레(Baechle)를 통해 충족되고 있다. 베히레는 구도심의 시가지를 관통하여 흐르는 일종의 인공수로이다. 베히레의 건설 연대와 그것의 건설 목적이 정확하게 알려지고 있지는 않지만 대략 13세기 초엽에 화재 진압용 물을 제공하거나 도심의 하수 이동통로로서 쓰레기를 흘려보내기 위해 당시 선조들이 인근의 흑림지대에서부터 흐르는 물을 도심내로 끌어들였다고 전해진다. 경사진 도심을 따라 특별한 장치 없이 물이 흐르는 베히레의 총연장은 약 15km 정도이고, 베히레의 폭은 30~50cm 정도이다. 길이에 비해 폭이 그렇게 넓지는 않다. 이는 모양새가 너무나 작고 아담해서 눈요기하기에 충분할 뿐만 아니라 신선한 도시 이미지를 만들기에도 좋다. 특히 베히레는 천연 에어컨 역할을 하며 도심의 온도를 낮추는 역할이나 홍수의 방지역할을 할 뿐만 아니라, 시민들의 휴식처로서 관광객들의 호기심을 자극하며 사람을 끌어 모으는데도 한몫 하고 있다.

그리고 프라이부르크의 구도심에는 구불구불한 도로들이 산재해 있다. 마치 우리나라 시골마을의 골목길과 흡사하다. 2차대전이 끝난 후 도시를 정비하는 과정에서 굽은 도로를 반듯하게 바로잡지 않았는데, 그 이유 속에는 전통의 가치를 알고 소중히 여기도록 하면서도, 아울러 멋스러운 건물들의 외관을 그대로 볼 수 있도록 하기 위한 도시경관 전략이 깔려 있었다. 게다가 3층을 넘어서지 않는 나지막한 건물들이 굽어있는 골목길 사이 곳곳에 늘어서 있고, 나무 넝쿨들이 건물의 외벽을 휘감고 있는 풍광은 단연 자연스런 도시의 미적 외관의 압권이다. 이 도시는 전통적인 도심의 원형을 최대한 유지하기 위해 지붕의 모양과 색깔까지도 규제하고 있다. 거리 곳곳에 돌을 촘촘히 박아 만든 인도 위에 다시 하얀색 돌을 박아서 바닥간판과 함께 조화를 이루게 하며, 동그란 원안에 꽃문양을 만들어 넣은 꽃가게 간판, 생선의 모양을 모자이크 형식으로 문양을 만들어 표현한 생선 가게 간판에 이르기까지 모두가 아주 조화롭다. 이 바닥간판은 수백 년 전 글을 읽을 수 있는 사람이 많지 않았던 시절, 이들을 배려하기 위해 만들었다고 전해진다. 이는 현대 도시디자인과의 공존을 통해 더욱 가치를 더해가고 있다.

이처럼 프라이부르크에서는 정주인의 관심과 손길이 미치지 않는 곳이 없다. 건물과 건물사이의 녹지의 구축, 놀이터 신축, 각종 친환경적인 구조물의 설치 등에 이르기까지 정주인들은 저마다 적극적인 참여와 철저한 논의를 통해 조화로운 도시를 가꾸어가고 있다. 어떤 의미에서 이렇게 정주인들이 자부심과 애착을 갖고 직접 참여하여 조화로운 도시를 만들고 있는 프라이부르크의 모습은 진정한 의미에서 자연과 사람이 함께 하는 생태순환도시의 모델이라고 말할 수 있을 것이다.

또한 프라이부르크는 이미 전세계에 흑림과 드라이잠으로 널리 알려져 있는 도시이다. 소위 검은 숲으로 통하고 있는 흑림은 가문비나무숲인데, 독일인들이 1800년 초부터 거의 100년 동안 산림의 황폐화를 방지하기 위해 대대적으로 전개하였던 국토 녹화사업의 일환으로 만들어졌다. 드라이잠은 독일인들이 하천 주변에 녹지대와 나무를 가꾸고 자연 여울을 만들었던 일종의 생태하천 조성사업이다. 따라서 프라이부르크는 2세기 전에 독일정부가 정책적으로 시도한 흑림과 드라이잠 사업의 수혜를 직접적으로 받고 있다. 현재 이 도시는 환경성과와 경제효과를 동시에 거두고 있는 세계에서 가장 성공한 도시로 주목받고 있다.

국내 모 철강기업의 텔레비전 광고 배경이 된 도시인 프라이부르크는 지금까지 환경도시로서의 자부심을 지켜나가기 위한 다양한 정책들을 시행해 왔다. 프라이부르크가 진정한 의미에서 인간중심의 도시로 발전하기 위해 친환경적인 교통수단으로서 자전거 정책을 충실히 이행하였기에 현재 세계인들이 친환경 교통관리 체계와 환경정책을 배우기 위해 이곳을 제일 많이 찾고 있다. 또한 도시전문가들은 향후 발전가능성이 매우 높은 도시로 프라이부르크를 주저하지 않고 꼽고 있다.

프라이부르크는 1970년대에 자동차의 대중화가 빠르게 진행되는 과정에서 여느 도시들 못지않은 극심한 교통 혼잡을 경험하였다. 그래서 프라이부르크는 지역 내 상인과 주민들의 반대에도 불구하고 뮌스터 대성당을 중심으로 반경 1.5km 지역인 도심 내에서 차량 통행을 전격적으로 금지하는 획기적인 교통정책을 펼쳤다. 당시에 프라이부르크가 우선적으로 시도하였던 정책은 자전거와 보행자 도로망의 확장이었다. 이 정책은 자동차 이용의 불편 유발을 통한 운행 억제정책과 병행하여 추진되었다. 도심의 주요 도로는 노면전차와 자전거, 보행자 이외는 건널 수 없게 하고, 자동차는 지름길인 육교를 이용할 수 없게 하였다. 다시 말해서 도보로 5분이 걸리는 거리가 자동차로 30분 정도 걸리게 되는 자동차 운행 억제정책이 시행되었던 것이다. 또한 시내 중심부에서는 주차가 무척 어렵도록 만들었다. 자동차 이용을 자연스럽게 억제시키기 위해 무료주차장이 없어지고 주차미터기가 설치되어 비싼 주차요금이 부과되었다. 대신 자전거와 전차의 이용을 활성화 하는 교통정책을 펼쳤다. 그 결과 프라이부르크 시내 중심부에서는 자전거와 전차가 시내를 쉼 없이 오가고 있을 뿐 자동차는 찾아보기 어렵다.

프라이부르크는 탄소 배출량을 줄이는 차원에서 자동차 공유시스템과 자전거 이용의 활성화를 도입하였다. 전차역의 외곽 종점에 여러 곳의 무료 주차장을 만들어서 전차역까지만 자동차를 이용하고 그 이후에는 쉽게 전차로 환승할 수 있도록 지원하고 있다. 전차역에 자전거 주차장을 확충하여 자전거와 전차의 연계를 촉진하고 기업체나 직장에서도 자전거 인프라를 갖추어 나가고 있다. 우선 자전거 이용 정책의 핵심 토대는 프라이부르크 중앙역에 위치한 모빌레(mobile)이다. 모빌레는 자동차 공유제도에 동참한 사람들이 차량을 주차해 놓고 이용하는 곳인데, 이는 원통형 모양의 건물로서 1999년에 독일의 대표적인 환경운동 단체와 독일 교통클럽, 프라이부르크 자동차협회가 공동출자하여 지은 복합용도의 자전거 주차장이다. 이곳에는 열차 환승을 위한 자동차 주차장, 환승용 자전거 주차장, 자전거 대여소, 자전거 클럽, 여행 안내소, 자전거 판매 및 수리점, 자전거 영업소 또는 상점, 카페, 간이식당 등이 포함되어 있다. 모빌레에서는 자전거를 보관할 수 있을 뿐만 아니라 부품 대여도 가능하며, 방문객이나 관광객을 위한 여행안내 서비스도 제공하고 있다.

프라이부르크는 자전거 이용의 활성화를 위한 전방위적인 정책지원을 하면서 자동차를 이용하지 않아도 불편함이 없도록 교통체계를 유지하고 있다. 자전거 도로의 길이 확장뿐만 아니라 자전거도로 이용의 질적인 향상이 이루어지고 있다. 기존에 차가 통행하는 도로 옆에 자전거 도로를 설치할 경우 자전거 이용자들은 매연과 먼지를 흡입하면서 자전거를 타게 되었는가 하면, 자동차 교통신호의 적용대상에 포함되어 시간을 절약하는데 한계를 가질 수밖에 없었다. 교통신호체계 자체가 자전거 이용자 중심으로 바뀌게 된 것이다. 따라서 시민들은 승용차에 대한 대안을 충분히 제공받아 매연과 같은 위험요소로부터 벗어나고 있다.

게다가 프라이부르크의 중심부는 보행자들이 도로에서 우선권을 갖고 자유롭게 이동할 수 있는 사람을 위한 도시공간으로 발전하고 있다. 프라이부르크는 보행자의 천국이라고 불러도 전혀 어색함이 없다. 대부분의 도심지역에 차량 통행이 금지되고 보행자 구역이 설치되어 있다. 보행자를 생각하는 이러한 인간중심 이념은 모든 주택가에서 차량의 최고 시속을 30km로 제한하는 정책으로 이어지고 있다. 아이들이 집 부근에서 공놀이 등을 하고 있어 도로에 차량의 속도를 제한하지 않을 경우 아이들이 교통사고에 노출될 확률이 높기에 프라이부르크는 아이들의 활동이 많은 지역 내의 도로를 중심으로 이들이 자유롭게 뛰놀 수 있는 도로를 설치한 것이다. 차량들은 반드시 보행자의 속도로 이동을 해야 하고 사고 발생시 차량운전자가 모든 책임을 지게 된다. 그리하여 아이들을 집 밖에 내어 놓은 부모들은 안심하고 집안일에 몰입할 수 있게 되었다.

7

　오늘날 현대인들은 저마다 친환경적인 삶에 대한 동경과 함께 인간적인 유대관계가 형성될 수 있는 에코빌리지를 그리워한다. 이들은 유기농법으로 농작물을 재배하며 차 없이 걸어 다니거나, 나무와 흙으로 집을 짓고 빗물과 태양 에너지를 이용하는 자연 친화적인 소박한 삶을 모색한다. 또한 이들은 자연과 더불어 생활하면서 의식주 자체를 자연 친화적으로 바꾸기도 한다.

　이러한 자연 친화적인 주거지로 세계적으로 유명한 도시로 독일의 킬을 들 수 있다. 독일연방공화국의 가장 북쪽에 위치해 있는 킬은 발틱 해안에 있는 항구도시로서 역사적으로 무역중심지로 명성이 높고, 또한 운하와 조선 사업으로도 유명하다. 지금 이 도시의 인구는 240,000명 정도이며, 전통적으로 범선 타기로 명성이 높다. 특히 이 도시에는 대규모적인 범선 타기 대회가 이루어지는 시기로서 킬 위크(Kiel Week)가 지정되어 있다. 킬은 개개인의 창의적 기업정신에 따라 도시계획을 실행에 옮겨가고 있어, 이 도시의 생태학적 수준은 매우 높은 편이다.

　이러한 킬의 이상적인 주거지로는 킬-하쎄(Kiel-Hassee)를 들 수 있다. 킬 남부 도심으로부터 3km 정도 떨어진 슐레스비히 홀슈타인이 위치해 있는 킬-하쎄는 주민들이 계획단계에서부터 상향식으로 직접 참여하여 건설한 대표적인 생태 주거단지이다. 이 주거단지는 생태적이면서도 공동체적이고, 도시적이면서도 사회적이고 경제적인 목표를 동시에 추구하려 한다. 이는 도시생활에서 겪게 되는 일상적인 장벽인 여가와 일을 한 곳에서 해결하기 위함이다. 주정부는 재정지원의 주최로 주택은행을 지정하였고, 75년 동안 건축대지를 임대해 주거나 에너지 절약을 위해 지원프로그램을 제공하는데 그치고, 생태 주거단지의 프로젝트가 만들어지는 과정에서는 조정자로서의 역할만 수행했다.

우선 이 주거단지는 자연조건을 건축 속으로 통합하는 시스템을 도입한다. 킬-하쎄의 집들은 투명한 천연도료로 칠했고, 대부분 나무와 숲 사이에 위치해 있다. 1층 또는 2층으로 건설된 이 주거단지는 특색 있게 잔디지붕을 하고 있다. 처음에는 21채의 집이 12,000평방미터에 지어져 3호 연립의 형태로 6줄로 세웠다. 2,600평방미터에 달하는 잔디지붕은 기존의 지붕과는 달리 거주인들에게 충분한 산소를 공급하고 있다. 집안의 온도는 '양파원리 같은 단면구성'에 의해서 조절되고 있다. 양파원리란 중앙에 따뜻한 거실이 있고, 그 주위에 열 발산의 위계에 따라 다른 방들이 분포되어 실내 열손실을 최소화하는데 의미를 두었다.

대부분의 킬-하쎄의 집들은 충분한 일조량 확보를 위해 방향을 남쪽, 남서쪽, 남동쪽으로 향하고 있고, 식물, 습지, 교목, 관목 숲, 둔덕 연못가의 길, 호두나무 옆의 집 등이 특별히 보존되면서 관리되고 있다. 지표면을 자연 그대로 유지하여 빗물의 흡수를 잘되게 하고, 자갈, 호박돌, 포장블록, 목편이나 목재 등이 재료로 이용되었다. 꽃 재배지역과 야채류 재배지역, 야생 꽃 지대가 나뉘어 관리되었다. 주거단지 외부공간은 자연과 아우러지고, 생물서식 공간, 소위 바이오톱(Biotop)이 유지되고 있다.

주거단지의 빗물처리시설은 생태적 사이클에 의해 용수 순환체계로 이루어진다. 주거단지의 생활하수는 자갈과 바위 그리고 화강암으로 조성된 수많은 작은 루트나 개방된 배수로를 통해 우수가 흐르면서 증발되게 한다. 생활하수는 주거단지 내의 생물을 이용하거나 정화시설 자체 내에서 모래와 식물의 뿌리로 정화시키는 경우도 있다. 이렇게 정화가 된 물은 유출구를 통해 하천으로 방류된다. 생물을 이용한 하수 정화시설은 경관과 조화를 이루고 있어 악취가 나지 않으며, 겨울에도 최소한 섭씨 25도를 유지하므로 겨울철에도 아무런 걱정이 없다. 하수의 저장조에는 모래 필터층이 설치되어 있고 그 위에는 갈대와 골풀이 심어져 있다. 물의 뿌리가 생물학적인 정화를 담당하고 있다. 단지 내에 화장실의 내용물 처리는 자연발효로 이루어진다. 자연발효식 화장실은 사용하기가 쉽고 위생적이다. 특히 자연발효를 위해 사용된 퇴비 속에는 대장균이 소량 검출되고 있지만 살모넬라균은 없다. 또한 발효조가 변기 바로 밑 부분에 설치되어 있어 전염성도 없고, 해롭지도 않으며, 악취도 없다.

게다가 건축재료는 생산과 가공에서부터 자원을 절약하는 방식으로 이루어지고 있다. 진흙, 목재 그리고 목 섬유판재에 대한 전체적인 에너지 사용량은 입방미터 당 10kw/h인데, 이는 철근 콘크리트와 합성재료들보다 매우 우수하다. 그 개념은 개개인이 생태학적인 측면과 장소성을 고려하여 각 호수별로 재료들을 선택케 한 것과 연관된다. 자연형 태양열 이용은 보편화 되어 중량이 큰 1층의 벽과 바닥에 깔린 타일은 축열기능을 담당한다. 회벽돌, 기공벽돌, 진흙벽돌, 그리고 여러 가지 다양한 목재 등이 사용되고, 저장실, 침실, 그리고 거실 같은 방들은 완충공간으로 활용된다. 기초공사, 천장에 판자를 대고 진흙을 덮는 일, 목재를 이용해 바닥을 만드는 것, 종이솜 단열재의 주입, 목재로 된 창틀과 플라스틱 보드를 설치하는 것과 같은 조립공사 등이 매우 복잡하다. 이 과정에는 흰 천, 반수, 송진 냄새가 나는 페인트, 천연 송진에서 나온 기름, 투명한 니스, 그리고 왁스와 같은 천연적인 냄새를 풍기는 재료들이 사용된다.

이처럼 독일의 킬-하쎄 생태주거단지는 생태적이고, 경제적이며, 그리고 사회적인 요구사항들을 최대로 만족시키고 있다. 특히 이곳의 정주인들은 독립적으로 자신들의 책임 하에 자신들의 생태마을 공동체를 건설하면서 생태학적으로 생활 속에서 인공적인 화학물질의 사용을 일절 배제하고 자연 그대로의 자연 친화적인 삶을 적극적으로 실천하려 노력하고 있다.

■ 참고문헌

강규한. 「『월든』 다시 읽기: 문학생태학의 새로운 모형」. 『영어영문학』 49.3(2003): 565-81.

구승희. 『생태철학과 환경윤리』. 서울: 동국대학교 출판부. 2001.

권정화. 「장소의 상실, 혹은 진정성의 상실」. 『문학과 환경』 4(2005): 214-17.

권혁길. 「초·중·고교 환경 윤리교육 강화를 위한 체계론적 연구」. 서울: 교육부, 2000.

김욱동. 『생태학적 상상력 – 환경위기 시대의 문학과 문화』. 서울: 나무심는 사람, 2003.

김일방. 「알도 레오폴드의 윤리론 비판」. 『철학연구』 86(2003): 41-72.

남상준. 김대성. 김두련. 이상복. 한세일. 「환경교육의 원리와 실제」. 서울: 원미사, 1999.

문순홍. 『생태위기와 녹색의 대안』. 서울: 나라사랑, 1992.

박이문. 『문명의 미래와 생태학적 세계관』. 서울: 당대, 1997.

송명규. 「알도 레오폴드의 토지윤리」. 『환경정책』 86.1(1998): 39-71.

신문수. 「쏘로우의 『월든』에 나타난 생태주의적 사유」. 『영어영문학』 48.1(2002): 1-22.

_____. "생태의식 함양을 위한 바람직한 문학 교수 모형 연구." 『영미문학교육』 8.1 (2004): 39-65.

유근배. 「미국의 환경운동」. 『미국학』 20(1997): 449-66.

이남호. 『녹색을 위한 문학』. 서울: 민음사, 1998.

조용개. 『생태학적 삶을 위한 환경윤리와 교육』. 서울: 한국학술정보(주), 2008.

Adams, Bett Yates. "Steinbeck, Ricketts, and *Sea of Cortez* Partnership or Exploitation?," *Steinbeck's Literary Dimension: A Guide to Comparative Studies*. Metuchen, New Jersey & London: The Scarecrow Press, Inc., 1991.

Adams, Henry. *The Education of Henry Adams*. Boston: Houghton Mifflin, 1961.

Aldridge, John W. *The American Novel and the Way We Live Now*. New York: Oxford University Press, 1983.

Allen T. B. *Guardian of the world: The Story of the National Wildlife Federation, 1936-1986*. Bloomington: Indiana UP, 1987.

Anderson, Lorraine and Scott Slovic, et al. eds. *Literature and the Environment: A Reader on*

Nature and Culture. New York: Longman, 1999.

Armbruster, Karla and Katherleen Wallace. *Beyond Nature Writing: Expanding the Boundaries of Ecocriticism*. Charlottesville: U of Virginia P, 2001.

Astro, Richard. *John Steinbeck and Edward F. Ricketts: The Shaping of a Novelist*. Minneapolis: The University of Minnesota Press, 1973.

Benton, Robert M. "The Ecological Nature of Cannery Row," *Steinbeck: The Man and His Work*. Eds. Richard Astro and Tetsumaro Hayashi. Corvallis: Oregon State University Press, 1971.

Austin, Mary. *Earth Horizon: Autobiography*. Boston: Houghton Mifflin, 1932.

Barry, J. *Environment and Social Theory*. New York : Routlege, 1999.

Benton, L. M. and J. R. Short. *Environmental Discourse and Practice*. Oxford: Blackwell, 1999.

Bennett, Michael and David W. Teague, eds. *The Nature of Cities: Ecocentriticism and Urban Environments*. Tucson: U of Arizona P, 1999.

Bigell, Werner. "Biocentrism and Green Existentialism: Edward Abbey's Conflicting Conceptualizations of Nature." *Coyote in the Maze: Tracking Edward Abbey in a World of Words*. Ed. Peter Quigley. Salt Lake City: The U of Utah P, (1998): 277-95.

Bigwood, Carol. *Earth Muse: Feminism, Nature, and Art*. Philadelphia: Temple UP, 1993.

Botkin, Daniel B. *Discordant Harmonies: A New Ecology for the Twenty First Century*. New York: Oxford UP, 1990.

Boyden, Stephen. *Biohistory: The Interplay Between Human Society and The Biosphere*. N. J.: Parthenon, 1992.

Branch, Michael P. "Before Nature Writing: Discourses of Colonial American Natural History." *Beyond Nature Writing: Expanding the Boundaries of Ecocentricism*. Eds. Karla Armbruster and Kathleen R. Wallace. Charlottesvilee: UP of Virginia, (2001): 91-107.

_____. et al. ed. *Reading the Earth: New Directions in the Study of Literature and the Environment*. Moscow, Idaho: U of Idaho P, 1998.

Bracher, Frederic. "Steinbeck and the Biological View of Man," *Steinbeck and His Critics: A Record of Twenty-five Years*. Eds. E. W. Tedlock, Jr & C. V. Wicker. Albuquerque: University of New Mexico Press, 1957.

Brooks, P. *The House of Life: Rachel Carson at Work*. Boston: Houghton Mifflin, 1972.

Bryant Paul T. *Earth Horizon: Autobiography*. Boston: Houghton Mifflin, 1932.

Buell, Lawrence. *The Environmental Imagination: Thoreau, Nature Writing, and the Formation of American Culture*. Cambridge: Harvard UP, 1995.

_____. *Writing for an Endangered World*. Cambridge: Harvard UP 2001.

Byrd, William. *Histories of the Dividing Line Betwixt Virginia and North Carolina*. New York: Dover, 1967.

Callicott, J Baird, ed. *Companion to a Sand County Almanac: Interpretive and Critical Essays*. Madison: The U of Wisconsin p ,1987.

_____. *In Defence of the Land Ethic: Essays in Environmental Philosophy*. Albany: State U of New York P, 1989.

Caroll, Peter N. *Puritanism and The Wilderness: the Intellectual Significance of the New England Frontier 1629-1700*. New York: Columbia UP, 1969.

Chase, Richard. *The American Novel and Its Criticism*. Baltimore and London: The Johns Hopkins University Press, 1980.

Clarke, Joni Adamson. "Toward an Ecology of Justice: Transformative Ecological Theory and Practice." *Reading the Earth: New Directions in the Study of Literature and the Environment*. Eds. Michael P. Branch, et al. Moscow, Idaho: U of Idaho P, 1998.

Cohen, N. P. *The History of the Sierra Club: 1892-1970*. San Francisco: Sierra Club Books, 1988.

Coupe, Lawrence and Jonathan Bate, eds. *The Green Studies Reader: From Romanticism to Ecocentricism*. New York: Routlege, 2000.

Cresswell, Tim. *In Place/Out of Place: Geography, Ideology, and Transgression*. Minneapolis: U of Minnesota P, 1996.

Devall, Bill and George Sessions eds. *Deep Ecology: Living As If Nature Mattered*. Salt Lake City: Gibbs Smith, 1985.

Diamond, Irene. *Fertile Ground: Women, Earth and the Limits of Control*. Boston: Beacon P, 1994.

DuBois, W.E.B. *The Souls of Black Folk*. New York: Vintage Books, 1990.

Ellis, Reuven J. "King Ludd Sets Up Shop in the Zone: Narrators Trickster in *Gravity's Rainbow*," *Pynchon Notes 18-19*. Spring-Fall, 1968.

Estok, Simon. C. "A Report Card on Ecocriticism." *AUMLA: The Journal of the Austrailian Universities Language and Literature Association* 96 (2001): 220-38.

Federman, Raymond. ed. *Surfiction: Fiction Now and Tomorrow*. Chicago: Swallow Press, 1975.

Feidelson, Charles, Jr. *Symbolism and American Literature*. Chicago: U of Chicago P, 1953.

Fiedler, Leslie A. *Love and Death in the American Novel*. New York: Stein and Day, 1960.

Fowler, Douglas. *A Reader's Guide to Gravity's Rainbow*. Ann Arbor: Ardis, 1980.

Fontenrose, Joseph. "*Sea of Cortez*," *Steinbeck: A Collection of Critical Essays*. Ed. Robert Murray. New Jersey: Prentice-Hall, Inc., Englewood Cliffs, 1972.

Foster, David R. *Thoreau's Country: Journey Through a Transformed Landscape*. Cambridge: Harvard UP, 1999.

French, Warren. "End of a Dream," *Steinbeck: A Collection of Critical Essays*. Ed. Robert Murrays. New Jersey: Prentice-Hall, Inc., Englewood Cliffs, 1972.

Fritzell, Peter. "The Conflicts of Ecological Conscience." *Companion to a Sand County Almanac: Interpretive and Critical Essays*. Ed. J. Baird Callicott. Madison: The U of Wisconsin P, (1987): 128-53.

Fultz, Lucille P. *Toni Morrison: Playing with Difference*. Urbana: U of Illinois P, 2003.

Fussell, Edwin. *Frontier: American Literature and the American West*. Princeton: Princeton UP, 1993.

Glotfelty, Cheryll and Harold Fromm, eds. *The Ecocriticism Readers: Landmarks in Literary Ecology*. Athens: U of Georgia P, 1996

Hadella, Charlotte. "Of Mice and Men," *A New Study Guide To Steinbeck's Major Works, With Critical Explications*. Ed. Tetsumaro Hayashi. Metuchen, New Jersey & London: The Scarecrow Press, INC., 1993.

Hart, Richard E. "Steinbeck on Man and Nature: A Philosophical Reflection," *Steinbeck and the Environment*. Eds. Susan F. Beegel, Susan Shillinglaw, & Wesley N. Tiffney, Jr. Tuscaloosa and London: The University of Alabama Press, 1997.

Helterman, Jeffrey & Richard Layman. *American Novelists Since Work War II*. New York: Gale, 1978.

Henderson, L J. *The Fitness of the Environment: An Inquiry into the Biological Significance of the Properties of Matter*. New York, 1913.

Hinchman Lewis P and Sandra K. Hinchman. "'Deep Ecology' and the Revival of Natural Right." *The Western Political Quarterly* 42-3(1989): 201-28.

Holloway, Karla F. & Demetrakopoulos, Stephanie A. *New Dimensions of Spirituality of the Novels of Toni Morrison*. New York: Greenwood P, 1987.

Holsman, Robert H. "The Politics of Environmental Education." *The Journal of Environmental*

Education 32-2(2001): 4-7.

Horton, Rod W. and Edwards, Herbert W. *Backgrounds of American Literary Thought.* Englewood Cliffs: Prentice Hall, 1974.

Horwitz, Howard. *By the Law of Nature: Form and Value in Nineteenth-Century America.* New York: Oxford UP, 1991.

Howarth, William. "Some Principle of Ecocriticism." *The Ecocriticism Reader: Landmarks in Literary Ecology.* Eds. Cheryll Glotfelty and Harold Fromm. (1998): 69-91.

_____. "Ego or Eco Criticism? Looking for Common Ground." *Reading the Earth: New Directions in the Study of Literature and the Environment.* Ed. Michael P. Branch, et al. Moscow, Idaho: U of Idaho P, 1998.

Katz, Eric. Andrew Light, and David Rothenberg, eds. *Beneath the Surface: Critical Essays in the Philosophy of Deep Ecology.* Cambridge: The MIT P, 2000.

Knott, John R. *Imagining Wild America.* Ann Arbor: The U of Michigan P, 2002.

Kolodny, Annette. *The Land Before Her: Fantasy and Experience of the American Frontiers, 163-1860.* Chapel Hill: U of North Carolina P, 1984.

_____. *The Lay of the Land: Metaphor as Experience and History in American Life and Letters.* Chapel Hill: U of North Carolina P, 1975.

Lawrence, D. H. *Studies in Classic American Literature.* Penguin Books, 1971.

Leopold, Aldo. *The River of the Mother of God and Other Essays by Aldo Leopold.* Eds. Susan L. Flader and J. Baird Callicott. Madison: The U of Wisconsin P, 1991.

_____. *Round River.* Oxford: Oxford UP, 1993.

Levant, Howard. *The Novels of John Steinbeck.* Missouri: University of Missouri Press, 1974.

Mackey, Douglas A. *The Rainbow Quest of Thomas Pynchon.* San Bernardino: The Borgo Press, 1980.

Marks, Kathleen. *Toni Morrison's Beloved and The Apotropaic Imagination.* Columbia: U of Missouri P, 2002.

Marks, Lester Jay. *The Magic Design in the Novels of John Steinbeck.* The Hague & Paris: Houton, 1969.

Marsh, George. *The Earth as Modified by Human Action.* New York: Scribner, Armstrong, 1874.

Marshall, Ian. *Story Line: Exploring the Literature of the Appalachian Trail.* Charlottesville: U of Virginia P, 1998.

McClintock, James. *Nature's Kindred Spirits: Aldo Leopold, Joseph Wood Krutch, Edward Abbey, Annie Dillard, and Gary Snyder*. Madison: The U of Wisconsin P, 1994.

Mcdowell, Michael. "Talking about Trees in Stumptown: Pedagogical Problems in Teaching EcoComp." *Reading the Earth: New Directions in the Study of Literature and the Environment*. Ed. Michael P. Branch, et al. Moscow, Idaho: U of Idaho P, 1998.

Meeker, Joseph W. *The Comedy of Survival: Studies in Literary Ecology*. New York: Scribner's, 1974.

Meine, Curt. *Aldo Leopold: His Life and Work*. Madison: The U of Wisconsin P,1988.

Marks, Lester Jay. *The Magic Design in the Novels of John Steinbeck*. The Hague & Paris: Houton, 1969.

Miller, Perry. *The New England Mind: the Seventeenth Century*. Cambridge: Harvard UP, 1982.

Meisner, Mark S. "Metaphors of Nature: Old Vinegar in Bottles?" *Trumpeter 121*(1995): 11-8.

Mitchell, John Hanson. *A Filed Guide to Your Own Backyard*. New York: Norton, 1985.

_____. *Living at the End of Time*. New York: Houghton Mifflin, 1990.

_____. *Trespassing: An inquiry into the Private Ownership of Land*. Cambridge: Perseus Books, 1998.

Mitchell, R. "From Conservation to Environmental Movement: The Development of the Modern Environmental Lobbies." *Government and Environmental Politics: Essays of Historical Developments Since World War Two*. Ed. M. J. Lacey. Washington, DC: Wilson Center, (1989): 81-113.

Mitchell, W. J. T. Ed. *Landscape and Power*. Chicago: U of Chicago P, 2002.

Moore, Thomas. "Ecology: Sacred Homemaking." *The Soul of Nature: Celebrating the Spirit of the Earth*. Eds. Michael Tobies and Georgianne Cowan. New York: Plume (1994): 197-244.

Morrison, Toni. *Song of Solomon*. New York: Penguin Books, 1987.

Muir, John. *My First Summer in the Sierra*. Boston: Houghton and Mifflin, 1911.

Murphy, Patrick D. *Literature, Nature, and Other: Ecofeminist Critiques*. Albany: SUNY P, 1995.

Nash, Roderick Frazer. *Wilderness and the American Mind*. New Haven: Yale Up, 1982.

_____. *The Rights of Nature: A History of Environmental Ethics*. Madison: U of Wisconsin P, 1989.

Nelson, Barney. *The Wild and The Domestic: Animal Representation, Ecocriticism and Western American Literature*. Carson Cit: U of Nevada P, 2,000.

Newman, Lance. "The Politics of Ecocriticism." *Review* 20(1998): 41-64.

Norwood, Vera. *Made from This Earth: American Women and Nature*. Chapel Hill: U of North Carolina P, 1993.

Olderman, Raymond M. *Beyond the Waste Land: The American Novel in the Nineteen-Sixties*. New Haven: Yale University Press, 1972.

O'Neil, J. *Ecology, Policy and Politics*. London: Routlege, 1993.

Opie, John. *Nature's Nation: An Environmental History of the United States*. Fort Worth, Texas: Harcourt Brace College Publishers, 1998.

Orr, David. *Earth in Mind: On Education, Environment, and the Human Prospect*. Washington D.C.: Island P, 1994.

_____. *Ecological Literacy: Education and the Transition to a Postmodern World*. Albany: State Univ. of New York, 1992.

Page, Philip. *Dangerous Freedom: Fusion and Fragmentation in Toni Morrison's Novels*. Jackson: UP of Mississippi, 1995.

Palmer, Joy A. *Environmental Education in the 21st Century: Theory, Practice, Progress and Promise*. London: Routlege, 1998.

Paul, Sherman. *For the Love of the World: Essays on Nature Writers*. Iowa City: U of Iowa P, 1992.

Payne, Daniel G. *Politics*. London: UP of New England, 1996.

_____. *Voices in the Wilderness: American Nature Writing and Environmental Politics*. London: UP of New England, 1996.

Pearc, Roy Harvey. *Savagism and Civilization: A Study of the Indian and the American Mind*. Baltimore: Johns Hopkins UP, 1953.

Phillips, Dana. *The Truth of Ecology: Nature, Culture, and Literature in America*. New York: Oxford UP, 2003.

Plater, William M. *The Grim Phoenix: Reconstructing Thomas Pynchon*. Bloomington: Indiana University Press, 1978.

Plumwood, Val. *Feminism and the Mastery of Nature*. New York: Routlege, 1993.

Pollan, Michael. *Second Nature*. New York: Atlantic Monthly P, 1991.

Rice, Herbert William. *Toni Morrison and the American Tradition: A Rhetorical Reading*. New York: Peter Lang, 1996.

Rorty, Richard. *Contingency, Irony, and Solidarity*. Cambridge: Cambridge UP, 1989.

Salmon, Jeffrey. "Are We Building Environmental Literacy?" *The Journal of Environmental Education* 31.4(2000): 4-10.

Samuels, Wilfred D. & Hudson-Weems, Clenora. *Toni Morrison*. Boston: Twayne Publishers, 1990.

Schama, Simon. *Landscape and Memory*. New York: Vintage, 1996.

Seixas(tj), Antonia. "John Steinbeck and the Non-teleological Bus," *Steinbeck and His Critics: A Record of Twenty-five Years*. Eds. E. W. Tedlock, Jr & C. V. Wicker. Albuquerque: University of New Mexico Press, 1957.

Simmonds, Roy. "Steinbeck's Environmental Ethic: Humanity in Harmony with the Land," Susan F. Beegel, Susan Shillinglaw, & Wesley N. Tiffney, Jr. Tuscaloosa and London: The University of Alabama Press, 1997.

Schaub, Thomas H. *Pynchon: The Voice of Ambiguity*. Urbana: University of Illinois Press, 1981.

Scott, Joyce Hope. "*Song of Solomon and Tar Baby*: the Subversive Role of Language and the Carnivalesque." *Toni Morrison*. Ed. Justine Tally. Cambridge: Cambridge UP, 2007: 26-42.

Shively, Charles. "John Steinbeck: From the Tide Pool to the Loyal Community," *Steinbeck: The Man and His Work*. Eds. Richard Astro and Tetsumaro Hayashi. Corvallis: Oregon State University Press, 1970.

_____. "John Steinbeck: From the Tide Pool to the Loyal Community." *Steinbeck: The Man and His Work*. Ed. Richard Astro and Tetsumaro Hayashi. Corvalis: Oregon State UP, 1971.

Slotkin, Richard. *Regeneration Through Violence: the Mythology of the American Frontier 1600-1800*. Middletown: Wesleyn UP, 1973.

Slovic, Scott. *Seeking Awareness in American Nature Writing*. Salt Lake City: U of Utah P, 1992.

_____. And Terrell F. Dixion. *Being in the World: An Environmental Reader for Writers*. New York: Macmillan, 1993.

Steinbeck, John. *Of Mice and Men*. Pennsylvania: Penguin Books, 1980.

_____. *The Log from the Sea of Cortez*. New York: The Viking P, 1951.

Smith Eric Todd. "Dropping the Subject: Reflections on Motives for an Ecological Criticism." *Reading the Earth: New Directions in the Study of Literature and the Environment*. Ed. Michael P. Branch, et al. Moscow, Idaho: U of Idaho P, 1998.

Steward, J . H. *The Theory of Cultural Change*. Urbana: U of Illinois P, 1955.

Timmerman, John H. *John Steinbeck Fiction: The Aesthetics of the Road Taken*. Norman and London: University of Oklahoma P, 1986.

Tanner, Tony. *City of Words: American Fiction 1950-1970*. New York: Harper & Row, 1971.

Trilling, Lionel. *The Liberal Imagination: Essays on Literature and Society*. New York: Doubleday, 1950.

Turner, Frederick. "Cultivating the American Garden: Toward a Secular View of Nature." *Harper's* (1999): 45-52.

Walker, Alice. *Living by the Word*. San Diego: Harcourt, 1988.

Wallach, Jeff. "Urban Escape." *Sierra Magazine*(1997): 41-77.

Warren, Karen, ed. *Ecological Feminism*. New York: Routlege, 1994.

Wiener, Norbert. *The Human Use of Human Beings*. New York: Avon, 1967.

Williams, Raymond. *The Country and the City*. New York: Oxford Up, 1973.

Williams, Terry Tempest. *Refuge: An Unnatural History of Family and Place*. New York: Vintage, 1991.

Zimmerman, Michael E. *Contesting Earth's Future: Radical Ecology and Postmodernity*. Berkeley: U of California P, 1994.

■ 찾아보기

ㄱ.

ㄴ.

지은이 공명수

지은이는 고려대학교에서 「토머스 핀천 소설연구」로 영문학박사 학위를 받았으며, 현재 대진대학교에 교수로 재직하고 있다. 저서로는 『미국소설의 안과 밖』, 『포스트모던 사회의 이해』, 『편집증적 환상과 실재』가 있고, 역서로는 『가족』이 있으며, 그리고 논문으로는 "『솔로몬의 노래』: 남부와 흑인성으로의 귀속" 외 다수가 있다.

생태학적 상상력과 사회적 선택

초판 1쇄 발행일 2010. 3. 10

지은이   공명수
펴낸곳   도서출판 동인
펴낸이   이성모
주 소   서울시 종로구 명륜동 아남주상복합빌딩 118호
전 화   (02)765-7145, 55
팩 스   (02)765-7165
HomePage www.donginbook.co.kr
E-mail   dongin60@chol.com

등록번호   제 1-1599호
ISBN   978-89-5506-431-5
정 가   16,000원

※잘못 만들어진 책은 바꾸어 드립니다.